U0528625

大乘本生心地观经

中国佛学经典宝藏

92

圆香 语译

星云大师总监修

人民东方出版传媒
东方出版社

《中国佛学经典宝藏》
大陆简体字版编审委员会

主任委员：赖永海

委　　员：（以姓氏笔画为序）

　　　　　　王月清　王邦维　王志远　王雷泉

　　　　　　业露华　许剑秋　吴根友　陈永革

　　　　　　徐小跃　龚　隽　彭明哲　葛兆光

　　　　　　董　群　程恭让　鲁彼德　温金玉

　　　　　　潘少平　潘桂明　魏道儒

总序

星云

自读首楞严,从此不尝人间糟糠味;
认识华严经,方知己是佛法富贵人。

诚然,佛教三藏十二部经有如暗夜之灯炬、苦海之宝筏,为人生带来光明与幸福,古德这首诗偈可说一语道尽行者阅藏慕道、顶戴感恩的心情!可惜佛教经典因为卷帙浩瀚、古文艰涩,常使忙碌的现代人有义理远隔、望而生畏之憾,因此多少年来,我一直想编纂一套白话佛典,以使法雨均沾,普利十方。

一九九一年,这个心愿总算有了眉目。是年,佛光山在中国大陆广州市召开"白话佛经编纂会议",将该套丛书定名为《中国佛教经典宝藏》①。后来几经集思广

---

① 编者注:《中国佛教经典宝藏》丛书,大陆出版时改为《中国佛学经典宝藏》丛书。

益,大家决定其所呈现的风格应该具备下列四项要点:

一、启发思想:全套《中国佛教经典宝藏》共计百余册,依大乘、小乘、禅、净、密等性质编号排序,所选经典均具三点特色:

1. 历史意义的深远性
2. 中国文化的影响性
3. 人间佛教的理念性

二、通顺易懂:每册书均设有原典、注释、译文等单元,其中文句铺排力求流畅通顺,遣词用字力求深入浅出,期使读者能一目了然,契入妙谛。

三、文简意赅:以专章解析每部经的全貌,并且搜罗重要的章句,介绍该经的精神所在,俾使读者对每部经义都能透彻了解,并且免于以偏概全之谬误。

四、雅俗共赏:《中国佛教经典宝藏》虽是白话佛典,但亦兼具通俗文艺与学术价值,以达到雅俗共赏、三根普被的效果,所以每册书均以题解、源流、解说等章节,阐述经文的时代背景、影响价值及在佛教历史和思想演变上的地位角色。

兹值佛光山开山三十周年,诸方贤圣齐来庆祝,历经五载、集二百余人心血结晶的百余册《中国佛教经典宝藏》也于此时隆重推出,可谓意义非凡,论其成就,则有四点可与大家共同分享:

一、**佛教史上的开创之举**：民国以来的白话佛经翻译虽然很多，但都是法师或居士个人的开示讲稿或零星的研究心得，由于缺乏整体性的计划，读者也不易窥探佛法之堂奥。有鉴于此，《中国佛教经典宝藏》丛书突破窠臼，将古来经律论中之重要著作，做有系统的整理，为佛典翻译史写下新页！

二、**杰出学者的集体创作**：《中国佛教经典宝藏》丛书结合中国大陆北京、南京各地名校的百位教授、学者通力撰稿，其中博士学位者占百分之八十，其他均拥有硕士学位，在当今出版界各种读物中难得一见。

三、**两岸佛学的交流互动**：《中国佛教经典宝藏》撰述大部分由大陆饱学能文之教授负责，并搜录台湾教界大德和居士们的论著，借此衔接两岸佛学，使有互动的因缘。编审部分则由台湾和大陆学有专精之学者从事，不仅对中国大陆研究佛学风气具有带动启发之作用，对于台海两岸佛学交流更是帮助良多。

四、**白话佛典的精华集萃**：《中国佛教经典宝藏》将佛典里具有思想性、启发性、教育性、人间性的章节做重点式的集萃整理，有别于坊间一般"照本翻译"的白话佛典，使读者能充分享受"深入经藏，智慧如海"的法喜。

今《中国佛教经典宝藏》付梓在即，吾欣然为之作序，并借此感谢慈惠、依空等人百忙之中，指导编修；吉广舆等人奔走两岸，穿针引线；以及王志远、赖永海等大陆教授的辛勤撰述；刘国香、陈慧剑等台湾学者的周详审核；满济、永应等"宝藏小组"人员的汇编印行。他们的同心协力，使得这项伟大的事业得以不负众望，功竟圆成！

《中国佛教经典宝藏》虽说是大家精心擘划、全力以赴的巨作，但经义深邃，实难尽备；法海浩瀚，亦恐有遗珠之憾；加以时代之动乱，文化之激荡，学者教授于契合佛心，或有差距之处。凡此失漏必然甚多，星云谨以愚诚，祈求诸方大德不吝指正，是所至祷。

一九九六年五月十六日于佛光山

原版序
敲门处处有人应

《中国佛教经典宝藏》是佛光山继《佛光大藏经》之后，推展人间佛教的百册丛书，以将传统《大藏经》精华化、白话化、现代化为宗旨，力求佛经宝藏再现今世，以通俗亲切的面貌，温渥现代人的心灵。

佛光山开山三十年以来，家师星云上人致力推展人间佛教，不遗余力，各种文化、教育事业蓬勃创办，全世界弘法度化之道场应机兴建，蔚为中国现代佛教之新气象。这一套白话精华大藏经，亦是大师弘教传法的深心悲愿之一。从开始构想、擘划到广州会议落实，无不出自大师高瞻远瞩之眼光，从逐年组稿到编辑出版，幸赖大师无限关注支持，乃有这一套现代白话之大藏经问世。

这是一套多层次、多角度、全方位反映传统佛教文化的丛书，取其精华，舍其艰涩，希望既能将《大藏经》

深睿的奥义妙法再现今世，也能为现代人提供学佛求法的方便舟筏。我们祈望《中国佛教经典宝藏》具有四种功用：

一、是传统佛典的精华书

中国佛教典籍汗牛充栋，一套《大藏经》就有九千余卷，穷年皓首都研读不完，无从赈济现代人的枯槁心灵。《宝藏》希望是一滴浓缩的法水，既不失《大藏经》的法味，又能有稍浸即润的方便，所以选择了取精用弘的摘引方式，以舍弃庞杂的枝节。由于执笔学者各有不同的取舍角度，其间难免有所缺失，谨请十方仁者鉴谅。

二、是深入浅出的工具书

现代人离古愈远，愈缺乏解读古籍的能力，往往视《大藏经》为艰涩难懂之天书，明知其中有汪洋浩瀚之生命智慧，亦只能望洋兴叹，欲渡无舟。《宝藏》希望是一艘现代化的舟筏，以通俗浅显的白话文字，提供读者遨游佛法义海的工具。应邀执笔的学者虽然多具佛学素养，但大陆对白话写作之领会角度不同，表达方式与台湾有相当差距，造成编写过程中对深厚佛学素养与流畅白话语言不易兼顾的困扰，两全为难。

三、是学佛入门的指引书

佛教经典有八万四千法门，门门可以深入，门门是无限宽广的证悟途径，可惜缺乏大众化的入门导览，不易寻觅捷径。《宝藏》希望是一支指引方向的路标，协助十方大众深入经藏，从先贤的智慧中汲取养分，成就无上的人生福泽。

四、是解深入密的参考书

佛陀遗教不仅是亚洲人民的精神归依，也是世界众生的心灵宝藏。可惜经文古奥，缺乏现代化传播，一旦庞大经藏沦为学术研究之训诂工具，佛教如何能扎根于民间？如何普济僧俗两众？我们希望《宝藏》是百粒芥子，稍稍显现一些须弥山的法相，使读者由浅入深，略窥三昧法要。各书对经藏之解读诠释角度或有不足，我们开拓白话经藏的心意却是虔诚的，若能引领读者进一步深研三藏教理，则是我们的衷心微愿。

大陆版序一

《中国佛教经典宝藏》是一套对主要佛教经典进行精选、注译、经义阐释、源流梳理、学术价值分析，并把它们翻译成现代白话文的大型佛学丛书，成书于二十世纪九十年代，由台湾佛光文化事业有限公司出版，星云大师担任总监修，由大陆的杜继文、方立天以及台湾的星云大师、圣严法师等两岸百余位知名学者、法师共同编撰完成。十几年来，这套丛书在两岸的学术界和佛教界产生了巨大的影响，对研究、弘扬作为中国传统文化重要组成部分的佛教文化，推动两岸的文化学术交流发挥了十分重要的作用。

《中国佛学经典宝藏》则是《中国佛教经典宝藏》的简体字修订版。之所以要出版这套丛书，主要基于以下的考虑：

首先，佛教有三藏十二部经、八万四千法门，典籍浩瀚，博大精深，即便是专业研究者，穷其一生之精力，恐也难阅尽所有经典，因此之故，有"精选"之举。

其次，佛教源于印度，汉传佛教的经论多译自梵语；加之，代有译人，版本众多，或随音，或意译，同一经文，往往表述各异。究竟哪一种版本更契合读者根机？哪一个注疏对读者理解经论大意更有助益？编撰者除了标明所依据版本外，对各部经论之版本和注疏源流也进行了系统的梳理。

再次，佛典名相繁复，义理艰深，即便识得其文其字，文字背后的义理，诚非一望便知。为此，注译者特地对诸多冷僻文字和艰涩名相，进行了力所能及的注解和阐析，并把所选经文全部翻译成现代汉语。希望这些注译，能成为修习者得月之手指、渡河之舟楫。

最后，研习经论，旨在借教悟宗、识义得意。为了将其思想义理和现当代价值揭示出来，编撰者对各部经论的篇章品目、思想脉络、义理蕴涵、学术价值等所做的发掘和剖析，真可谓殚精竭虑、苦心孤诣！当然，佛理幽深，欲入其堂奥、得其真义，诚非易事！我们不敢奢求对于各部经论的解读都能鞭辟入里，字字珠玑，但希望能对读者的理解经义有所启迪！

习近平主席最近指出："佛教产生于古代印度，但传入中国后，经过长期演化，佛教同中国儒家文化和道家文化融合发展，最终形成了具有中国特色的佛教文化，给中国人的宗教信仰、哲学观念、文学艺术、礼仪习俗等留下了深刻影响。"如何去研究、传承和弘扬优秀佛教文化，是摆在我们面前的一个重要课题，人民东方出版传媒有限公司拟对繁体字版的《中国佛教经典宝藏》进行修订，并出版简体字版的《中国佛学经典宝藏》，随喜赞叹，寥寄数语，以叙因缘，是为序。

二〇一六年春于南京大学

大陆版序二

依空

　　身材高大、肤色白皙、擅长军事的亚利安人，在公元前四千五百多年从中亚攻入西北印度，把当地土著征服之后，为了彻底统治这里的人民，建立了牢不可破的种姓制度，创造了无数的神祇，主要有创造神梵天、破坏神湿婆、保护神毗婆奴。人们的祸福由梵天决定，为了取悦梵天大神，需要透过婆罗门来沟通，因为他们是从梵天的口舌之中生出，懂得梵天的语言——繁复深奥的梵文，婆罗门阶级是宗教祭祀师，负责教育，更掌控了神与人之间往来的话语权。四种姓中最重要的是刹帝利，举凡国家的政治、经济、军事、文化等等都由他们实际操作，属贵族阶级，由梵天的胸部生出。吠舍则是士农工商的平民百姓，由梵天的膝盖以上生出。首陀罗则是被踩在梵天脚下的土著。前三者可以轮回，纵然几世轮转都无法脱离原来种姓，称为再生族；首陀罗则连轮回的因缘都没有，为不生族，生生世世为首陀罗，子孙也倒霉跟着宿命，无法改变身份。相对于此，贱民比首陀罗更为卑微、低贱，连四种姓都无法跻身其中，只能从事挑粪、焚化尸体等最卑贱、龌龊的工作。

出身于高贵种姓释迦族的悉达多太子，为了打破种姓制度的桎梏，舍弃既有的优越族姓，主张一切众生皆平等，成正等觉，创立了佛教僧团。为了贯彻佛教的平等思想，佛陀不仅先度首陀罗身份的优婆离出家，后度释迦族的七王子，先入山门为师兄，树立僧团伦理制度。佛陀更严禁弟子们用贵族的语言——梵文宣讲佛法，而以人民容易理解的地方口语来演说法义，这就是巴利文经典的滥觞。佛陀认为真理不应该是属于少数贵族、知识分子的专利或装饰，而应该更贴近普罗大众，属于平民百姓共有共知。原来佛陀早就在推动佛法的普遍化、大众化、白话化的伟大工作。

佛教从西汉哀帝末年传入中国，历经东汉、魏晋南北朝、隋唐的漫长艰巨的译经过程，加上历代各宗派祖师的著作，积累了庞博浩瀚的汉传佛教典籍。这些经论义理深奥隐晦，加以书写的语言文字为千年以前的古汉文，增加现代人阅读的困难，只能望着汗牛充栋的三藏十二部扼腕慨叹，裹足不前。

如何让大众轻松深入佛法大海，直探佛陀本怀？佛光山开山宗长星云大师乃发起编纂《中国佛教经典宝藏》。一九九一年，先在大陆广州召开"白话佛经编纂会议"，订定一百本的经论种类、编写体例、字数等事项，礼聘中国社科院的王志远教授、南京大学的赖永海教授分别为中国大陆北方与南方的总联络人，邀请大陆各大学的佛教学者撰文，后来增加台湾部分的三十二本，是为一百三十二册的《中国佛教经典宝藏精选白话版》，于一九九七年，作为佛光山开山三十周年的献礼，隆重出版。

六七年间我个人参与最初的筹划，多次奔波往来于大陆与台湾，小心谨慎带回作者原稿，印刷出版、营销推广。看到它成为佛教徒家中的传家宝藏，有心了解佛学的莘莘学子的入门指南书，为星云大师监修此部宝藏的愿心深感赞叹，既上契佛陀"佛法不舍一众"的慈悲本怀，更下启人间佛教"普世益人"的平等精神。尤其可喜者，欣闻现大陆出版方东方出版社潘少平总裁、彭明哲副总编亲自担纲筹划，组织资深编辑精校精勘；更有旅美企业家鲁彼德先生事业有成之际，秉"十方来，十方去，共成十方事"之襟怀，促成简体字版《中国佛学经典宝藏》的刊行。今付梓在即，是为序，以表随喜祝贺之忱！

二〇一六年元月

目 录

星云法师序　001

谢冰莹老居士序　004

唯慈法师序　007

自　序　011

概　说　014

古文原译　021

1　卷一　021
　　序品第一　021

2　卷二　040
　　报恩品第二（上）　040

3　卷三　056
　　报恩品第二（下）　056

4　卷四　078

厌舍品第三　078
5　卷五　102
　　无垢性品第四　102
　　阿兰若品第五　114
6　卷六　121
　　离世间品第六　121
　　厌身品第七　133
7　卷七　138
　　波罗蜜多品第八　138
　　功德庄严品第九　146
8　卷八　154
　　观心品第十　154
　　发菩提心品第十一　160
　　成佛品第十二　163
　　嘱累品第十三　168

今译　172

1　卷一　172
　　法会盛况及说法因缘　172
2　卷二　194
　　开示知恩报恩之道（上）　194
3　卷三　215

开示知恩报恩之道（下）　215

4　卷四　237
　　舍俗出家的殊胜意义　237

5　卷五　264
　　如何做一个清净比丘　264
　　幽栖山林好修行　279

6　卷六　287
　　离世修行的因缘　287
　　观身法要　304

7　卷七　311
　　超越生死苦海的三大法门　311
　　住阿兰若的必具功德　321

8　卷八　331
　　观心法要　331
　　发菩提心的教示　339
　　即身成佛的大法　344
　　咐嘱弘扬　349

星云法师序

这部《心地观经》,依据唐宪宗在本经原译的序文中记叙,梵文原本于高宗时代,由师子国(今斯里兰卡)所献,当即珍藏于禁宫。宪宗即位后,热心弘护,特召集当时京师义学大德罽宾三藏法师般若等八人,于醴泉寺共同翻译而流布,可见本经的译成华言,历史已很悠久了。但是考诸史实,自来似乎少有大德宣讲弘扬,流布不甚普遍,民国以来,只知太虚大师曾讲述此经,余无所闻,这也许是因缘时节没有成熟的缘故。

讲经说法,贵在观机逗教,从前人心敦厚,信心诚笃,对于大乘佛法,易生敬信而爱乐,故弘扬经教者,多偏重于《华严》《法华》《金刚》《维摩》《楞严》等大乘圣典,到了末法时期的现代,众生根器日益参差,专讲大乘圣典,一般人已难领悟信受。佛法原为济度众生而设,讲经说法,当以能普利群品为上,因此选讲经论,最好能法备五乘,由浅而入深为宜,《心地观经》,正符合了这个条件,确为适应现代众生需要的妙法。

本经的究竟旨归,虽然仍在佛果,但开示却首在人天乘法,因人乘为五乘之基,人道不全,学佛何益?所以太虚大师说:"仰止惟佛陀,完成在人格,人成即佛成,是名真现实。"试看本经共十三品,以报恩品着语最多,开示最详,叮咛最切,即为明证。细阅《报恩品》的内容,讲的就是人天乘法,众生若能信受奉行,知恩报恩,则人道全;人道全,则社会必致祥和,国家必然安定,世界一定和平。佛陀也曾经告示文殊师利菩萨说:"这经的力量所生的福德,实在难以思议,这经所在的国土,丰富而安乐,没有任何怨敌的侵扰,譬如有人,获得如意珠宝,将它置于家中,能产生一切殊胜美妙的乐具。这微妙的经宝,也是如此,能给国界以内,无尽的安和乐利。"今圆香居士特选出此经,译为现代语体文,使知识分子,都能自己阅读,必然由浅入深,由人天乘而入菩萨道,凡我佛弟子,当愿见此经能弘扬于全世界,普利众生。

讲经说法,深入固然不易,浅出则尤为艰难,能深入者未必即能浅出,然浅出必先深入。我数十余年来,奔走说法,无不念念以深入浅出为怀,力求将佛法与世法交涉互融，使听者知佛法并非高深莫测、玄妙难解的空谈，而是与大众日常生活行持息息相关，不仅已皈依三宝的佛弟子，应该依教奉行，凡欲追求幸福美满人生者，对佛法也不能不加以探究。然当此工商业时代，一般人都生活在紧张忙碌中，难得有听讲佛法的机缘，将佛经译成现代语文，使知识分子都能自阅自解，自修自证，广收弘化之效，实为现代弘法者另一方便途径。

圆香居士，佛学造诣深厚，护持三宝，行菩萨行，译经弘化，不遗余力。曾将《楞严》《圆觉》等经典译成语体文，出版后洛阳纸贵，争相请购，甚受读者欢喜，受益者众。今又完成本经的语译，行将出版流通，索序于我，我与圆香居士相识已二十余年，素钦其行，当不敢辞，特赘数言，以表欢喜赞叹之诚耳。

一九八四年八月星云序于佛光山

谢冰莹老居士序

记得太虚大师，曾经在《心地观经讲记》中，说过这样的话：

"救济众生的佛法，对于社会、人民，都有直接或间接的关系，因此要明白佛法是应随机而设的……现在来讲此经，就是适应这个时代的需要。"又说："无论在寺院，或者在一般善男信女所组成的讲经会，都有各界人士来参加，因此所讲的经论，要具有法备五乘、义周十宗的条件……如今来讲这经，不但为了普通的听众；同时也为了研究教理的人所需要，因此对这部经做了一番精密的研究。"

"这部经，可作为初学佛法的指南；更可为研究全藏教理的基础。"

从太虚大师这些宝贵、扼要的开示中，我们可以想见本经的丰富内容，至少知道了法备五乘、义周十宗的条件，仅就这一点而说，不论初机宿学，都不能不研读本经。

本经共十三品，除《序品》及末后的《嘱累品》外，正文共计九品，从《报恩品》的人天乘法开始，循序渐进，而三乘圣者、大乘菩萨，直到《成佛品》止，无不详细演说，指示修习法要，条理分明。

经题特标明"本生"二字，也就是表明佛陀亲自显现他从最初发心，以至成佛度生的三世业行，现身说法，以启示众生正信，有所师法。

我国佛经的翻译，都在唐宋以前，虽不是深奥的古文；但体裁结构，用字遣词，都与现代语文，大有差别，每使现代的知识分子，感到阅读、研究的困难，应该把所有经典，再译为现代语体文，这项伟大的工作，实在太需要了！

七年前，笔者回国，得与圆香居士相聚多次，知道他大发善心，有志从事佛经语译工作，真是高兴万分！去年承他惠赐我两本大作——用语体文译的《楞严》《圆觉》二经，读后，获益良多，欢喜无量！读完，马上借与刘居士、李居士等传读，都认为圆香居士文字简洁流利，深入浅出，请他再发心多译一些应世。

我虽没有译过佛经，可是知道这的确不是件容易的事！圆香居士能在公务之余，并编务繁忙之中，独自默默地埋头译经，其中艰苦，可想而知。目前，他只发愿语译《楞严》《圆觉》《心地观》《维摩》《楞伽》等五部大乘经典，现已译出三部。

圆香居士，尚在盛年，精力充沛，希望他不要止于五部之数，愿他大发慈悲心，语译更多的经典，嘉惠青年读者，和有志研究佛学，像我一样的老人，相信这也是诸佛、菩萨所喜欢的。

从圆香居士所订语译的经典目录看来，似乎都与禅有关，好像偏重在禅修方面，是否因为看到目前学禅之风盛行，以至有些显得混乱和误解，而思有所导正呢？因笔者远隔重洋，没有机会向圆香居士当面请教求证，直到去年，朋友寄我一份自立晚报，在副刊上，读到宋泽莱先生一篇大作，题为"祖师禅的履践者刘圆香禅论"，才知道他是由禅归净的，原以为他只是一个净业行者而已。这样看来，我的猜想，也许不大错了。

最后，我希望圆香居士，本爱护佛教的精神，多多翻译佛经，功德无量！

一九八四年八月十五日于金山

唯慈法师序

我国从东汉到北宋，是印度文化向我国大输入的时代，以当时社会各阶层流行的文体，译出了大量佛经，但到千多年以后的人读来，就感到非常艰奥难懂。原因在于，如今一代的中华儿女，从最幼的婴儿时代开始学话，就是通俗的口语，到了四五岁进学校，学的、写的、听的、讲的、老师教的，也都是通俗的口语；对古体文字的线装书，接触的机会很少，没有深厚的古文学基础，怎能看懂古体文的佛经？何况佛经中还有许许多多的专门术语哩！我认为不是年轻一代文学程度普遍的低落，而是古文的线装书普遍受到时代的淘汰，就如中国字体，从李斯的小篆问世，殷周的甲骨文、钟鼎文被淘汰了；从正、草、行书出，李斯的小篆也被淘汰了，同样道理，当白话文在中国社会普遍地流行时，艰深的古文书籍也被搁置了，教现代青年研读古文佛经，就等于要他们用大篆、小篆写信一样困难，怎能收到传播佛法的效果？但读语体文佛经，以文体现代化，再加上简洁明畅，无形之中破除了障碍，提高广大学佛群众读经的兴趣，而经中深微妙义，亦能从简明的文句中，使人得到会意的法喜。对于喜爱研究佛法的知识青年而言，语体文更能适合他们的口味，以此推广佛法，我深信会得到知识青年普遍的爱好和接受，而且会永久性地普遍性地流传下去，弘扬佛法，着眼于此，应是适应时代的创举。

我深深觉得，阅读古体文的佛经，花去的时间多，而获得的利益少；可是读语体文的佛经恰好相反：花去的时间少，获得的利益多。已学佛的人读语体文佛经，会对佛法的真义，有新的体悟；未学佛的人读语体文佛经，会引起他对佛教的敬信。为了适应时代需要，为了提高弘扬佛法的效果，佛教的语译工作，实在值得大力地推行。

以《楞严经》说，我在求学的时期，曾听慈航菩萨讲过，但自己的悟性太低，听不出经里内容的要义。自己也曾读过几种注释，如：明真鉴法师的《楞严正脉》、清通理法师的《楞严指掌疏》、近代孙仲霞居士的《楞严直解》等多种，始终未能看得懂，花去的时间、精力，就像到水里捞月，空无所得。直到一九八二年，读到圆香居士出版的语体文《楞严经》，我才理解到经中的要旨，尤其七处征心、八番显见的文义，既富于高深的哲学思想，也充满了趣味性的描述，使我获益匪浅。去年又复读到圆香居士语体文的《圆觉经》。《楞严》与《圆觉》，都是真常唯心系的重要圣典，从经文的启示中，我了解一切众生皆具有妙明大觉的真心，惜此高贵灵妙的心性，为昏暗的烦恼客尘所覆，致使流转生死，成为忧悲苦恼的众生。

最近圆香居士又将出版语体文的《大乘本生心地观经》，这是非常令人兴奋的消息！

《心地观经》，讲解的人很少；但《太虚大师全书》中有本经的讲记，大师在"悬论"里说："《心地观经》的'内容丰富'，'法备五乘'，'义周十宗'。"而其经文次第，丢开了《序品》，确实是从世间五乘共法的《报恩品》说起，由浅入深，循理渐进，最后说到出世超胜的大乘不共法，世间所谓：登高自卑，行远自迩，渐入圣境，是本经的特色。

将古奥的佛经，译成明畅的语体文，是非常吃力的工作；但圆香居士近几年来，对译经事业，精进不已，表现出为佛教文化奉献身心的高度热情，令人感动！承他来信，要我写篇序，我怎能推辞他的诚意呢？

因此，我怀着敬意，忘掉浅陋，写出我对语体文佛经的推重，同时，也表示我内心对圆香居士弘法精神至诚的赞叹！

佛历二五二八年七月二十日唯慈写于菲岛宿务普贤寺

自　序

《华严经》上说："心如工画师，能画诸世间，五蕴悉从生，无法而不造。"又说："应观法界性，一切惟心造。"可知三界之中，没有一法不是以心为主的。《大乘本生心地观经》，就是我佛开示众生的观心法要，当如何观察自己，如《观心品》中说："三界之中，以心为主，能观心者，究竟解脱；不能观者，永远缠缚。譬如万物，皆从地生，如是心法，生世出世善恶五趣、有学无学、独觉菩萨及于如来，以是因缘，三界惟心。"这是说迷于自心，就有生死轮回，了悟自心，就是诸佛、菩萨，解脱或沉沦，只在一心的迷悟罢了。由于我们当知，欲求解脱，必先求了悟自心，若欲了悟自心，就不能不研读此经。

本经虽说是大乘圣典，以佛果为究竟归趣，但确是法备五乘，义周十宗，是最契合现代众生根性的大经，所以我发愿语译五部大乘圣典中，本经是其中之一。译完《楞严》《圆觉》二经之后，准备继译此经时，才发现一件意想之外的事实，就是自古以来，此经甚少人弘扬，没有任何注释、疏钞、讲义之类的撰述流传于世，遍叩现代尊宿学者，查阅藏经目录，皆无所获，唯一的参考资料，只有太虚大师留下的一部《大乘本生心地观经讲记》。可是太虚大师讲经，一向与众不同，多半只讲经义大旨，很少逐句讲解，所以能作参考的，也就非常有限了。

  我发现这一事实后，颇觉不解，这样一部重要的大乘经典，为什么古今大德，不为弘扬流通，难道说是机缘未至？乃再细思经文，发觉此经所开演的，似乎特别适合现代众生的根机，尤其是开示四恩的意义、报恩的途径、在家学佛与出家修道的胜劣等，至为详细，这是现代众生最需了解的。此经所示，由浅入深，自人乘以至佛乘，法无不备，论修证，无论禅、净、律、密，以至十宗要门，义无不周，弘扬此经，应该正是时候了。希望我的语译，能引起诸方高贤的注意，菩萨行者的共同弘扬。佛陀曾咐嘱说："我涅槃后，后五百岁，法欲灭时，若有法师，受持、读习、解说、书写此《心地观经》众经中王，如是法师，与我无异。"又说："是大法师，在无佛时，为浊恶世邪见众生，演说甚深心地经王，使离恶见，趣菩提道，广宣流布，令法久住，如是名为无相好佛，一切人天，所应供养。"欲广度末世众生，愿共发心弘扬此经。

语译此经前，既无参考典籍可以查证，又没有时间去亲近善知识，求决所疑，但已发愿语译，也不能遇难却步，唯有诚求三宝加被，勉力而为，所以语译此经时，倍感费力，如今总算完篇，是否有所讳误，尚待诸方慈悲，不吝赐教，不甚企祷之至。

本经的出版，蒙星云法师、谢冰莹老居士、唯慈法师等大德赐序，灵源老法师、周邦道、吴垂昆、毛惕园诸长者题韵，诚令无限感激，谨此深致谢忱。

一九八四年中秋于板桥寓所无漏室

概　说

　　《心地观经》是略称，全题是《大乘本生心地观经》。这部经传入我国不算太晚，在唐高宗时代，已由师子国（今斯里兰卡）人呈献，梵本珍藏于禁宫，宪宗时就命梵僧般若三藏等译成华文，至今已千多年。但是这部被誉为"法备五乘，义周十宗"的法宝，似乎没有受到历代缁素高贤太多的重视，不像《法华》《楞严》《维摩》《金刚》《华严》《圆觉》等大乘经典流传那么普遍。我初读此经，就觉得很适合现代众生的根性，希望能够广为弘扬。后来发愿将古文经典译为语体文时，此经序列第三。

　　原想像这样的宝典，古德前贤的注释必多，及至开译，才知没有任何疏解讲义之类的著述，仅发现一部太虚大师的《大乘本生心地观经讲记》。而太虚大师讲经，又与众不同，只讲大义，并不逐句解释经文，因此翻译本经时，没有什么参考资料，译来倍感费神，深恐误解经文，有失原意。

这部经共有八卷，分十三品，自人天乘法说起，进而声闻、缘觉、菩萨诸乘，终至佛果修证，的确是五乘教法都齐备了。

佛法本来没有什么三乘五乘、大乘小乘等许多分别，只为针对众生根基，或深谈或浅说，无非诱导众生同登觉岸，所以最后在法华会上明白宣示："惟有一乘（佛）法，无二亦无三，除佛方便说。"人乘法是五乘的共基，古德说："人道不全，学佛无益。"由人乘而至佛果，乃由迷至觉的必然过程，觉行圆满，就名之为佛。说大说小，或三乘五乘，总是方便指引，善巧诱导，欲令迷昧众生，循序渐进，以达到究竟大觉为唯一目的。佛者觉也，自人乘起，皆是使人背尘合觉之法，目的只在引导一切众生，同登大觉彼岸，永离生死苦海。佛陀说："为诸众生类，分别说三乘，少智乐小法，不信自作佛，是故以方便，分别说诸果。虽复说三乘，但为教菩萨。"又说："自证无上道，大乘平等法，若以小乘化，乃至于一人，我则堕悭贪，此事为不可。"现在有些学人，执着小乘教法才是真正的佛法，实在是不明佛陀因机设教，曲为诱导的苦心。

《心地观经》，虽说是"法备五乘"，而目的一样是教菩萨法，终而佛乘，只是就不同根性的众生，说法由浅而深而已。本经除《序品》中有些神通及超现实境界的描述外，其后的解说开示，或教诫，都是很平实亲切的，很少超出我们识量认知之外，只有浅识见浅、深识见深的差别，并没有完全不可理解的言句。

知恩报恩，是做人的基本德行

本经开始就谈报恩。为人处世，不可以忘恩负义，我国自古就有"滴水之恩，当涌泉以报"的明训，对忘恩背义的人，往往斥之为禽兽不如，因为"羊有跪乳之恩，乌鸦有反哺之义"。可见知恩报恩，是做人的起码条件。

到底哪些人对自己有恩惠呢？相信一般人大多不完全明白，所以恩将仇报者，大有人在。佛陀将我们报恩的对象，概括分为四大类，即父母、众生、国王、三宝，这四者对我们都有大恩德。其中对父母及三宝的恩德，讲得最详细而深刻，读者当容易领会。众生对我们的恩惠，开示则比较简略，只就我们易于领会的父母恩并论。若从因缘法去审察，则更能深解其中意义。

人与人之间，完全是互相依存的关系，协和则双利，分争则两伤，每个人都以感恩的情怀去对待他人，世界一定太平，社会一定安乐祥和。但众生昧于因缘果报的法则，有坚固难破的自我执着，一切营谋，总以自我为主，致成相互敌对，各受贪、嗔、痴三毒的驱策，妄作妄为，因此人类社会，纷争不息，战斗杀伐，永无宁日。一谈到因缘果报，一般人就会以为是玄理空谈，也许这就是佛陀开示简略的原因。

其实因缘果报，是极平凡而浅显的常理常法，众生习焉不察罢了。若各自从日常生活去体察，愚夫愚妇也能明白，只是牵涉深广复杂，难明究竟，并没有什么玄妙可言。如以一人来说，日用生活之需，无一不仰赖众人之力，不要以为用钱买来，就无须感谢，钱只是一种互助互利的证物而已，并没有实质的价值，若独处一无人荒岛，纵使遍地黄金货币，将有何用？

佛陀教人四恩总报，意义实在深远，人人皆能知恩报恩，自然世界和平，人民安乐。读本经特别要注意知恩报恩的明训，不杀、盗、淫、妄、酒等五戒，也已在其中，要想将来不失人身，这些是必具的品德，也是五乘的共基，由此而上，可通佛果，不及则将下入三途，受苦将难有了期。

出家好，还是在家好？

　　我们修行学佛，到底是在家好，还是出家好？这是很多人想得到答案的问题，对已悟道的人来说，虽不成为问题，对在迷的凡夫而言，确是胜劣悬殊，不可不分辨。佛陀在本经中有详细的比较，因为当时有智光长者，亲自问过佛陀。他听了知恩报恩的开示，非常感动，本欲出家修道，希望速证菩提道果；但又想到佛曾极力称扬维摩大士的道行德学，亲向凡圣大众宣说："这样的在家居士，虽然没有出家，但已具备了无边的功德，将来一定能够万行圆满，超出三界，证大菩提道果。"又嘉许他说："你能这样地修心，就是真正的沙门，也是婆罗门，是真正的出家，这就叫作在家的出家人。"

　　同时也想起佛陀曾教诫六群恶性比丘说："你们比丘仔细听着，要想入佛法海，是以信为根本，要想渡生死河，戒就是船筏。一个出家的比丘，若不能严守禁戒，依然贪恋世俗的欲乐，损毁佛陀订立的禁戒，或是失却正知正见，而入邪见林中，并引导无数的人堕入深坑内；这样的比丘，虽然出家，但不能看作出家人，不配称沙门，也不是婆罗门，这等人外形虽似沙门，实在心常在家。"因此，智光自己的想法，认为出家的菩萨，反不如在家的好。我想现在也有不少佛弟子，有同样的想法吧!

佛陀首先嘉许智光,说他是以大慈悲心劝请如来解说在家和出家菩萨的胜劣,然后才慈和地告诉他:"你的意思,以为出家菩萨不如在家菩萨,事实上不然。应知出家菩萨胜过在家菩萨无量无边,是无法相比的。"接着以各种譬喻,善巧言辞,说明在家的种种过患,出家的殊胜因缘,智光长者终于欢喜地舍俗出家。

尾 语

本经自《无垢性品》以次,全是佛陀殷切的开示,苦口婆心的训诫,就如一位慈祥的老祖父,叮咛儿孙一样,亲切平易,只是希望将自己一生体验所得,老实传给儿孙,说的都是人人能知的道理,人人可依而修习的方法。从如何做个清净比丘起,而教人如何坚定道心,如何修习无垢净业,如何调伏烦恼,如何安住身心,以及观心法要等,皆非常仔细。对于幽栖山林,住阿兰若,离世修行的因缘,以至即身成佛的修证,等等,也都有明确的训示,实在是有志真修实证之士不可不读的宝典。

本文虽限于篇幅,未能一一详述,但经文都颇浅显,并没有难以理解的玄谈,也没有多少深奥的文字,只要不心存异想，应不至太难阅读；不过在语气结构上，与现代语文习惯稍不同，因而使现代知识青年有扞格不入之感。因此，我特将这部经翻成了白话文，或可给青年朋友一点方便。我愿如此，请别误会是为自己做广告。

古文原译

大乘本生心地观经

大唐罽宾国三藏般若等译

1 卷一

序品第一

如是我闻：

一时，佛住王舍城耆阇崛山中，与大比丘众三万二千人，皆是阿罗汉，心善解脱，慧善解脱；所作已办，离诸重担，逮得己利，尽诸有结，得大自在，住清净戒，善巧方便、智慧庄严，证八解脱，到于彼岸。其名曰：具寿阿若憍陈如、阿史波室多、摩诃那摩、波帝利迦、摩诃迦叶、憍梵波提、罗波多、优楼频螺迦叶、那提迦叶、伽耶迦叶、舍利弗、大目犍连、摩诃迦旃延、摩诃迦毗那、真提那、富楼那弥多罗尼子、阿尼楼驮、微妙臂、须菩提、薄拘罗陀、孙难陀、罗睺罗，如是具寿阿罗汉、有学阿难陀等，各与若干百千眷属俱，各礼佛足，退坐一面。

　　复有菩萨摩诃萨八万四千人俱，皆是一生补处大法王子，有大威德，如大龙王，百福圆满；身光照曜，犹如千日，破诸昏暗；智慧澄彻，逾于大海，了达诸佛秘密境界；燃大法炬，引导众生；于生死海，作大船师；怜愍众生，犹如赤子，于一切时，恒施安乐，名称普闻，十方世界。自在游戏，微妙神通，已能善达诸总持门，具四无碍辩才自在，已得圆满大愿自在，妙善成就事业自在，已能善入三昧自在，具足圆满福德自在，常为众生不请之友。经无量劫，勤修六度，历事诸佛，不住涅槃，断诸烦恼，讲说妙法，无量世界，化利群生。制诸外道，摧伏邪心，离断常因，令生正见，而无往来动摇之相。非严而严，十方佛土；不说而说，妙理寂然；住无所住，度人天众；无所不受，广大法乐。披精进甲，执智慧剑，破魔军众，而击法鼓，身恒遍坐一切道场。吹大法螺，觉悟群品，一切有情悉蒙利益，闻名见身，无空过者。具三达智，悟三世法，善知众生诸根利钝，应病与药，无复疑惑。布大法云，澍甘露雨，转不退转智印法轮，闭生死狱，开涅槃门，发弘誓愿，尽未来际，度脱群生。此诸菩萨，不久当得阿耨多罗三藐三菩提。

　　其名曰：无垢菩萨、弥勒菩萨、师子吼菩萨、妙吉祥菩萨、维摩诘菩萨、观自在菩萨、得大势菩萨、金刚藏王菩萨、地藏王菩萨、虚空藏王菩萨、陀罗尼自在王菩萨、三昧自在王菩萨、妙高山王菩萨、大海深王菩萨、妙辩严王菩萨、欢喜高王菩萨、大神变王菩萨、法自在王菩萨、清净雨王菩萨、药王菩萨、药上菩萨、疗烦恼病菩萨、宝山菩萨、宝财菩萨、宝上菩萨、宝德菩萨、宝藏菩萨、宝积菩萨、宝手菩萨、宝印手菩萨、宝光菩萨、宝施菩萨、宝幢菩萨、大宝幢菩萨、宝雨菩萨、宝达菩萨、宝杖菩萨、宝髻菩萨、宝吉祥菩萨、宝自在菩萨、栴檀香菩萨、大宝炬菩萨、大宝严菩萨、日光菩萨、月光菩萨、星光菩萨、火光菩萨、电光菩萨、能念慧菩萨、破魔菩萨、胜魔菩萨、常精进菩萨、不休息菩萨、不断大愿菩萨、大名称菩萨、无碍辩才菩萨、无碍转法轮菩萨，如是无垢菩萨摩诃萨等，各与若干百千眷属俱。

复有亿万六欲天子，其名曰：善住天子、威德天子、普光天子、清净慧天子、吉祥天子、大吉祥天子、自在天子、大自在天子、日光天子、月光天子，如是等天子，释提桓因而为上首。悉皆爱乐大乘妙法，愿随奉事三世如来，入不思议秘密境界，庄严诸佛众会道场。各与若干百千眷属俱。

复有恒河沙色界天子，其名曰：大光普照天子、无垢庄严天子、神通游戏天子、三昧自在天子、陀罗尼自在天子、大那罗延天子、圆满上愿天子、无碍辩才天子、吉祥福慧天子、常发大愿天子，如是等天子，光明大梵天王而为上首。悉皆具足三昧神通，乐说辩才，历事诸佛。三世如来菩提树下坐金刚座，破魔军已，证菩提时，遍至众会，皆于最初劝请如来转妙法轮，开甘露门，度人天众；善悟诸佛秘密意趣，于大菩提，不复退转。各与若干百千眷属俱。

复有四万八千诸大龙王，摩那斯龙王、德叉迦龙王、难陀龙王、跋难陀龙王、阿耨达池龙王、大金面龙王、如意宝珠龙王、雨妙珍宝龙王、常澍甘雨龙王、有大威德龙王、强力自在龙王，如是等龙王，娑竭罗龙王而为上首。悉皆爱乐大乘妙法，发弘誓愿，恭敬护持。各与若干百千眷属俱。

复有五万八千诸药叉神，大师子王药叉神、转轮光照药叉神、妙那罗延药叉神、甚可怖畏药叉神、莲华光色药叉神、诸根美妙药叉神、外护正法药叉神、供养三宝药叉神、雨众珍宝药叉神、摩尼钵罗药叉神，如是等诸药叉神，僧慎尔邪药叉神而为上首。悉皆具足难思智光、难思智炬、难思智行、难思智聚，而为众生制伏恶鬼，使得安乐，能延福智，守护大乘，令不断绝。各与若干百千眷属俱。

复有八万九千乾闼婆王，顶上宝冠乾闼婆王、普放光明乾闼婆王、金刚宝幢乾闼婆王、妙音清净乾闼婆王、遍至众会乾闼婆王、普现诸方乾闼婆王、爱乐大乘乾闼婆王、转不退轮乾闼婆王，如是等乾闼婆王，诸根清净乾闼婆王而为上首。皆于大乘深生爱敬，利乐众生，恒无懈倦。各与若干百千眷属俱。

复有千亿阿修罗王，罗睺罗阿修罗王、毗摩质多罗阿修罗王、出现威德阿修罗王、大坚固力阿修罗王、美妙音声阿修罗王、光明遍照阿修罗王、斗战恒胜阿修罗王、善巧幻化阿修罗王，如是等阿修罗王，广大妙辩阿修罗王而为上首。善能修习离诸我慢，受持大乘，尊重三宝。各与若干百千眷属俱。

复有五亿迦楼罗王，宝髻迦楼罗王、金刚净光迦楼罗王、速疾如风迦楼罗王、虚空净慧迦楼罗王、妙身广大迦楼罗王、心不退转迦楼罗王、广目清净迦楼罗王、大腹饱满迦楼罗王、有大威德迦楼罗王、智慧光明迦楼罗王，如是等迦楼罗王，宝光迦楼罗王而为上首。悉皆成就不起法忍，善获饶益一切众生。各与若干百千眷属俱。

复有九亿紧那罗王，动地紧那罗王、妙宝华幢紧那罗王、宝树光明紧那罗王、善法光明紧那罗王、最胜庄严紧那罗王、火法光明紧那罗王、受持妙法紧那罗王、妙宝严饰紧那罗王、成就妙观紧那罗王，如是等紧那罗王，悦意乐声紧那罗王而为上首。皆悉具于清净妙慧，身心快乐，自在游戏。各与若干百千眷属俱。

复有九万八千摩睺罗伽王，妙髻摩睺罗伽王、具大威德摩睺罗伽王、庄严宝髻摩睺罗伽王、净眼微妙摩睺罗伽王、光明宝幢摩睺罗伽王、师子胸臆摩睺罗伽王、如山不动摩睺罗伽王、可爱光明摩睺罗伽王，如是等摩睺罗伽王，游戏神通摩睺罗伽王而为上首。已能修习善巧方便，令诸众生永离爱缠。各与若干百千眷属俱。

复有他方万亿国土转轮圣王，金轮转轮圣王、银轮转轮圣王、铜轮转轮圣王、铁轮转轮圣王，及与七宝千子眷属。庄严无量象马车乘，无数宝幢，悬大宝幡、华鬘、宝盖、缯彩白拂，种种珍奇妙宝璎珞，涂香、末香和合万种微妙殊香。各执无价众宝香炉，烧大宝香，供养世尊。以妙言词，称赞如来甚深智海。而白佛言："世尊！我今不求三界有漏人天果报，惟求出世阿耨多罗三藐三菩提。所以者何？三界之中，人天福乐，虽处尊位，先世福尽，还生恶趣，受无量苦。谁有智者，乐世间乐？"作是语已，一心合掌。各与若干百千眷属俱。

复有十六诸大国王，迦毗罗国净饭大王、摩伽陀国频婆娑罗王、波罗奈国迦斯大王、有于陀国于阗大王、娑罗国主迦毗那王，如是等十六大王及诸小王，舍卫国主波斯匿王名曰月光，而为上首。悉皆具足福智神通，有大威德。如转轮王，一切怨敌自然降伏，人民炽盛，国土丰乐。无量佛所，种诸善根，常为诸佛之所护念。庄严劫中，千佛出现，如是诸王常为施主。贤劫之中，千佛出现，如是诸王亦为施主。于当来世星宿劫中，千佛出现，当为施主。乃至未来一切诸佛出现世间，如是诸王，以本愿力，常行檀施，饶益有情，随宜善入诸方便门。虽作国王，不贪世乐，厌离生死，修解脱因，勤求佛道。爱乐大乘，化利群生，不着诸相，绍三宝种，使不断绝。为听法故，供养如来，广修珍膳，严持香华，来至佛所。各与一万二万，乃至千万诸眷属俱。

复有十六大国王夫人，韦提希夫人、妙胜鬘夫人、甚可爱乐夫人、三界无比夫人、福报光明夫人、如意宝光夫人、末利夫人、妙德夫人，如是等夫人，殊胜妙颜夫人而为上首。已能善入无量正定，为度众生，示现女身，以三解脱，修习其心，有大智慧，福德圆满，无缘大慈，无碍大悲，怜愍众生，犹如赤子。以本愿力，得值世尊，为欲听法，来诣佛所，瞻仰尊颜，目不暂舍。以无量种人中上供，奉献世尊，及以无数妙宝璎珞，供养如来。各与若干百千眷属俱。

复有百千无央数人，比丘、比丘尼、优婆塞、优婆夷、诸婆罗门、刹帝利、薛舍戍达罗，及诸国界长者居士、一切人民。是诸大众，发清净信，起殷重心，宿种善根，生值佛法，为求出世，起难遭想，来诣佛所，一心合掌。各与若干百千眷属俱。

复有无数诸外道众，苦行外道、多闻外道、世智外道、乐远离外道、路伽耶陀外道、路伽耶治迦儞外道而为上首。成就五通，飞行自在。发希有心，为听法故，来诣佛所。各与若干百千眷属俱。

复有无量无数非人饿鬼，所谓无财鬼、食人吐鬼、恼众生鬼、食洟唾鬼、食不饱鬼、毗舍阇鬼、臭极臭鬼、食粪秽鬼、食人胎鬼、食生子鬼、食不净鬼、生吉祥鬼，如是诸鬼，毗卢陀伽大鬼神王而为上首。舍离毒心，归佛、法、僧，悉皆卫护如来正法。为听法故，来诣佛所，五体投地，渴仰世尊。各与若干百千眷属俱。

复有无量无数禽兽诸王，命命鸟王、鹦鹉鸟王，及师子王、象王、鹿王，如是一切诸禽兽王，金色师子王而为上首。悉皆归命如来大师，为欲听法，来诣佛所，各随愿力，供养世尊，而白佛言："惟愿如来，哀受我等微少供养，永离三涂恶业种子，得受人天福乐果报。开阐大乘甘露法门，速断愚痴，当得解脱。"时诸鸟王作是语已，一心合掌，瞻仰如来。各与若干百千眷属俱。

复有百千琰魔罗王，与无央数诸大罗刹，种种形类，及诸恶王，幽冥官属，校计罪福狱吏刑司，承佛威力，舍离恶心，与琰魔罗王同来听法，而白佛言："一切众生，以愚痴故，贪五欲乐，造五逆罪，入诸地狱，轮转无穷。自业所因，受大苦恼，如世蚕茧，自为萦缠。惟愿如来雨大法雨，灭地狱火，施清凉风，开解脱门，闭三恶趣。"时琰魔罗王作是语已，种种珍宝供养如来，一心恭敬，绕百千匝。与若干百千眷属俱，各礼佛足，退坐一面。

尔时，世尊坐宝莲华师子座上。其师子座色绀琉璃，种种珍奇间错严饰，颇梨宝珠以为其茎，紫磨黄金作莲华叶。其莲华台，以摩尼宝而为华须，八万四千阎浮檀金大宝莲华而为眷属，为诸大众，前后围绕，供养恭敬，尊重赞叹。

时薄伽梵于师子座，结跏趺坐，威仪殊特。犹如四宝苏迷卢山，处于大海，自然迥出。如百千日照曜虚空，放无量光，破诸昏暗。亦如俱胝圆满月轮，独处众星，放清凉光，明朗世界。是时如来入有顶天极善三昧，名心璎珞宝庄严王。住此定已，身心不动。

时无色界一切天子，雨无量种微妙华香，于虚空中，如云而下。色界诸天、十八梵王，雨众杂色无数天华，百千万种梵天妙香，遍满虚空，如云而下。六欲诸天及天子众，以天福力，雨种种华：优钵罗华、波头摩华、拘物头华、芬陀利华、瞻卜迦华、阿提目多华、波利尸迦华、苏摩那华、曼陀罗华、摩诃曼陀罗华、曼殊沙华、摩诃曼殊沙华，于虚空中，缤纷乱坠，而供养佛及众法宝。又雨天上无价宝香，其香如云，作百宝色，以天神力，香气遍满此诸世界，供养大会。

尔时，世尊从三昧起，即于本座，复入师子奋迅三昧，现大神通，令此三千大千世界六种震动：谓动、极动、遍极动，涌、极涌、遍极涌，振、极振、遍极振，击、极击、遍极击，吼、极吼、遍极吼，爆、极爆、遍极爆。

又此世界，东涌西没，西涌东没，南涌北没，北涌南没，中涌边没，边涌中没。其地严净，悉皆柔软，滋长卉木，利益群生，令三千界无有地狱、饿鬼、畜生，及余无暇恶趣众生，皆得离苦。舍此身已，生于人道，及六欲天，皆识宿命，欢喜踊跃，同诣佛所。以殷重心，顶礼佛足，持诸珍宝、无数璎珞，悟三轮空，以报佛恩。

尔时，如来于胸臆间及诸毛孔，放大光明，名诸菩萨游戏神通，使不退转阿耨多罗三藐三菩提。其光明色，如阎浮檀金。此金色光，普照三千大千世界，及余地界，乃至百亿妙高山王，一切雪山、香山、黑山、金山、宝山，及弥楼山、大弥楼山、目真邻陀山、摩诃目真邻陀山、小铁围山、大铁围山、江河大海、流泉浴池，及以百亿四大洲界、日月星辰、天宫龙宫、诸尊神宫，并诸国邑、王宫聚落、琰魔罗界所有一切八寒八热诸地狱中，罪业众生受苦之相，乃至十方畜生、饿鬼受苦之相，一切世间五趣众生受苦乐相，如是皆现于此金色大光明中。

又此光中，影现菩萨修行佛道种种相貌。释迦菩萨于往昔时，作光明王，最初发于阿耨多罗三藐三菩提心，乃至菩提树下，得成佛道，娑罗林中，入于涅槃。于其中间，三僧企耶百万劫中，所有一切慈悲喜舍，八万四千波罗蜜门，乃于过去作金轮王，王四天下，尽大海际，人民炽盛，国土丰乐，正法化世经无量劫，一切珍宝充满国界。时彼轮王，观诸世间皆悉无常，厌五欲乐，舍轮王位，出家学道。或于大国，为王爱子，弃舍身命，投于饿虎。或作尸毗王，割身救鸽。或救孕鹿，舍鹿王身。或于雪山，为求半偈，而舍全身。或现受生于净饭王家，弃舍后宫六万婇女，及舍种种上妙伎乐，逾城出家，六年苦行，日食麻麦，降诸外道，坐菩提树下，破魔军已，得阿耨多罗三藐三菩提。有如是等百千恒沙难思行愿，一切相貌悉皆顿现于此金色大光明中。

又此光中，影现如来不可思议八大宝塔：拘娑罗国，净饭王宫生处宝塔；摩伽陀国，伽耶城边菩提树下成佛宝塔；波罗奈国鹿野园中，初转法轮度人宝塔；舍卫国中给孤独园，与诸外道六月论议，得一切智声名宝塔；安达罗国曲女城边，升忉利天，为母说法，共梵天王及天帝释十二万众，从三十三天，现三道宝阶，下阎浮时神异宝塔；摩揭陀国王舍城边耆阇崛山，说《大般若》

《法华》一乘、《心地经》等大乘宝塔；毗舍离国庵罗卫林，维摩长者不可思议现疾宝塔；拘尸那国跋提河边娑罗林中圆寂宝塔。如是八塔，大圣化仪，人天有情所归依处，供养恭敬，为成佛因。如是音声及诸影像，而于三世难思议事，悉皆影现大光明中。又十方界，三世诸佛及大菩萨道场众会，神通变化希有之事，及诸如来所说妙法，皆如响应，于此金色大光明中，无不见闻。一切众生遇此光明，见彼瑞相，皆发无等等阿耨多罗三藐三菩提心。时诸大众睹佛神力不可思议，叹未曾有，各相谓言："如来今日入于三昧，放大光明，照十方界，得见如来往昔所有难思议事，调伏恶世邪见众生，令生信解，趣向菩提。希有如来，能为一切世间之父，无量劫中，难可得见。我等累劫修诸行愿，得遇三界人天大师。惟愿慈尊，哀愍世间，从定而起，说甚深法，示教利喜。"一切众生作是语已，瞻仰尊颜，默然而住。

尔时，会中有一菩萨，名师子吼，三僧企耶修行福智，于贤劫中，次补佛处，受灌顶位，作大法王。四向观视海会大众，发大音声，而作是言："我于往昔无量劫中，已发阿耨多罗三藐三菩提心，历事恒沙一切诸佛，曾于第一众会道场，见不思议神通变化。未尝睹此金色光明，影现一切菩萨行愿，及现如来种种相貌，令见三世难思议事。惟愿仁者，一心合掌，瞻仰尊颜。从定而起,授甘露药,除热恼病,令证法身,常乐我净。是诸如来有二种法,于三昧中不复久住:一者大慈,二者大悲。依大慈故,与众生乐;依大悲故,拔众生苦。以是二法,于无数劫,熏修其心,而成正觉。世间众生多诸苦恼,以是因缘,如来不久从三昧起,当为演说心地观门大乘妙法,告诸大众:无求一切人天福乐,速求出世阿耨多罗三藐三菩提。所以者何?今日世尊从胸臆中,放金色光,所照之处,皆如金色。佛所显示,意趣甚深,一切世间声闻、缘觉,尽思度量所不能知。汝等凡夫不观自心,是故漂流生死海中。诸佛、菩萨能观心故,度生死海,到于彼岸。三世如来法皆如是,放此光明,非无因缘。"是诸众会闻大士言,心怀踊跃,得未曾有。

尔时,师子吼菩萨摩诃萨欲重宣此义而说偈言:

敬礼天人大觉尊,恒沙福智皆圆满;
金光百福庄严相,发起众生爱乐心。
超过三界独居尊,功德最胜无伦匹;
普用神通自在力,随所造业现其前。
我以天眼观世间,一切无有如佛者;
希有金容如满月,希有过于优昙华。
无边福智利群生,大光普照如千日;
愚痴众生长夜苦,蒙光所照悉皆除。
我观如来昔所行,亲近供养无数佛;

经历僧祇无量劫，为众生故趣菩提。
常于生死苦海中，作大船师济群品；
演说甘露真净法，令入无为解脱门。
三僧祇劫度众生，勤修八万波罗蜜；
因圆果满成正觉，住寿凝然无去来。
一一相好周法界，十方诸佛相皆然；
甚深境界难思议，一切人天莫能测。
诸佛体用无差别，如千灯照互增明；
智慧如空无有边，应物现形如水月。
无边法界常寂然，如如不动等虚空；
如来清净妙法身，自然具足恒沙德。
周遍法界无穷尽，不生不灭无去来；
法王常住妙法宫，法身光明靡不照。
如来法性无罣碍，随缘普应利群生；
众生各见在其前，为我宣说甘露法。
随心能灭诸烦恼，人天众苦悉皆除；
破有法王甚奇特，光明照曜如金山。
为度众生出世间，能然法炬破昏暗；
众生没在生死海，轮回五趣无出期。
善逝恒为妙法船，能截爱流超彼岸；
大智方便不可量，恒与众生无尽乐。
能为世间大慈父，怜愍一切诸有情；

如来出世甚难值，无数亿劫时一现。
譬如优昙妙瑞华，一切人天所希有；
于无量劫时一现，睹佛出世亦同然。
是诸众生无福慧，恒处沉沦生死海；
亿劫不见诸如来，随诸恶业恒受苦。
我等无数百千劫，修四无量三解脱；
今见大圣牟尼尊，犹如盲龟值浮木。
愿于来世恒沙劫，念念不舍天人师；
如影随形不暂离，昼夜勤修于种智。
惟愿世尊哀愍我，常令得见大慈尊；
三业无倦常奉持，愿共众生成正觉。
今者三界大导师，座上跏趺入三昧；
独处凝然空寂舍，身心不动如须弥。
世间一切梵天魔，莫能警觉如来定；
此界他方凡圣众，悉知调御住于禅。
广设无边微妙供，奉献能仁最胜德；
六欲诸天来供养，天华乱坠遍虚空。
十善报应无价香，变化香云百宝色；
遍覆人天无量众，雨杂妙宝献如来。
香气氤氲三宝前，百千伎乐临空界；
不鼓自鸣成妙曲，供养人中两足尊。
十八梵众雨天华，及雨杂宝千万种；

梵摩尼珠妙璎珞，众宝严饰天妙衣。
大宝华幢悬胜幡，持以供养牟尼尊；
无色界天雨宝华，其华广大如车轮。
雨微细香满世界，供养三昧难思议；
龙王修罗人非人，奉献所感珍妙宝。
各以供养天中天，乐闻最胜菩提道；
时薄伽梵大医王，善治世间烦恼苦。
师子频伸三昧力，六种震动遍三千；
以此觉悟诸有缘，于此无缘了不觉。
随彼人天应可度，见佛种种诸神通；
瞻仰月面牟尼尊，以净三业皆云集。
如来能以无缘慈，饶益众生成胜德；
胸臆放此大光明，名诸菩萨不退转。
如劫尽时七日现，炽然照曜放千光；
世间所有诸光明，不及一佛毛孔光。
无量无碍大神光，遍照十方诸佛刹；
如来福智皆圆满，所放神光亦无比。
其光赫奕如金色，遍照十方诸国土；
大圣金光影现中，悉见世间诸色像。
三千大千诸世界，所有一切诸山王，
四宝所成妙高山，雪山香山七金山，
目真邻陀弥楼山，大铁围山小山等，

大海江河及浴池，无数百亿四大洲，
日月星辰众宝宫，天宫龙宫诸神宫，
国邑王宫诸聚落，如是光中悉显现。
又现如来往昔因，积功累德求佛道。
如来昔在尸毗国，曾居尊位作人王；
国界珍宝皆充盈，常以正法化于世。
慈悲喜舍恒无倦，能舍难舍趣菩提；
割身救鸽尚无悔，深心悲愍救众生。
时佛往昔在凡夫，入于雪山求佛道，
摄心勇猛勤精进，为求半偈舍全身；
以求正法因缘故，十二劫超生死苦。
昔为摩纳仙人时，布发供养燃灯佛；
以是精进因缘故，八劫超于生死海。
昔为萨埵王子时，舍所爱身投饿虎；
自利利他因缘故，十一劫超生死因。
流水长者大医王，平等救护众生故，
济鱼各得生天上，天雨璎珞来报恩，
七日翘足赞如来，以精进故超九劫。
昔为六牙白象王，其牙殊妙无能比，
舍身命故投猎者，求佛无上大菩提。
或作圆满福智王，施眼精进求佛道；
又作金色大鹿王，舍身精进求佛道；

1 卷一·序品第一 037

为迦尸国慈力王，全身施与五夜叉；
又作大国庄严王，以妻子施无恪惜；
或为最上身菩萨，头目髓脑施众生；
如是菩萨行慈悲，皆愿求证菩提道。
佛昔曾作转轮王，四洲珍宝皆充满，
具足千子诸眷属，十善化人百千劫，
国土安隐如天宫，受五欲乐无穷尽。
时彼轮王觉自身，及以世间不牢固；
无想诸天八万岁，福尽还归诸恶道。
犹如梦幻与泡影，亦如朝露及电光；
了达三界如火宅，八苦充满难可出。
未得解脱超彼岸，谁有智者乐轮回？
惟有出世如来身，不生不灭常安乐。
如是难行菩萨行，一切悉现金光内；
又此光中现八塔，皆是众生良福田。
净饭王宫生处塔，菩提树下成佛塔，
鹿野园中法轮塔，给孤独园名称塔，
曲女城边宝阶塔，耆阇崛山般若塔，
庵罗卫林维摩塔，娑罗林中圆寂塔。
如是世尊八宝塔，诸天龙神常供养；
金刚密迹四天王，昼夜护持恒不离。
若造八塔而供养，现身福寿自延长；

增长智慧众所尊，世出世愿皆圆满。
若人礼拜及心念，如是八塔不思议；
二人获福等无差，速证无上菩提道。
如是三世利益事，于此光中无不见；
十方佛土诸菩萨，神通游戏众灵仙，
万亿国土转轮王，寻此光明普云集，
各以神力来供养，雨如意宝奉慈尊。
诸天伎乐百千种，不鼓自然出妙音；
天华乱坠满虚空，众香普熏于大会。
宝幢无数诸璎珞，持以供养人中尊；
微妙伽陀赞如来，善哉能入于三昧。
现不思议大神力，调伏难化诸有情；
惟愿世尊从定起，为诸众生转法轮。
永断一切诸烦恼，令住无住大涅槃；
如我等类心清净，从万亿国来听法，
以三昧力常谛观，于我微供哀纳受。
能施所施及施物，于三世中无所得；
我等安住最胜心，供养一切十方佛。

2　卷二

报恩品第二（上）

尔时，世尊从三昧安详而起，告弥勒菩萨摩诃萨言："善哉！善哉！汝等大士、诸善男子，为欲亲近世间之父，为欲听闻出世之法，为欲思维如如之理，为欲修习如如之智，来诣佛所，供养恭敬。我今演说心地妙法，引导众生，令入佛智。如是妙法，诸佛如来过无量劫，时乃说之。如来世尊出兴于世，甚难值遇，如优昙华。假使如来出现于世，说此妙法，亦复为难。所以者何？一切众生远离大乘菩萨行愿，趣向声闻、缘觉菩提，厌离生死，永入涅槃，不乐大乘，常乐妙果。然诸如来转于法轮，远离四失，说相应法：一、无非处；二、无非时；三、无非器；四、无非法。应病与药，令得复除，即是如来不共之德。声闻、缘觉未得自在，诸菩萨众不共之境，以是因缘，难见难闻菩提正道心地法门。若有善男子、善女人，闻是妙法，一经于耳，须臾之顷，摄念观心，熏成无上大菩提种，不久当坐菩提树王金刚宝座，得成阿耨多罗三藐三菩提。"

尔时，王舍大城有五百长者，其名曰：妙德长者、勇猛长者、善法长者、念佛长者、妙智长者、菩提长者、妙辩长者、法眼长者、光明长者、满愿长者，如是等大富长者，成就正见，供养如来及诸圣众。是诸长者闻是世尊赞叹大乘心地法门，而作是念：我见如来放金色光，影现菩萨难行苦行。我不爱乐行苦行心，谁能永劫住于生死，而为众生受诸苦恼？作是念已，即从座起，偏袒右肩，右膝着地，合掌恭敬，异口同音前白佛言："世尊！我等不乐大乘诸菩萨行，亦不喜闻苦行音声。所以者何？一切菩萨所修行愿，皆悉不是知恩报恩。何以故？远离父母，趣于出家。以自妻子，施于所欲。头目髓脑，随其愿求，悉皆布施。受诸逼恼，三僧祇劫，具修诸度，八万四千波罗蜜行，越生死流，方至菩提大安乐处。不如趣向二乘道果，三生百劫，修集资粮，断生死因，证涅槃果，速至安乐，方名报恩。"

尔时，佛告五百长者："善哉！善哉！汝等闻于赞叹大乘，心生退转，发起妙义，利益安乐未来世中不知恩德一切众生。谛听！谛听！善思念之！我今为汝分别演说，世出世间有恩之处。善男子！汝等所言，未可正理。何以故？世间之恩，有其四种：一、父母恩；二、众生恩；三、国王恩；四、三宝恩。如是四恩，一切众生平等荷负。善男子！父母恩者，父有慈恩，母有悲恩。母悲恩者，若我住世于一劫中，说不能尽，我今为汝宣说少分。假使有人为福德故，恭敬供养一百净行大婆罗门、一百五通诸大神仙、一百善友，安置七宝上妙堂内，以百千种上妙珍膳，垂诸璎珞、众宝衣服，栴檀、沉香立诸房舍，百宝庄严床卧敷具，疗治众病百种汤药，一心供养，满百千劫，不如一念住孝顺心，以微少物，色养悲母，随所供侍，比前功德，百千万分不可校量。

"世间悲母，念子无比，恩及未形。始自受胎，经于十月，行、住、坐、卧，受诸苦恼，非口所宣。虽得欲乐、饮食、衣服而不生爱，忧念之心，恒无休息。但自思维：将欲生产，渐受诸苦，昼夜愁恼。若产难时，如百千刃，竞来屠割，遂致无常。若无苦恼，诸亲眷属喜乐无尽，犹如贫女得如意珠，其子发声如闻音乐。以母胸臆而为寝处，左右膝上常为游履，于胸臆中出甘露泉。长养之恩，弥于普天；怜愍之德，广大无比。世间所高，莫过山岳，悲母之恩，逾于须弥。世间之重，大地为先，悲母之恩，亦过于彼。

"若有男女，背恩不顺，令其父母生怨念心，母发恶言，子即随堕，或在地狱、饿鬼、畜生。世间之疾莫过猛风，怨念之微，复速于彼，一切如来、金刚天等，及五通仙不能救护。

"若善男子、善女人，依悲母教，承顺无违，诸天护念，福乐无尽。如是男女，即名尊贵天人种类，或是菩萨，为度众生，现为男女，饶益父母。

"若善男子、善女人，为报母恩，经于一劫，每日三时，割自身肉，以养父母，而未能报一日之恩。所以者何？一切男女，处于胎中，口吮乳根，饮啖母血，及出胎已，幼稚之前，所饮母乳，百八十斛。母得上味，先与其子；珍妙衣服，亦复如是。愚痴鄙陋，情爱无二。昔有女人，远游他国，抱所生子，渡殑伽河。其水暴涨，力不能前，爱念不舍，母子俱没。以是慈心善根力故，即得上生色究竟天，作大梵王。以是因缘，母有十德：一名大地，于母胎中，为所依故；二名能生，经历众苦，而能生故；三名能正，恒以母手，理五根故；四名养育，随四时宜，能长养故；五名智者，能以方便，生智慧故；六名庄严，以妙璎珞，而严饰故；七名安稳，以母怀抱，为止息故；八名教授，善巧方便，导引子故；九名教诫，以善言辞，离众恶故；十名与业，能以家业，付嘱子故。

"善男子！于诸世间，何者最富？何者最贫？悲母在堂，名之为富；悲母不在，名之为贫。悲母在时，名为日中；悲母死时，名为日没。悲母在时，名为月明；悲母亡时，名为暗夜。是故汝等勤加修习孝养父母，若人供佛，福等无异，应当如是，报父母恩。

"善男子！众生恩者，即无始来，一切众生轮转五道，经百千劫，于多生中，互为父母。以互为父母故，一切男子即是慈父，一切女人即是悲母。昔生生中，有大恩故，犹如现在父母之恩等无差别。如是昔恩，犹未能报，或因妄业，生诸违顺，以执着故，反为其怨。何以故？无明覆障宿住智明，不了前生曾为父母。所可报恩，互为饶益；无饶益者，名为不孝。以是因缘，诸众生类，于一切时，亦有大恩，实为难报。如是之事，名众生恩。

"国王恩者，福德最胜，虽生人间，得自在故，三十三天诸天子等恒与其力，常护持故。于其国界山河大地，尽大海际，属于国王，一人福德胜过一切众生福故。是大圣王以正法化，能使众生悉皆安乐。譬如世间一切堂殿，柱为根本；人民丰乐，王为根本，依王有故。亦如梵王能生万物，圣王能生治国之法，利众生故；如日天子能照世间，圣王亦能观察天下人安乐故。王失正治，人无所依；若以正化，八大恐怖不入其国。所谓他国侵逼、自界叛逆、恶鬼疾病、国土饥馑、非时风雨、过时风雨、日月薄蚀、星宿变怪。人王正化，利益人民，如是八难，不能侵故。譬如长者唯有一子，爱念无比，怜愍饶益，常与安乐，昼夜不舍；国大圣王亦复如是，等视群生，如同一子，拥护之心，昼夜无舍。

"如是人王，令修十善，名福德主；若不令修，名非福主。所以者何？若王国内，一人修善，其所作福皆为七分，造善之人得其五分，于彼国王常获二分，善因王修，同福利故。造十恶业亦复如是，同其事故。一切国内田地、园林所生之物，皆为七分，亦复如是。

"若有人王，成就正见，如法化世，名为天主，以天善法化世间故。诸天善神及护世王，常来加护，守王宫故。虽处人间，修行天业，赏罚之心，无偏党故。

"一切圣王，法皆如是。如是圣主，名正法王。以是因缘，成就十德：一名能照，以智慧眼，照世间故；二名庄严，以大福智，庄严国故；三名与乐，以大安乐，与人民故；四名伏怨，一切怨敌，自然伏故；五名离怖，能却八难，离恐怖故；六名住贤，集诸贤人，评国事故；七名法本，万姓安住，依国王故；八名持世，以天王法，持世间故；九名业主，善恶诸业，属国王故；十名人主，一切人民，王为主故。一切国王以先世福，成就如是十种胜德。

"大梵天王及忉利天,常助人王受胜妙乐;诸罗刹王及诸神等,虽不现身,潜来卫护王及眷属。王见人民造诸不善,不能制止,诸天神等悉皆远离。若见修善,欢喜赞叹,尽皆唱言:'我之圣王!龙天喜悦,澍甘露雨,五谷成熟,人民丰乐。'

"若不亲近诸恶人等,普利世间,咸从正化,如意宝珠必现王国,于王邻国咸来归服,人与非人无不称叹。

"若有恶人于王国内而生逆心,于须臾顷,如是之人福自衰灭,命终当堕地狱之中,经历畜生,备受诸苦。所以者何?由于圣王不知恩故,起诸恶逆,得如是报。若有人民能行善心,敬辅仁王,尊重如佛,是人现世安隐丰乐,有所愿求,无不称心。所以者何?一切国王于过去时,曾受如来清净禁戒,常为人王,安隐快乐。以是因缘,违顺果报,皆如响应。圣王恩德,广大如是!

"善男子!三宝恩者,名不思议,利乐众生,无有休息。是诸佛身,真善无漏,无数大劫修因所证,三有业果永尽无余。功德宝山,巍巍无比,一切有情所不能知。福德甚深犹如大海;智慧无碍等于虚空。神通变化充满世间;光明遍照十方三世。一切众生,烦恼业障,都不觉知,沉沦苦海,生死无穷;三宝出世,作大船师,能截爱流,超升彼岸,诸有智者悉皆瞻仰。

"善男子等!惟一佛宝,具三种身:一、自性身;

二、受用身；三、变化身。第一佛身，有大断德，二空所显，一切诸佛悉皆平等。第二佛身，有大智德，真常无漏，一切诸佛悉皆同意。第三佛身，有大恩德，定通变现，一切诸佛悉皆同事。

"善男子！其自性身，无始无终，离一切相，绝诸戏论，周圆无际，凝然常住。其受用身，有二种相：一、自受用；二、他受用。

"自受用身，三僧祇劫所修万行，利益安乐诸众生已，十地满心，运身直往色究竟天，出过三界净妙国土，坐无数量大宝莲华，而不可说海会菩萨前后围绕，以无垢缯系于顶上，供养恭敬，尊重赞叹，如是名为后报利益。尔时，菩萨入金刚定，断除一切微细所知诸烦恼障，证得阿耨多罗三藐三菩提，如是妙果，名现报利益。

"是真报身，有始无终，寿命劫数无有限量，初成正觉，穷未来际，诸根相好，遍周法界，四智圆满，是真报身受用法乐。一大圆镜智：转异熟识得此智慧，如大圆镜现诸色像；如是如来镜智之中，能现众生诸善恶业。以是因缘，此智名为大圆镜智。依大悲故，恒缘众生；依大智故，常如法性。双观真俗，无有间断。常能执持无漏根身，一切功德为所依止。二平等性智：转我见识得此智慧，是以能证自他平等，无二我性，如是名为平等性智。三妙观察智：转分别识得此智慧，能观诸法自相共相，于众会前，说诸妙法，能令众生得不退转，以是名为妙观察智。四成所作智：转五种识得此智慧，能现一切种种化身，令诸众生成熟善业。以是因缘，名为成所作智。

"如是四智而为上首，具足八万四千智门，如是一切诸功德法，名为如来自受用身。

"诸善男子！二者如来他受用身，具足八万四千相好，居真净土，说一乘法，令诸菩萨受用大乘微妙法乐，一切如来为化十地诸菩萨众，现于十种他受用身。第一佛身，坐百叶莲华，为初地菩萨说百法明门，菩萨悟已，起大神通变化，满于百佛世界，利益安乐无数众生。第二佛身，坐千叶莲华，为二地菩萨说千法明门，菩萨悟已，起大神通变化，满于千佛世界，利益安乐无量众生。第三佛身，坐万叶莲华，为三地菩萨说万法明门，菩萨悟已，起大神通变化，满于万佛国土，利益安乐无数众生。

"如是如来渐渐增长，乃至十地他受用身，坐不可说妙宝莲华，为十地菩萨，说不可说诸法明门，菩萨悟已，起大神通变化，满于不可说佛微妙国土，利益安乐不可宣说不可宣说无量无边种类众生。如是十身，皆坐七宝菩提树王，证得阿耨多罗三藐三菩提。

"诸善男子！一一华叶，各各为一三千世界，各有百亿妙高山王及四大洲，日月星辰，三界诸天，无不具足。一一叶上，诸赡部洲，有金刚座、菩提树王，其百千万至不可说大小化佛，各于树下，破魔军已，一时证得阿耨多罗三藐三菩提。如是大小诸化佛身，各各具足三十二相、八十种好，为诸资粮及四善根诸菩萨等、二乘凡夫，随宜为说三乘妙法。为诸菩萨说应六波罗蜜，令得阿耨多罗三藐三菩提究竟佛慧。为求辟支佛者，说应十二因缘法。为求声闻者，说应四谛法，度生老病死，究竟涅槃。为余众生，说人天教，令得人天安乐妙果。诸如是等大小化佛，皆悉名为佛变化身。

"善男子！如是二种应化身佛，虽现灭度，而此佛身，相续常住。诸善男子！如一佛宝，有如是等无量无边、不可思议、利乐众生广大恩德，以是因缘，名为如来、应、正遍知、明行圆满、善逝、世间解、无上士、调御丈夫、天人师、佛世尊。善男子！一佛宝中，具足六种微妙功德：一者无上大功德田；二者无上有大恩德；三者无足二足及以多足众生中尊；四者极难值遇，如优昙华；五者独一出现三千大千世界；六者世出世间功德圆满一切义。依具如是等六种功德，常能利乐一切众生，是名佛宝不思议恩。"

尔时，五百长者白佛言："世尊！如佛所说，一佛宝中，无量化佛，充满世界，利乐众生。以何因缘，世间众生多不见佛，受诸苦恼？"

佛告五百长者："譬如日光天子，放百千光，照明世界，而有盲者不见光明。汝善男子，于意云何，日光天子而有过否？"

时长者言："不也，世尊！"

佛言："善男子！诸佛如来常演正法，利乐有情，是诸众生常造恶业，都不觉知，无惭愧心，于佛法僧，不乐亲近。如是众生，罪根深重，经无量劫，不得见闻三宝名字，如彼盲者不睹日光。若有众生，恭敬如来，爱乐大乘，尊重三宝，当知是人，业障消除，福智增长，成就善根，速得见佛，永离生死，当证菩提。

"诸善男子！如一佛宝，有无量佛。如来所说法宝亦然，一法宝中，有无量义。善男子！于法宝中，有其四种：一者教法，二者理法，三者行法，四者果法。

"一切无漏，能破无明、烦恼、业障。声名句文，名为教法。有无诸法，名为理法。戒、定、慧行，名为行法。无为妙果，名为果法。如是四种名为法宝，引导众生，出生死海，到于彼岸。

"善男子！诸佛所师，即是法宝。所以者何？三世诸佛，依法修行，断一切障，得成菩提，尽未来际，利益众生。以是因缘，三世如来常能供养诸波罗蜜微妙法宝，何况三界一切众生未得解脱，而不能敬微妙法宝！善男子！我昔曾为求法人王，入大火坑而求正法，永断生死，得大菩提。是故法宝能破一切生死牢狱，犹如金刚能坏万物。法宝能照痴暗众生，如日天子能照世界。法宝能救贫乏众生，如摩尼珠雨众宝故。法宝能与众生喜乐，犹如天鼓乐诸天故。法宝能为诸天宝阶，听闻正法，得生天故。法宝能为坚牢大船，渡生死海，到彼岸故。法宝犹如转轮圣王，能除三毒烦恼贼故。法宝能为珍妙衣服，覆盖无惭诸众生故。法宝犹如金刚甲胄，能破四魔，证菩提故。法宝犹如智慧利剑，割断生死，离系缚故。法宝正是三乘宝车，运载众生，出火宅故。法宝犹如一切明灯，能照三涂黑暗处故。法宝犹如弓箭矛矟，能镇国界，摧怨敌故。法宝犹如险路导师，善诱众生，达宝所故。

"善男子！三世如来所说妙法，有如是等难思议事，是名法宝不思议恩。

"善男子！世出世间有三种僧：一、菩萨僧；二、声闻僧；三、凡夫僧。文殊师利及弥勒等，是菩萨僧；如舍利弗、目犍连等，是声闻僧；若有成就别解脱戒真善凡夫，乃至具足一切正见，能广为他演说、开示众圣道法，利乐众生，名凡夫僧。虽未能得无漏戒定及慧解脱而供养者，获无量福。如是三种名真福田僧。

"复有一类名福田僧，于佛舍利及佛形像，并诸法、僧、圣所制戒，深生敬信，自无邪见，令他亦然，能宣正法，赞叹一乘，深信因果，常发善愿，随其过犯，悔除业障。当知是人，信三宝力，胜诸外道百千万倍，亦胜四种转轮圣王，何况余类一切众生，如郁金华虽然萎悴，犹胜一切诸杂类华。正见比丘，亦复如是，胜余众生百千万倍，虽毁禁戒，不坏正见，以是因缘，名福田僧。若善男子、善女人等，供养如是福田僧者，所得福德，无有穷尽，供养前三真实僧宝，所获功德，正等无异。如是四类圣凡僧宝，利乐有情，恒无暂舍，是名僧宝不思议恩。"

尔时，五百长者白佛言："世尊！我等今日闻佛法音，得悟三宝利益世间。然今不知以何义故，说佛法僧，得名为宝？愿佛解说，显示众会及未来世敬信三宝一切有情，永断疑网，得不坏信，令入三宝不思议海。"

尔时，佛告诸长者言："善哉！善哉！汝善男子，能问如来甚深妙法，于未来世，利益安乐一切众生。譬如世间第一珍宝，具足十义，庄严国界，饶益有情；佛、法、僧宝，亦复如是。一者坚牢。如摩尼宝，无人能破；佛、法、僧宝，亦复如是，外道天魔不能破故。二者无垢。世间胜宝，清净光洁，不杂尘秽；佛、法、僧宝，亦复如是，悉能远离烦恼尘垢。三者与乐。如天德瓶，能与安乐；佛、法、僧宝，亦复如是，能与众生世出世乐。四者难遇。如吉祥宝，希有难得；佛、法、僧宝，亦复如是，业障有情亿劫难遇。五者能破。如如意宝，能破贫穷；佛、法、僧宝，亦复如是，能破世间诸贫苦故。六者威德。如转轮王所有轮宝，能伏诸怨；佛、法、僧宝，亦复如是，具六神通，降伏四魔。七者满愿。如摩尼珠，随心所求，能雨众宝；佛、法、僧宝，亦复如是，能满众生所修善愿。八者庄严。如世珍宝，庄严王宫；佛、法、僧宝，亦复如是，庄严法王菩提宝宫。九者最妙。如天妙宝，最为微妙；佛、法、僧宝，亦复如是，超诸世间最胜妙宝。十者不变。譬如真金，入火不变；佛、法、僧宝，亦复如是，世间八风不能倾动。

"佛、法、僧宝，具足无量神通变化，利乐有情，暂无休息，以是义故，诸佛、法、僧说名为宝。善男子！我为汝等略说四种世出世间有恩之处。汝等当知，修菩萨行，应报如是四种之恩。"

尔时，五百长者白佛言："世尊！如是四恩，甚为难报。当修何行而报是恩？"

佛告诸长者言："善男子！为求菩提，有其三种十波罗蜜。一者十种布施波罗蜜多；二者十种亲近波罗蜜多；三者十种真实波罗蜜多。

"若有善男子、善女人，发阿耨多罗三藐三菩提心，能以七宝满于三千大千世界，布施无量贫穷众生。如是布施，但名布施波罗蜜多，不名真实波罗蜜多。

"若有善男子、善女人，发大悲心，为求无上正等菩提，以自妻子施与他人，心无恪惜；身肉手足、头目髓脑，乃至身命，施来求者。如是布施，但名亲近波罗蜜多，未名真实波罗蜜多。

"若善男子、善女人，发起无上大菩提心，住无所得，劝诸众生，同发此心。以真实法，一四句偈，施一众生，使向无上正等菩提，是名真实波罗蜜多。前二布施，未名报恩。若善男子、善女人，能修如是第三真实波罗蜜多，乃名真实能报四恩。所以者何？前二布施，有所得心；第三施者，无所得心。以真法施一切有情，令发无上大菩提心，是人当得证菩提时，广度众生，无有穷尽，绍三宝种，使不断绝，以是因缘，名为报恩。"

尔时，五百长者从佛闻是昔所未闻报恩之法，心怀踊跃，得未曾有，发心求趣无上菩提，得忍辱三昧，入不思议智，永不退转。尔时，会中八万四千众生发菩提心，得坚固信，及此三昧。海会大众悉得金刚忍辱三昧，悟无生忍及柔顺忍，或证初地，得不起忍；无量众生发菩提心，住不退位。

尔时，佛告五百长者："未来世中一切众生，若有得闻此《心地观·报四恩品》，受持、读习、解说、书写，广令流布。如是人等，福智增长，诸天卫护，现身无疾，寿命延长。若命终时，即得往生弥勒内宫，睹白毫相，超越生死，龙华三会，当得解脱。十方净土，随意往生，见佛闻法，入正定聚，速成阿耨多罗三藐三菩提如来智慧。"

3 卷三

报恩品第二（下）

尔时，王舍大城东北八十由旬，有一小国名增长福。于彼国中，有一长者名曰智光，其年衰迈，惟有一子。其子恶性，不顺父母，所有教诲，皆不能从。遥闻释迦牟尼如来在王舍城耆阇崛山，为浊恶世无量众生，宣说大乘报恩之法。父母及子，并诸眷属为听法故，赍持供具，来诣佛所，供养恭敬，而白佛言："我有一子，其性弊恶，不受父母所有教诲。今闻佛说报四种恩，为听法故，来诣佛所。惟愿世尊，为我等类及诸眷属，宣说四恩甚深妙义，令彼恶子生孝顺心，此世当生令得安乐。"

尔时，佛告智光："善哉！善哉！汝为法故，来至我所，供养恭敬，乐闻是法。汝等谛听，善思念之！若有善男子、善女人,发菩提心,为闻法要,举足下足,随其远近,所践之地,微尘数量。以是因缘,感得金轮转轮圣王;圣王报尽,作欲天王;欲天报尽,作梵天王,见佛闻法,速证妙果。汝大长者及余众等,为于法故,来至我所。如是经过八十由旬大地微尘,一一尘数能感人天轮王果报,既闻法已,当来证得阿耨多罗三藐三菩提。我虽先说甚深四恩微妙义趣,今复为汝重宣此义,而说偈言:

> 最胜法王大圣主,一切人天非等伦;
> 具诸相好以严身,智海如空无有量。
> 自他利行皆圆满,名称普闻诸国土;
> 永断烦恼余习气,善持密行护诸根。
> 百四十种不共德,广大福海悉圆满;
> 三昧神通皆具足,八自在宫常游乐。
> 十方人天及外道,无有能难调御师;
> 金口能宣无碍辩,虽无能问而自说。
> 如大海潮时不失,亦如天鼓称天心,
> 如是自在惟佛有,非五通仙魔梵等。
> 难思劫海修行愿,证获如是大神通;
> 我入三昧大寂室,观察诸根及药病。
> 自出禅定而赞叹,三世佛法心地门,

时诸长者退大心，乐住二乘自利行。
我开大智方便教，引入三空解脱门；
如来意趣莫能量，惟佛能知真秘密。
利根声闻及独觉，勤求不退诸菩萨；
十二劫数共度量，无有能知其少分。
假使十方凡圣智，受与一人为智者；
如是智者如竹林，不能测量其少分。
世间凡夫无慧眼，迷于恩处失妙果；
五浊恶世诸众生，不悟深恩恒背德。
我为开示于四恩，令入正见菩提道；
慈父悲母长养恩，一切男女皆安乐。
慈父恩高如山王，悲母恩深如大海；
若我住世于一劫，说悲母恩不能尽。
我今略说于少分，犹如蚊虻饮大海，
假使有人为福德，供养净行婆罗门，
五通神仙自在者，大智师长及善友，
安置七珍为堂殿，及以牛头栴檀房，
疗治万病诸汤药，盛满金银器物中，
如是供养日三时，乃至数盈于百劫，
不如一念申少分，供养悲母大恩田，
福德无边不可量，算分喻分皆无比。
世间悲母孕其子，十月怀胎长受苦，

于五欲乐情不着，随时饮食亦同然。
昼夜常怀悲愍心，行住坐卧受诸苦。
若正诞其胎藏子，如攒锋刃解肢节，
迷惑东西不能辩，遍身疼痛无所堪，
或因此难而命终，六亲眷属咸悲恼，
如是众苦皆由子，忧悲痛切非口宣。
若得平复身安乐，如贫获宝喜难量，
顾视容颜无厌足，怜念之心不暂舍。
母子恩情常若是，出入不离胸臆前，
母乳犹如甘露泉，长养及时曾无竭；
慈念之恩实难比，鞠育之德亦难量。
世间大地称为重，悲母恩重过于彼；
世间须弥称为高，悲母恩高过于彼；
世间速疾惟猛风，母心一念过于彼。
若有众生行不孝，令母暂时起恨心，
怨念之辞少分生，子乃随言遭苦难；
一切佛与金刚天，神仙秘法无能救。
若有男女依母教，承顺颜色不相违；
一切灾难尽消除，诸天拥护常安乐。
若能承顺于悲母，如是男女悉非凡，
大悲菩萨化人间，示现报恩诸方便。
若有男子及女人，为报母恩行孝养，

割肉刺血常供给，如是数盈于一劫，
种种勤修于孝道，犹未能报暂时恩。
十月处于胎藏中，常衔乳根饮胎血；
自为婴孩及童子，所饮母乳百斛余。
饮食汤药妙衣服，子先母后为常则；
子若愚痴人所恶，母亦恩怜不弃遗。
昔有女人抱其子，渡于恒河水瀑流；
以沉水故力难前，与子俱没无能舍；
为是慈念善根力，命终上生于梵天；
长受梵天三昧乐，得遇如来受佛记。
一名大地二能生，三能正者四养育，
五与智者六庄严，七名安隐八教授，
九教诲者十与业，余恩不过于母恩。
何法世间最富有？何法世间最贫无？
母在堂时为最富，母不在时为最贫，
母在之时为日中，悲母亡时为日没，
母在之时皆圆满，悲母亡时悉空虚。
世间一切善男女，恩重父母如丘山，
应当孝敬恒在心，知恩报恩是圣道。
不惜身命奉甘旨，未曾一念亏色养；
如其父母奄丧时，将欲报恩诚不及。
佛昔修行为慈母，感得相好金色身，

名闻广大遍十方，一切人天咸稽首，
人与非人皆恭敬，自缘往昔报慈恩。
我升三十三天宫，三月为母说真法，
令母听闻归正道，悟无生忍常不退。
如是皆为报悲恩，虽报恩深犹未足。
神通第一目犍连，已断三界诸烦恼，
以神通力观慈母，见在受苦饿鬼中。
目连自往报母恩，赦免慈亲所受苦，
上生他化诸天众，共为游乐处天宫，
当知父母恩最深，诸佛圣贤咸报德。
若人至心供养佛，复有精勤修孝养，
如是二人福无异，三世受报亦无穷。
世人为子造诸罪，堕在三涂长受苦，
男女非圣无神通，不见轮回难可报。
哀哉世人无圣力，不能拔济于慈母，
以是因缘汝当知，勤修福利诸功德。
以其男女追胜福，有大金光照地狱，
光中演说深妙音，开悟父母令发意。
忆昔所生常造罪，一念悔心悉除灭，
口称南无三世佛，得脱无暇苦难身。
往生人天长受乐，见佛闻法当成佛；
或生十方净土中，七宝莲华为父母；

华开见佛悟无生，不退菩萨为同学；
获六神通自在力，得入菩提微妙宫；
皆是菩萨为男女，乘大愿力化人间；
是名真报父母恩，汝等众生共修学。
有情轮回生六道，犹如车轮无始终，
或为父母为男女，世世生生互有恩，
如见父母等无差，不证圣智无由识。
一切男子皆是父，一切女人皆是母，
如何未报前世恩，却生异念成怨嫉。
常须报恩互饶益，不应打骂致怨嫌；
若欲增修福智门，昼夜六时当发愿；
愿我生生无量劫，得宿住智大神通，
能知过去百千生，更相忆识为父母。
循环六趣四生中，令我一念常至彼，
为说妙法离苦因，使得人天长受乐。
劝发坚固菩提愿，修行菩萨六度门，
永断二种生死因，疾证涅槃无上道。
十方一切诸国王，正法化人为圣主，
国王福德为最胜，所作自在名为天。
三十三天及余天，恒将福力助王化，
诸天拥护如一子，以是得称天子名。
世间以王为根本，一切人民为所依，

犹如世间诸舍宅，柱为根本而成立。
王以正法化人民，如大梵王生万物，
王行非法无政理，如琰魔王灭世间。
王所容受奸邪人，象蹋华池等无异；
忽谓时逢浊恶世，当知善恶是王修。
如日天子照世间，国王化世亦如是；
日光夜分虽不照，能使有情得安乐；
王以非法化于世，一切人民无所依。
世间所有诸恐怖，依王福力不能生；
人民所成安隐乐，当知是王福所及。
世间所有胜妙华，依王福力而开敷；
世间所有妙园林，依王福力皆滋茂；
世间所有诸药草，依王福力差诸疾；
世间百谷及苗稼，依王福力皆成实；
世间人民受丰乐，依王福力常自然；
譬如长者有一子，智慧端严世无比，
父母恩爱如眼目，昼夜常生护念心，
国大圣王亦如是，爱念众生如一子。
养育耆年拯孤独，赏罚之心常不二；
如是仁王为圣主，群生敬仰等如来。
仁王化治国无灾，万姓恭勤常安隐；
国王无法化于世，疾疫流行灾有情。

如是一切人非人，罪福昭然无所覆；
善恶法中分七分，造者获五王得二；
园林田宅悉皆然，所税等分亦如是。
转轮圣王出现时，分作六分王得一；
时诸人民得五分，善恶业报亦皆然。
若有人王修正见，如法化世名天主；
以依天法化世间，毗沙门王常拥护；
及余三天罗刹众，皆当守护圣王宫。
圣王出世理国时，饶益众生成十德：
一名能照于国界，二名庄严于国土，
三名能与诸安乐，四名能伏诸怨敌，
五名能遮诸恐怖，六名修集诸圣贤，
七名诸法为根本，八名护持于世间，
九名能作造化功，十名国界人民主。
若王成就十胜德，梵王帝释及诸天，
夜叉罗刹鬼神王，隐身常来护国界。
龙王欢喜降甘雨，五谷成熟万姓安，
国中处处生珍宝，人马强力无怨敌，
如意宝珠现王前，境外诸王自宾伏。
若生不善于王国，一念起心成众恶，
是人命终堕地狱，受苦永劫无出期，
若有勤神助国王，诸天护念增荣禄。

智光长者汝应知，一切人王业所感，
诸法无不因缘成，若无因缘无诸法。
说无生天及恶趣，如是之人不了因，
无因无果大邪见，不知罪福生妄计。
王今所受诸福乐，往昔曾持三净戒，
戒德熏修所招感，人天妙果获王身。
若人发起菩提心，愿力资成无上果，
坚持上品清净戒，起居自在为法王，
神通变化满十方，随缘普济诸群品。
中品受持菩萨戒，福得自在转轮王，
随心所作尽皆成，无量人天悉遵奉。
下上品持大鬼王，一切非人咸率伏，
受持戒品虽缺犯，由戒胜故得为王。
下中品持禽兽王，一切飞走皆归伏，
于清净戒有缺犯，由戒胜故得为王。
下下品持琰魔王，处地狱中常自在，
虽毁禁戒生恶道，由戒胜故得为王。
以是义故诸众生，应受菩萨清净戒，
善能护持无缺犯，随所生处作人王。
若有不受如来戒，尚不能得野干身，
何况能感人天中，最胜快乐居王位？
是故王者非无因，戒业精勤成妙果。

国王自是人民主，慈恤如母养婴儿，
如是人王有大恩，抚育之心难可报。
以是因缘诸有情，若能修证大菩提，
于诸众生起大悲，应受如来三聚戒。
若欲如法受戒者，应当忏罪令消灭，
起罪之因有十缘，身三口四及意三。
生死无始罪无穷，烦恼大海深无底，
业障峻极如须弥，造业由因二种起。
所谓现行及种子，藏识持缘一切种，
如影随形不离身，一切时中障圣道。
近障人天妙乐果，远障无上菩提果；
在家能招烦恼因，出家亦破清净戒。
若能如法忏悔者，所有烦恼悉皆除，
犹如劫火坏世间，烧尽须弥并巨海。
忏悔能烧烦恼薪，忏悔能往生天路，
忏悔能得四禅乐，忏悔雨宝摩尼珠，
忏悔能延金刚寿，忏悔能入常乐宫，
忏悔能出三界狱，忏悔能开菩提华，
忏悔见佛大圆镜，忏悔能至于宝所。
若能如法忏悔者，当依二种观门修：
一者观事灭罪门，二者观理灭罪门。
观事灭罪有其三，上中下根为三品。

若有上根求净戒，发大精进心无退，
悲泪泣血常精恳，哀感遍身皆血现；
系念十方三宝所，并余六道诸众生；
长跪合掌心不乱，发露洗心求忏悔：
惟愿十方三世佛，以大慈悲哀愍我！
我处轮回无所依，生死长夜常不觉；
我在凡夫具诸缚，狂心颠倒遍攀缘；
我处三界火宅中，妄染六尘无救护；
我生贫穷下贱家，不得自在常受苦；
我生邪见父母家，造罪依于恶眷属；
惟愿诸佛大慈尊，哀愍护念如一子！
一忏不复造诸罪，三世如来当证明，
如是勇猛忏悔者，名为上品求净戒。
若有中根求戒者，一心勇猛忏诸罪，
涕泪交横不觉知，遍身流汗哀求佛，
发露无始生死业，愿大悲水洗尘劳，
涤除罪障净六根，施我菩萨三聚戒。
我愿坚持不退转，精修度脱苦众生，
自未得度先度他，尽未来际常无断。
如是精勤勇猛者，不惜身命求菩提，
能感三宝灵异相，是名中品大忏悔。
若有下根求净戒，发是无上菩提心，

涕泪悲泣身毛竖，于所造罪深惭愧，
对于十方三宝所，及以六道众生前，
至诚发露无始来，所有恼乱诸众生，
起于无碍大悲心，不惜身命悔三业。
已作之罪皆发露，未作之恶更不造，
如是三品忏诸罪，皆名第一清净戒。
以惭愧水洗尘劳，身心俱为清净品，
诸善男子汝当知，已说净观诸忏悔。
于其事理无差别，但以根缘应不同，
若欲修习观正理，远离一切诸散乱，
着新净衣跏趺坐，摄心正念离诸缘，
常观诸佛妙法身，体性如空不可得。
一切诸罪性皆如，颠倒因缘妄心起，
如是罪相本来空，三世之中无所得。
非内非外非中间，性相如如俱不动，
真如妙理绝名言，惟有圣智能通达。
非有非无非有无，非不有无离名相，
周遍法界无生灭，诸佛本来同一体。
惟愿诸佛垂加护，能灭一切颠倒心，
愿我早悟真性源，速证如来无上道！
若有清信善男子，日夜能观妙理空，
一切罪障自消除，是名最上持净戒。

若人观知实相空，能灭一切诸重罪，
犹如大风吹猛火，能烧无量诸草木；
诸善男子真实观，名为诸佛秘要门。
若欲为他广分别，无智人中勿宣说；
一切凡愚众生类，闻必生疑心不信。
若有智者生信解，念念观察悟真如；
十方诸佛皆现前，菩提妙果自然证。
善男子等我灭后，未来世中净信者，
于二观门常忏悔，当受菩萨三聚戒。
若欲受持上品戒，应请戒师佛菩萨：
请我释迦牟尼佛，当为菩萨戒和上；
龙种净智尊王佛，当为净戒阿阇黎；
未来导师弥勒佛，当为清净教授师；
现在十方两足尊，当为清净证戒师；
十方一切诸菩萨，当为修学戒伴侣；
释梵四王金刚天，当为学戒外护众；
奉请如是佛菩萨，及以现前传戒师，
普为报于四恩故，发起清净菩提心。
应受菩萨三聚戒，饶益一切有情戒，
修摄一切善法戒，修摄一切律仪戒。
如是三聚清净戒，三世如来所护念；
无闻非法诸有情，无量劫中未闻见。

唯有过去十方佛，已受净戒常护持，
二障烦恼永断除，获证无上菩提果。
未来一切诸世尊，守护三聚净戒宝，
断除三障并习气，当证正等大菩提。
现在十方诸善逝，俱修三聚净戒因，
永断生死苦轮回，得证三身菩提果。
超越生死深大海，菩萨净戒为船筏；
永断贪嗔痴系缚，菩萨净戒为利剑。
生死崄道诸怖畏，菩萨净戒为舍宅；
息除贫贱诸苦因，净戒能为如意宝。
鬼魅所着诸疾病，菩萨净戒为良药；
人天为王得自在，三聚净戒作良缘。
及余四趣诸王身，净戒为缘获胜果；
是故能修自在因，当得为王受尊贵。
应先礼敬十方佛，日夜增修清净戒，
诸佛护念常受持，戒等金刚无破坏。
三界诸天诸善神，卫护王身及眷属，
一切怨敌皆归伏，万姓欢娱感王化。
是故受持菩萨戒，感世出世无为果；
三宝常住化于世，恩德广大不思议。
过未及现劫海中，功德利生无休息；
佛日千光恒照世，利益群生度有缘。

无缘不睹佛慈光，犹如盲者无所见；
法宝一味无变易，前佛后佛说皆同。
如雨一味普能沾，草木滋荣大小别；
众生随根各得解，草木禀润亦差殊。
菩萨声闻化众生，如大河水流不竭；
众生无信化不被，如处幽冥日难照。
如来月光甚清凉，能除众暗亦如是；
犹如覆盆月不照，迷惑众生亦如是。
法宝甘露妙良药，能治一切烦恼病；
有信服药证菩提，无信随缘堕恶道。
菩萨声闻常在世，无数方便度众生，
能有众生信乐心，各入三乘安乐位。
如来不出于世间，一切众生入邪道，
永离甘露饮毒药，长溺苦海无出期。
佛日出现三千界，放大光明照长夜，
众生如睡不觉知，蒙光得入无为室。
如来未说一乘法，十方国土悉空虚，
发心修行成正觉，一切佛土皆严净。
一乘法宝诸佛母，三世如来从此生，
般若方便无间修，解脱道成登妙觉。
若佛菩萨不出现，世间众生无导师，
生死崄难无由过，如何得至于宝所。

以大愿力为善友，常说妙法令修行，
趣向十地证菩提，善入涅槃安乐处。
大悲菩萨化世间，方便引导众生故，
内秘一乘真实行，外现缘觉及声闻。
钝根小智闻一乘，怖畏发心经多劫；
不知身有如来藏，惟欣寂灭厌尘劳。
众生本有菩提种，悉在赖耶藏识中，
若遇善友发大心，三种炼磨修妙行。
永断烦恼所知障，证得如来常住身，
菩提妙果不难成，真善知识实难遇。
一切菩萨修胜道，四种法要应当知：
亲近善友为第一，听闻正法为第二，
如理思量为第三，如法修证为第四，
十方一切大圣主，修是四法证菩提。
汝诸长者大会众，及未来世清信士，
如是四法菩萨地，要当修习成佛道。
善男子等应谛听，如来所说四恩者，
佛宝之恩最为上，为度众生发大心，
三僧企耶大劫中，具修百千诸苦行，
功德圆满遍法界，十地究竟证三身。
法身体遍诸众生，万德凝然性常住，
不生不灭无来去，不一不异非常断。

法界遍满如虚空，一切如来共修证，
有为无为诸功德，依止法身常清净。
法身本性如虚空，远离六尘无所染，
法身无形离诸相，能相所相悉皆空。
如是诸佛妙法身，戏论言辞相寂灭，
远离一切诸分别，心行处灭体皆如。
为欲证得如来身，菩萨善修于万行，
智体无为真法性，色心一切诸佛同。
譬如飞鸟至金山，能使鸟身同彼色，
一切菩萨如飞鸟，法身佛体类金山。
自受用身诸相好，一一遍满十方刹，
四智圆明受法乐，前佛后佛体皆同。
虽遍法界无障碍，如是妙境不思议，
是身常住报佛土，自受法乐无间断。
他受用身诸相好，随机应现无增减，
为化地上诸菩萨，一佛现于十种身。
随所应现各不同，展转倍增至无极，
称根为说诸法要，令受法乐入一乘。
彼获神通渐增长，所悟法门亦如是，
下地菩萨起智慧，不能了达于上地。
能化所化随地增，各随本缘为所属，
或一菩萨多佛化，或多菩萨一佛化。

如是十佛成正觉，各坐七宝菩提树，
前佛入灭后佛成，不同化佛经劫现。
十佛所坐莲华台，周遍各有百千叶，
一一叶中一佛土，即是三千大千界。
一一界中有百亿，日月星辰四大洲，
六欲诸天及四禅，空处识处非想等。
其四洲中南赡部，一一各有金刚座，
及以菩提大树王，尔所变化诸佛身，
一时证得菩提道，转妙法轮于大千，
菩萨缘觉及声闻，随所根宜成圣果。
如是所说三身佛，最上无比名为宝；
应化二身所说法，教理行果为法宝，
诸佛以法为大师，修心所证菩提道，
法宝三世无变易，一切诸佛皆归学，
我今顶礼萨婆若，故说法宝为佛师。
或入猛火不能烧，应时即得真解脱；
法宝能摧生死狱，犹如金刚碎万物；
法宝能照众生心，如日天子临空界；
法宝能作坚牢船，能渡爱河超彼岸；
法宝能与众生乐，譬如天鼓应天心；
法宝能济众生贫，如摩尼珠雨众宝；
法宝能为三宝阶，闻法修因生上界；

法宝金轮大圣王，以大法力破四魔；
法宝能为大宝车，能运众生出火宅；
法宝能为大导师，能引众生至宝所；
法宝能吹大法螺，觉悟众生成佛道；
法宝能为大法灯，能照生死诸黑暗；
法宝能为金刚剑，能镇国界伏诸怨。
三世如来所说法，能利众生脱苦缚，
引入涅槃安乐城，是名法宝恩难报。
智光长者汝谛听，世出世僧有三种，
菩萨声闻圣凡众，能益众生为福田。
文殊师利大圣尊，三世诸佛以为母，
十方如来初发心，皆是文殊教化力。
一切世界诸有情，闻名见身及光相，
并见随类诸化现，皆成佛道难思议。
弥勒菩萨法王子，从初发心不食肉，
以是因缘名慈氏，为欲成熟诸众生，
处于第四兜率天，四十九重如意殿，
昼夜恒说不退行，无数方便度人天。
八功德水妙华池，诸有缘者悉同生，
我今弟子付弥勒，龙华会中得解脱。
于末法中善男子，一抟之食施众生，
以是善根见弥勒，当得菩提究竟道。

舍利弗等大声闻，智慧神通化群生。
若能成就解脱戒，真是修行正见人，
为他说法传大乘，如是福田为第一。
或有一类凡夫僧，戒品不全生正见，
赞咏一乘微妙法，随犯随悔障消除，
为诸众生成佛因，如是凡夫亦僧宝。
如郁金华虽萎悴，犹胜一切诸妙华，
正见比丘亦如是，四种轮王所不及。
如是四类圣凡僧，利乐有情无暂歇，
称为世间良福田，是名僧宝大恩德。
如我所说四恩义，是名能造世间田，
一切万物从是生，若离四恩不可得。
譬如世间诸色尘，能造四大而得生，
有情世间亦复然，由彼四恩得安立。

尔时，智光长者及诸子等，闻佛所说四种大恩，得未曾有，欢喜合掌，而白佛言："善哉！善哉！大慈世尊！为浊恶世不信因果，不孝父母邪见众生，说真妙法，利乐世间。惟愿世尊，说报恩义。我等既悟甚深四恩，而今未知修何善业而报是恩？"

佛告长者："善男子等！我为五百长者先已广说，而今为汝略说少分。若善男子、善女人，为得阿耨多罗三藐三菩提，精勤修行十波罗蜜，若有所得，未名报恩。若人须臾能行一善，心无所得，乃名报恩。所以者何？一切如来触无所得，乃成佛道，化诸众生。若有净信善男子等，得闻是经，信解、受持、解说、书写，以无所得，三轮体空，窃为一人说四句法，除邪见心，趣向菩提，是即名为报于四恩。何以故？是人当得无上菩提，展转教化无量众生，令入佛道，三宝种子永不断绝。"

尔时，智光长者闻是偈已，得忍辱三昧，厌离世间，得不退转。时诸子等八千人俱得此三昧，皆发无等等阿耨多罗三藐三菩提心。四万八千人亦证三昧，远尘离垢，得法眼净。

4　卷四

厌舍品第三

尔时，智光长者承佛威神，即从座起，顶礼佛足，恭敬合掌，而白佛言："世尊！我今从佛闻是报恩甚深妙法，心怀踊跃，得未曾有，如饥渴人遇甘露食。我今乐欲酬报四恩，投佛、法、僧，出家修道，常勤精进，希证菩提。佛大慈悲，于一时中，在毗舍离城，为无垢称说甚深法：'汝无垢称，以清净心，为善业根；以不善心，为恶业根。心清净故，世界清净；心杂秽故，世界杂秽。我佛法中，以心为主，一切诸法无不由心。汝今在家有大福德，众宝璎珞，无不充足；男女眷属，安隐快乐；成就正见，不谤三宝；以孝养心，恭敬尊亲；起大慈悲，给施孤独；乃至蝼蚁尚不加害；忍辱为衣，慈悲为室；

尊敬有德，心无憍慢；怜愍一切，犹如赤子；不贪财利，常修喜舍；供养三宝，心无厌足；为法舍身，而无悋惜。如是白衣，虽不出家，已具无量无边功德。汝于来世，万行圆满，超过三界，证大菩提。汝所修心，即真沙门，亦婆罗门，是真比丘，是真出家。如是之人，此则名为在家出家。'

"世尊或有一时于迦兰陀竹林精舍，为其恶性六群比丘说教诫法，而告之言：'汝等比丘！谛听！谛听！入佛法海，信为根本，渡生死河，戒为船筏。若人出家，不护禁戒，贪着世乐，毁佛戒宝，或失正见，入邪见林，引无量人堕大深坑。如是比丘，不名出家，非是沙门，非婆罗门。形似沙门，心常在家，如是沙门，无远离行。远离之行，有其二种：一、身远离；二、心远离。身远离者，若人出家，身处空闲，不染欲境，名身远离。若有出家，修清净心不染欲境，名心远离。身虽离故，心贪欲境，如是之人，不名远离。若净信男及净信女，身居聚落，发无上心，以大慈悲饶益一切，如是修行，名真远离。'于是六群恶性比丘闻是法音，得柔顺忍。

"然今我等，虽信佛说，各各怀疑，意未决定。善哉！世尊！能断世间一切疑者，于一切法得自在者，真实语者，无二语者，是知道者，是开道者。惟愿如来，为我等辈及未来世一切有情，舍于方便，说真实法，永离疑悔，令入佛道。今此会中，有二菩萨，一者出家，二者在家。是二菩萨，善能利乐一切有情而无休息。

"如我惟忖，出家菩萨不及在家修菩萨行。所以者何？昔有金轮转轮圣王发阿耨多罗三藐三菩提心，厌离世间无常、苦、空，舍轮王位，如弃洟唾，清净出家，入于佛道。是时后宫夫人、婇女八万四千，见王出家，各怀恋慕，心生号恸，生大逼恼，起爱别离，如地狱苦。金轮圣王初受位时，所感宝女及王千子、大臣眷属，共伤离别，舍位出家，号泣之声满四天下。此诸眷属各作是言：'我王福智无量无边，如何见弃舍我出家？哀哉！苦哉！世界空虚，从今已去，无依无怙。'

"若有净信善男子、善女人，归佛、法、僧，发菩提心，舍离父母，出家入道。父母怜愍恩念情深，离别悲哀，感动天地，如涸辙鱼宛转于地。爱别离苦亦复如是，如彼轮王眷属之心。出家菩萨饶益众生，云何娆害父母妻子，令无量人受大苦恼？以是因缘，出家菩萨无慈无悲，不利众生，是故非如在家菩萨，具大慈悲，怜愍众生，利益一切。"

尔时，佛告智光长者："善哉！善哉！汝大慈悲，劝请我说出家在家二种胜劣。汝今所问，出家菩萨不如在家，是义不然。所以者何？出家菩萨胜于在家无量无边，不可为比。何以故？出家菩萨以正慧力，微细观察在家所有种种过失。所谓世间一切舍宅,积聚其中,不知满足,犹如大海,容受一切大小河水,未曾满足。善男子!香山之南,雪山之北,有阿耨池,四大龙王各居一角。东南龙王白象头,西南龙王水牛头,西北龙王师子头,东北龙王大马头。各从四角,涌出大河。一、殑伽河,其水所至,白象随出;二、信渡河,其水所至,水牛随出;三、薄刍河,其水所至,师子随出;四、私陀河,其水所至,大马随出。如是大河,一一各有五百中河,中河各有无量小河。是大中小一切众水,皆入大海,然此大海,未曾满足。

"世间众生,所有一切居处舍宅亦复如是,聚诸珍宝从四方来,悉入宅中,未曾满足。多求积聚,造种种罪,无常忽至,弃舍故宅。是时宅主随业受报,经无量劫,终无所归。

"善男子!所为宅者,即五蕴身;其宅主者,是汝本识。谁有智者,乐有为宅?惟有菩提,安乐宝宫,离老病死,忧悲苦恼。若有利根,净信深厚善男子等,欲度父母、妻子眷属,令入无为甘露宅者,须归三宝,出家学道。"

尔时,如来重说偈言:

出家菩萨胜在家,算分喻分莫能比;

在家逼迫如牢狱，欲求解脱甚为难。
出家闲旷若虚空，自在无为离系着；
谛观在家多过失，造诸罪业无有边。
营生贪求恒不足，犹如大海难可满；
阿耨达池龙王等，四角涌出四大河；
大中小河所有水，昼夜流注无暂歇；
然彼大海未尝满，所贪舍宅亦如是。
在家多起诸恶业，未尝洗忏令灭除，
空知爱念危脆身，不觉命随朝露尽。
焰魔使者相催逼，妻子屋宅无所随；
幽冥黑暗长夜中，独往死门随业受。
诸佛出现起悲愍，欲令众生厌世间；
汝今已获难得身，当勤精进勿放逸。
在家屋宅深可厌，空寂宝舍难思议，
永离病苦及忧恼，诸有智者善观察。
当来净信善男女，欲度父母及眷属，
令入无为甘露城，愿求出家修妙道；
渐渐修行成正觉，当转无上大法轮。

"复次，善男子！出家菩萨，观世舍宅，犹如石火，深生厌患。何以故？譬如微火能烧一切诸草木等，世间舍宅亦复如是。贪心求觅，驰走四方，若有所得，受用不足，于一切时追求无厌；若无所得，心生热恼，日夜追求。是故世间一切舍宅，能生无量烦恼之火，为起贪心恒无知足。世间财宝，犹如草木，贪欲之心，如世舍宅。以是因缘，一切诸佛，说于三界，名为火宅。善男子！出家菩萨能如是观，厌离世间，名真出家。"

尔时，如来重说偈言：

出家菩萨观世宅，犹如人间微少火，
一切草木渐能烧，世宅当知亦如是。
众生所有众财宝，更互追求常不足，
求不得苦恒在心，老病死火无时灭。
以是因缘诸世尊，说于三界为火宅；
若欲超过三界苦，应修梵行作沙门；
三昧神通得现前，自利利他悉圆满。

"复次，善男子！爱乐出家，当观舍宅，如彼深山石窟之中有大宝藏。譬如长者唯有一子，其家大富，财宝无量，奴婢仆从、象马无数。其父于后，忽遭重病，名医良药不能救疗。长者自知将死不久，即命其子，而告之言：'凡我所有一切财宝，付嘱于汝，勤加守护，勿令漏失。'既付嘱已，即便命终。

"时长者子不顺其命，恣行放逸，既损家业，财物散失，僮仆逃逝而无所依，时彼老母心怀忧恼，遂得重病，即便终殁。其子贫穷，无所恃怙，遂投山谷，拾薪采果，货鬻自给。彼时遇雪，入石窟中，权自憩息。然此窟中，是昔国王藏七宝所，无能知者，经数百千年，迥绝人迹。时彼贫人，业因缘故，偶入窟中，见无量金，心大欢喜，得未曾有，因而分割，若干分金造立舍宅，若干分金为娶妻财，如是奴婢、如是象马，随心所欲，皆如其意。作是计时，有诸群贼，为趁走鹿，到于窟前，见此贫人，以金分配，遂舍其鹿，杀人取金。

"愚痴凡夫亦复如是，深着世乐，不乐出离。深山石窟如世舍宅，伏藏金宝犹如善根，琰魔使者即是群贼。随业受报，堕三恶道，不闻父母三宝名字，丧失善根。以是因缘，应当厌离，发于无上大菩提心，出家修道，希成妙觉。"

尔时，如来重说偈言：

> 爱乐在家诸菩萨，观于舍宅如宝藏；
> 譬如长者有一子，其家大富饶财宝，
> 奴婢仆从及象马，一切所须无不丰。
> 于后长者身有病，举世良医皆拱手，
> 临终告命诸亲族，付嘱家财与其子，
> 教诲令存孝养心，当勤享祀无断绝。
> 是时其子违父命，广纵愚痴多放逸，

老母怀忧疾病身，又因恶子寻丧逝。
眷属乖离无所托，拾薪货鬻以为常，
往彼山中遇风雪，入于石窟而暂息。
窟中往昔藏妙宝，已经久远无人知，
樵人得遇真金藏，心怀踊跃生希有，
寻时分配真金宝，随意所欲悉用之，
或以造舍或妻财，奴婢象马并车乘，
校计未来无能舍，群贼因鹿到其前，
是彼怨家会遇时，遂杀贫人取金去。
愚痴众生亦如是，石窟犹如世间宅，
伏藏真金比善根，琰魔鬼使如劫贼；
以是因缘诸佛子，早趣出家修善品。
应观身命类浮泡，勤修戒忍波罗蜜；
当诣七宝菩提树，金刚座上证如如；
常住不灭难思议，转正法轮化群品。

"复次，善男子！世间所有一切舍宅，犹如杂毒甘露饮食。譬如长者惟有一子，聪慧利根，达迦楼罗秘密观门，能辩毒药，善巧方便，父母恩怜爱念无比。时长者子为有事缘，往至廛肆，未及归家。尔时父母与诸亲族，欢喜宴乐，具设甘膳。时有怨家，密以毒药致饮食中，无人觉知。是时父母不知食中有杂毒药，遂令长幼服杂毒食。其子后来，父母欢喜，所留饮食，赐与其子。是长者子未须饮食，念迦楼罗秘密观门，便知食中有杂毒药。其子虽知父母服毒，而不为说误服毒药。所以者何？若觉服毒，更加闷乱，毒气速发，必令人死。即设方便白父母言：'我且不食如是饮食，暂往市中，却来当食。何以故？我先买得无价宝珠，留在柜中，而忘封闭。'于是父母闻说宝珠，生欢喜心，任子所往。子遂驰走，诣医王家，求阿伽陀解毒妙药。既得此药，疾走还家，乳、酥、沙糖三味合煎，和阿伽陀。作是药已，白父母言：'惟愿父母，服是甘露，此是雪山阿伽陀药。所以者何？父母向来误服毒药，我所暂出，本为父母及诸人等求得如是不死妙药。'于是父母及众人等，心大欢喜，得未曾有，即服妙药，吐诸毒气，便得不死，更延寿命。

"出家菩萨亦复如是，过去父母沉沦生死，现在父母不能出离，未来生死难可断尽，现在烦恼难可伏除。以是因缘，为度父母及诸众生，激发同体大慈悲心，求大菩提，出家入道。善男子！是名舍宅如杂毒药，入甘美食。"

尔时，如来重说偈言：

世间所有诸舍宅，说名杂毒甘美食；

譬如长者有一子，聪明利智复多才，
善迦楼罗秘密门，能辨毒药巧方便。
子有事缘往廛肆，暂时货易未还家，
父母宴乐会诸亲，百味珍羞皆具足。
有一恶人持毒药，密来致之于饮食，
其子是时不在家，父母为儿留一分。
举家误服杂毒药，子念观门知有毒，
即便奔驰到医所，求得伽陀不死药，
三味和煎药已成，遂白诸亲速令服。
如是所服如甘露，差诸杂毒皆安乐，
一切信心善男子，出家修道亦如是。
为济父母及众生，所服烦恼诸毒药，
狂心颠倒造诸罪，永沉生死忧悲海。
割爱辞亲入佛道，得近调御大医王；
所修无漏阿伽陀，还生父母三界宅；
令服法药断三障，当证无上菩提果。
尽未来际常不灭，能度众生作归依，
毕竟处于大涅槃，及佛菩提圆镜智。

"复次，善男子！出家菩萨，常观世间一切舍宅，犹如大风，不能暂住。何以故？善男子！在家之心，恒起妄想，执着外境，不能了真，无明昏醉，颠倒触境，亦常不住，恶觉易起，善心难生。由妄想缘，起诸烦恼；因众烦恼，造善恶业；依善恶业，感五趣果。如是如是，生死不断。唯有正见不颠倒心，作诸善业，因三善根及以信等，增长无漏法尔种子，能起无漏三昧神通。如是如是，证圣相续。若伏妄想，修习正观，一切烦恼，永尽无余。"

尔时，智光长者白佛言："世尊！修习正观有无量门，修何等观，能伏妄想？"

尔时，世尊告长者言："善男子！应当修习无相正观。无相观者能伏妄想，唯观实性，不见实相，一切诸法体本空寂，无见无知，是名正观。若有佛子安住正念，如是观察，长时修习无为，妄想猛风，寂然不动，圣智现观，证理圆成。善男子！是名贤圣，是名菩萨，是名如来阿耨多罗三藐三菩提。以是因缘，一切菩萨，为伏妄想永不起故，为报四恩，成就四德，出家修学，息妄想心，经无量劫，成就佛道。"

尔时，如来重说偈言：

出家菩萨观在家，犹如暴风不暂住；
亦如妄执水中月，分别计度以为实。
水中本来月影无，净水为缘见本月；
诸法缘生皆是假，凡愚妄计以为我。

即此从缘法非真，妄想分别计为有；
若能断除于二执，当证无上大菩提。
凡情妄想如黑风，吹生死林念念起，
四颠倒鬼常随逐，令造五种无间因，
三不善根现为缠，生死轮回镇相续。
若人闻经深信解，正见能除颠倒心，
菩提种子念念生，大智神通三昧起。
若能修习深妙观，惑业苦果无由起，
惟观实相真性如，能所俱亡离诸见。
男女性相本来空，妄执随缘生二相，
如来永断妄想因，真性本无男女相。
菩提妙果证皆同，妄计凡夫生异相，
三十二相本非相，了相非相为实相。
若人出家修梵行，摄心寂静处空闲，
是为菩萨真净心，不久当证菩提果。

"复次，善男子！出家菩萨，日夜恒观世间舍宅，一切皆是烦恼生处。何以故？如有一人，造立舍宅，以诸宝物而自庄严。造此宅已，而作是念：今此舍宅，是我所有，不属他人，惟我舍宅最为吉祥，他人舍宅所不能及。如是执着，能生烦恼；由烦恼故，我我所执而为根本；八万四千诸尘劳门，更相竞起，充满宅中。所以者何?在家凡夫深着五欲,妻子、眷属、奴婢、仆使,悉皆具足。以是因缘,生老病死、忧悲苦恼、怨憎合会、恩爱别离、贫穷诸衰、求不得苦,如是众苦,如影随形,如响应声,世世相续,恒不断绝。如是众苦,非无所因,大小烦恼而为根本。一切财宝追求而得,若无先因,不可追求;假使追求,亦无所获。善男子!以是义故,一切烦恼,追求为本;若灭追求,无量烦恼悉皆断尽。然今是身,众苦所依,诸有智者当生厌离。如过去世迦叶如来为诸禽兽而说偈言:

> 是身为苦本,余苦为枝叶;
> 若能断苦本,众苦悉皆除。
> 汝等先世业,造罪心不悔;
> 感得不可爱,杂类受苦身。
> 若起殷重心,一念求忏悔,
> 如火焚山泽,众罪皆消灭。
> 是身苦不净,无我及无常;
> 汝等咸应当,深生厌离心。

"尔时,无量诸禽兽等,闻此偈已,于一念心,至诚忏悔,便舍恶道,生第四天,奉觐一生补处菩萨,闻不退法,究竟涅槃。善男子!以是因缘,今此苦身犹如舍宅,一切烦恼即为宅主。是故净信善男子等,发菩提心,出家入道，必得解脱一切众苦，皆当成就阿耨多罗三藐三菩提。"

尔时，如来重说偈言：

> 出家菩萨恒观察，舍宅所生诸烦恼。
> 如有一人造舍宅，种种珍宝以严饰，
> 自念壮丽无能比，不属他人惟我有，
> 工巧所修最殊妙，世间舍宅无能及。
> 如是分别生执着，以我我所为根本，
> 八万四千诸烦恼，充满舍宅以为灾。
> 世间一切诸男女，六亲眷属皆圆满，
> 以是因缘生众苦，所谓生老及病死，
> 忧悲苦恼常随逐，如影随形不暂离。
> 诸苦所因贪欲生，若断追求尽诸苦。
> 是身能为诸苦本，勤修厌离趣菩提。
> 三界身心如舍宅，烦恼宅主居其中；
> 汝等应发菩提心，舍离凡夫出三界。

"复次，善男子！出家菩萨，常观在家，犹如大国有一长者，其家豪富，财宝无量，于多劫中，父子因缘，相袭不断，修诸善行，名称远闻。是大长者，所有财宝，皆分为四：一分财宝常求息利，以赡家业；一分财宝以充随日，供给所须；一分财宝惠施孤独，以修当福；一分财宝拯济宗亲，往来宾旅。如是四分，曾无断绝，父子相承，为世家业。

"后有一子，愚痴弊恶，深着五欲，恣行放逸，违父母教，不依四业，起诸舍宅，七层楼观，倍于常制，众宝严饰，琉璃为地，宝窗交映，龙首鱼形无不具足，微妙音乐昼夜不绝，受五欲乐，如忉利天，鬼神憎嫌，人天远离。于是邻家忽然火起，猛焰炽盛，随风蔓延，焚烧库藏及诸楼台。时长者子见是猛火，起大嗔心，速命妻子、奴婢、眷属，入于重舍，闭楼阁门。以愚痴故，一时俱死。

"在家凡夫亦复如是，世间愚人如长者子，诸佛如来犹如长者。不顺佛教，造作恶业，堕三恶道，受大苦恼。以是因缘，出家菩萨，当观在家如长者子，不顺父母，为火所烧，妻子俱死。善男子等，应生厌离，人天世乐，修清净行，当证菩提。"

尔时，如来重说偈言：

出家菩萨观在家，犹如长者生愚子，
其家富有诸财宝，久远相承无阙乏。
先世家业传子孙，一切资产为四分，
常修胜行无过恶，名称遍满诸国土。
金银珍宝数无边，出入息利遍他国，

慈悲喜舍心无倦，惠施孤贫常不绝。
长者最后生一子，愚痴不孝无智慧，
年齿已迈筋力衰，家财内外皆付子。
子违父命行放逸，四业不绍堕于家，
造立七层珍宝楼，用绀琉璃作窗牖。
歌吹管弦曾不歇，常以不善师于心，
受五欲乐如天宫，一切龙神皆远离。
邻家欻然灾火起，猛焰随风难可禁，
库藏珍财及妻子，层楼舍宅悉焚烧。
积恶招殃遂灭身，妻子眷属同殒殁，
三世诸佛如长者，一切凡夫是愚子。
不修正道起邪心，命终堕在诸恶趣，
长劫独受焚烧苦，如是展转无尽期。
在家佛子汝当知，不贪世乐勤修证，
厌世出家修梵行，山林寂静离诸缘。
为报四恩修胜德，当于三界为法王，
尽未来际度众生，作不请友常说法，
永截爱流超彼岸，住于清净涅槃城。

"复次，善男子！出家菩萨，观于世间一切舍宅，犹如大梦。譬如长者有一童女，年始十五，端正殊妙。尔时父母处三层楼，将其爱女受诸欢乐，于夜分中，母女同宿在一宝床，而共安寝。于是童女，梦见父母娉与夫家，经历多年，遂生一子，端正殊妙，有聪慧相。日渐恩养，能自行步，处在高楼。因危堕落，未至于地，见有饿虎，接而食之。是时童女倍复惊怖，举声号哭，遂便梦觉。尔时父母问其女言：'以何因缘，忽然惊怖。'时女羞耻，不肯说之。其母殷勤，窃问其故，时女为母密说如上所梦之事。善男子！世间生死有为舍宅，长处轮回，未得真觉，尔所分位，恒处梦中。生老病死三界舍宅，如彼童女处于梦中；虚妄分别亦复如是。琰魔鬼使忽然而至，如彼饿虎，于虚空中接彼婴孩而啖食之。一切众生念念无常，老病死苦亦复如是。谁有智者，爱乐此身？以是因缘，观于生死长夜梦中，发菩提心，厌离世间，当得如来常住妙果。"

尔时，如来重说偈言：

> 佛子至求无上道，当观舍宅如梦中。
> 譬如富贵大长者，有一童女妙端严，
> 随其父母上高楼，观视游从甚欢乐。
> 女向楼中作是梦，分明梦见适他人，
> 后于夫家诞一子，其母爱念心怜愍。
> 子上楼台耽喜乐，因危坠堕于虎口，
> 遂乃失声从梦觉，方知梦想本非真。

无明暗障如长夜，未成正觉如梦中，
生死世间常不实，妄想分别亦如是。
惟有四智大圆明，破暗称为真妙觉。
无常念念如饿虎，有为虚假难久停，
宿鸟平旦各分飞，命尽别离亦如是。
往来住业受诸报，父母恩情不相识，
哀哉凡夫生死身，轮转三涂长受苦。
若知善恶随业感，应当忏悔令消灭，
一切人天妙乐果，惭愧正见为所因，
应发坚固菩提心，被精进甲勤修学。

"复次，善男子！出家菩萨，观于舍宅，如牝马口海，出于猛焰，吞纳四渎，百川众流，无不烧尽。譬如往昔罗陀国中，有一菩萨名妙得彼岸。然是菩萨有慈悲心，常怀饶益。有诸商人入海采宝，将是菩萨同载船舶，皆达宝洲，度于崄难，而无所碍，到于彼岸。后时菩萨年渐衰老，已经百岁，起坐扶策，力不能前。有一商主，诣菩萨所，礼拜供养，白菩萨言：'我欲入海求诸珍宝，永离贫穷，得大富贵。今请菩萨与我同往。'

"尔时，菩萨告商主言：'我今衰老，筋力微弱，不能入海。'

"商主复言：'惟愿大士，不舍慈悲，哀受我请。于

我舶中，但自安坐，是我所愿。'

"尔时，菩萨受商人请，乘大舶船，入于大海，向东南隅，诣其宝所。时遇北风，漂堕南海，猛风迅疾，昼夜不停。经于七日，见大海水变为金色，犹如镕金。尔时，众商白菩萨言：'以何因缘，水变金色，有如是相？'

"菩萨告言：'汝等当知，我今已入黄金大海，无量无边紫磨真金充满大海，金宝交映，有如是相。汝等既能超过正路，堕此海中，各自勤求，设诸方便，还归北方。'

"复经数日，见大海水变为白色，犹如珂雪。菩萨告言：'汝等当知，我今已入真珠大海，白玉真珠充满海中，珠映水色，有如是相。汝当尽力，设诸方便，还归北方。'

"复经数日，大海之水变为青色，如青琉璃。菩萨告言：'我及汝等，已入青玻璃海，无量无边青玻璃宝充满大海，玻璃之色交映如是。'

"复经数日，大海之水变为红色，犹如血现。菩萨告言：'我及汝等，已入红玻璃海，无量无边红玻璃宝充满大海，宝色红赤交映如是。'

"复经数日，水变黑色，犹如墨汁，遥闻猛火爆裂之声，犹如大火烧干竹林，炽然燧烨，甚可怖畏。如是相貌，曾未见闻。又见大火起于南方，犹如攒峰，高逾百丈，焰势飞空，或合或散，光流掣电。如是之相，未曾见闻，我等身命，实难可保。于是菩萨告众人言：'汝等今者，甚可怖畏。何以故？我等已入牝马口海，皆被烧尽。所以者何？由诸众生业增上力，自然天火能烧海水。若是天火不烧海水，一日夜中，一切陆地变成大海，所有众生悉皆漂没。然今我等遇大黑风，漂流如是牝马口海，我今众人余命无几。'

"尔时，舶船有千余人，同时发声，悲号啼哭，或自拔发，或自投身，作如是言：'我等今者，为求珍宝，入于大海，遇此险难。哀哉！苦哉！以何方便，得免是难？'时千人等，至诚归命，或称悲母，或称慈父，或称梵天，或称摩醯首罗天王，或称大力那罗延天，或有归命得岸菩萨，敬礼大士，而作是言：'惟愿菩萨，济我等辈。'

"尔时，菩萨为是众人离诸恐怖，而说偈言：

世间最上大丈夫，虽入死门不生畏；
汝若忧悲失智慧，应当一心设方便。
若得善巧方便门，离诸八难超彼岸；
是故安心勿忧惧，应当恳念大慈尊。

"于是菩萨说此偈已，烧众名香，礼拜供养十方诸佛，发是愿言：'南无十方诸佛，南无十方诸佛，诸大菩萨摩诃萨众，四向四果一切贤圣，有天眼者，有天耳者，知他心者,众自在者。我为众生,运大悲心,弃舍身命,济诸苦难。然今我身,有一善根,受持如来不妄语戒,无量生中,未曾缺犯。若我一生有妄语者,今此恶风转加增盛。如是戒德非虚妄者,愿以此善回施一切,我与众生当成佛道。若实不虚,愿此恶风,应时休息,如意便风,随念而至。然诸众生,即是我身,众生与我,等无差别。'

"是大菩萨发起如是同体大悲无碍愿已,经一念顷,恶风寻止,便得顺风,解脱众难,得至宝所,获诸珍宝。

"尔时,菩萨告商人言:'如是珍宝,难逢难遇,汝等先世,广行檀施,得值如是众妙珍宝。昔修施时,心有悭惜,以是因缘,遇是恶风。汝诸商人,所得珍宝,须知限量,无使多取,以纵贪心,后招大难。汝等当知,众宝之中,命宝为最,若存其命,是无价宝。'

"时商人等,蒙菩萨教,生知足心,不敢多取。尔时众人,得免灾难,获大珍宝,远离贫穷,到于彼岸。

"诸善男子!出家菩萨亦复如是,亲近诸佛、善友知识,如彼商人得遇菩萨,永离生死,到于彼岸,犹如商主获大富贵。世间所有有为舍宅,如牝马口海能烧众流;出家菩萨亦复如是,审谛观察在家过失。汝善男子!不染世间诸五欲乐,厌离三界生死苦难,得入清凉安乐大城。"

尔时，如来重说偈言：

> 出家菩萨观舍宅，如牝马海烧众流，
> 譬如往昔罗陀国，有一菩萨名得岸。
> 具大富智巧方便，无缘慈悲摄有情，
> 得是菩萨乘舶船，商人获宝超彼岸。
> 然是大士年衰老，不乐利他好禅寂，
> 有一商主请菩萨，欲入大海求珍宝。
> 惟愿大士受我请，令我富饶无阙乏，
> 于是菩萨运大悲，即便受请乘舶船。
> 时张大帆遇顺风，直往东南诣宝所，
> 忽遇暴风吹舶船，漂堕南海迷所往。
> 经过七日大海水，悉皆变作黄金色，
> 紫磨黄金满海中，宝映光现真金色。
> 复经数日大海水，变为白色如珂雪，
> 真珠珍宝满海中，所以海水成白色。
> 又经数日大海水，变作绀青如琉璃，
> 青玻璃珠满大海，所以水作绀青色。
> 又经数日大海水，悉皆变作红赤色，
> 红玻璃珠满海中，故变水色同于彼。
> 复经数日大海水，变为黑水如墨汁，
> 如是天火所焚烧，海水尽皆如墨色。

此海名为牝马口，吞纳四海及众流，
一切船舶若经过，有人到此多皆死。
天火炽盛如山积，爆裂之声如雷震，
众人遥见心惊怖，号叫捶胸白大师。
于是菩萨起慈悲，不惜身命垂救护，
暴风寻止顺风起，渡于险难至宝所。
各获珍琦达彼岸，永离贫穷受安乐，
出家菩萨亦如是，亲近诸佛如商主。
永离火宅超真觉，犹如商人归本处，
世间所有诸宅舍，如彼牝马大口海。
出家常厌于在家，不染世间离五欲，
乐住空闲心不动，善达甚深真妙理。
或处人间聚落中，如蜂采华无所损，
四威仪中恒利物，不贪世乐及名闻。
口中常出柔软音，粗鄙恶言断相续，
知恩报恩修善业，自他俱得入真常。

"尔时，智光及诸长者一万人俱，异口同音，而白佛言："善哉世尊！希有善逝！如是如是，世尊所说微妙第一善巧方便，饶益有情，如佛所说。我今悉知世间宅舍，犹如牢狱，一切恶法，从舍宅生。出家之人实有无量无边胜利，由是我等深乐出家，现在、当来恒受法乐。"

尔时，世尊告诸长者："善哉！善哉！汝等发心，乐欲出家。若善男子、善女人，发阿耨多罗三藐三菩提心，一日一夜出家修道，二百万劫不堕恶趣，常生善处，受胜妙乐，遇善知识，永不退转，得值诸佛，受菩提记，坐金刚座，成正觉道。然出家者，持戒最难，能持戒者，是真出家。"

时诸长者白佛言："世尊！我等持戒，修诸梵行，愿我速出生死苦海，愿我速入常乐宝宫，愿我广度一切众生，愿我疾证于无生智。"

尔时，世尊告弥勒菩萨及文殊师利："如是长者付嘱汝等，劝令出家，受持净戒。"

时九千人于弥勒前，出家修道，受持佛戒。七千人俱于文殊前，出家修道，受佛禁戒。如是人等既得出家，成就法忍，入于如来秘密境界，不复退转。无量万人发菩提心，至不退转位。无数人天远尘离垢，得法眼净。

5 卷五

无垢性品第四

尔时，智光及诸长者既出家已，齐整法服，五轮着地，礼如来足，合掌恭敬，白佛言："世尊！我等从佛闻所未闻在家所有种种过失，发菩提心，厌离世间，剃除须发而作比丘。惟愿如来应正等觉，为我等类，及诸众生，演说出家殊胜功德，令得闻者，发清净心，乐远离行，不断佛种。世尊大恩，无缘慈悲，怜愍众生如罗睺罗。出家菩萨，应云何住？云何修习无垢之业？云何调伏有漏之心？"

尔时，世尊赞叹智光诸比丘等："善哉！善哉！是真佛子，能为未来一切众生，问于如来如是大事。如是如是，如汝所说，如来世尊怜愍众生，平等无二犹如一子。

汝今谛听！善思念之！吾当为汝分别演说。出家菩萨应如是住，如是修行无垢之业，如是调伏有漏之心。"

"惟然世尊！愿乐欲闻。"

尔时，佛告智光比丘："出家菩萨住如是心，常作是观：我得人身，诸根具足，从何处没，来生此间？我于三界中，当生何界？于四大洲，复生何处？六道之中，受生何道？以何因缘，得离父母妻子眷属，出家修道，免八难身？

"庄严劫中，过去千佛皆已涅槃。星宿劫中，未来千佛未出于世。贤劫之中，现在千佛，几佛如来出现于世，化缘将尽，入般涅槃？几佛世尊未出于世？

"是诸众生，根缘未熟，未闻正法，复于何时，当来弥勒从兜率天，下生人间，现成佛道？于我身中，有何善业？戒、定、慧学，当有何德？过去诸佛皆已不遇，当来世尊得见不耶？我今现在诸凡夫地，三业烦恼何最为重？一生已来，造何罪业？于何佛所，曾种善根？我此身命，能得几时？

"是日已过，命随减少，犹如牵羊诣彼屠所，渐渐近死，无所逃避，身坏命终，生于何处？三恶道苦，如何脱免？然我此身，爱乐长养，念念衰老，无时暂停，谁有智者，爱乐此身？

"智光当知，出家菩萨，常于昼夜，如是观察，勿贪世间，受五欲乐。精勤修习，未尝暂舍，如去顶石，如救头燃。心常忏悔过去先罪，安住如是四无垢性，一心修行十二头陀，调伏其心如旃陀罗。如是佛子，是名出家。

"智光比丘！以何义故，说名真实修沙门行，如旃陀罗？其旃陀罗每游行时，手执锡杖，不敢当路；若人逼近，振锡令闻；于大众中，心行谦下，不敢轻慢；被呵责时，心无怨恨，未尝加报；骂辱鞭挞，默然受之。何以故？自知下性，不阶众流，以是因缘，无嗔无报。智光当知，出家菩萨亦复如是，剃除须发，形同婴儿；执持应器，依他活命；身着袈裟，如被甲胄；杖锡而行，如持钎𥏦；执智慧剑，破烦恼贼；修婴儿行，饶益一切。是故一切三毒利箭不入真实沙门之身。

"出家菩萨，以三观门，修忍辱行，名真出家。观诸众生是佛化身，观于自身为实愚夫；观诸有情作尊贵想，观于自身为僮仆想；又观众生作父母想，观自己身如男女想。出家菩萨，常作是观，或被打骂，终不加报，善巧方便调伏其心。

"智光比丘！汝等谛听！云何名为四无垢性？衣服、卧具、饮食、汤药，如是四事，随有所得，粗细称心，远离贪求，是无垢性。诸比丘等！以何因缘，如是四行，名无垢性？智光当知！诸佛如来三十七品菩提分法，皆从此生，佛、法、僧宝常不断绝，是故得名为无垢性。"

尔时，世尊而说偈言：

> 智光比丘汝谛听，出家菩萨所应作，
> 无缘大慈摄众生，犹如一子皆平等。
> 发菩提心求正觉，应作三种成佛法，
> 心常住四无垢性，当修十二头陀行。
> 下心犹如旃陀罗，四威仪中作是念：
> 十方无量诸菩萨，刹那刹那趣圣道。
> 彼既修证我亦尔，如何流转三界中？
> 恒居生死无量苦，我今是身住何界？
> 六道轮回处何道？胎卵湿化受何生？
> 身口意业于何修？所造罪中何者重？
> 三性之心何心多？如是微细观察已，
> 大慈大悲恒相续，大喜大舍为先心。
> 为有缘者说妙法，昼夜修心不暂停，
> 如去顶石救头燃，念三观门常不离。
> 观诸有情是佛身，惟我独处于凡类；
> 一切众生等尊贵，我为僮仆居卑贱；
> 世间众生同父母，我如男女行孝养。
> 被他打骂不嗔嫌，勤修忍辱无怨嫉；
> 四事供养心不着，是则名为无垢性。

三十七品菩提分，及以如来果报身，
如是殊胜无漏法，四无垢性为根本；
不放逸行常修习，是名出家真佛子。
菩提智种念念增，无漏圣道皆成就，
速得超于无量劫，端坐华王法界中。
福智二严皆圆满，无边劫海利群生，
由无垢性皆成就，证获如来常住果。

"复次，智光比丘！出家菩萨，于所着衣，不应贪着，若细若粗，随其所得，但于施者为生福田，勿嫌粗恶。不得为衣广说法要，起诸方便，与贪相应。世间凡夫为衣服故，非法贪求，造不善业，堕于恶道，经无量劫，不遇诸佛，不闻正法。受苦毕已，复生人间，贫穷困苦，求不得苦，昼夜逼迫，衣不蔽形，食不支命。如是众苦，皆由先世为衣服故，多杀生命，造种种罪。

出家菩萨即不如是，随其所得，不嫌粗恶，但怀惭愧。以充法衣，得十胜利：一者能覆其身，远离羞耻，具足惭愧，修行善法；二者远离寒热，及以蚊虻、恶兽、毒虫，安隐修道；三者亦现沙门出家相貌，见者欢喜，远离邪心；四者袈裟即是人天宝幢之相，尊重敬礼，得生梵天；五者着袈裟时，生宝幢想，能灭众罪，生诸福德；六者本制袈裟，染令坏色，离五欲想，不生贪爱；

《中国佛学经典宝藏》

华人佛学界顶级专家团队编撰。大陆首次引进简体中文版。
读得懂，买得起，藏得下的"白话精华大藏经"。

星云大师总监修
"人间佛教"的践行本

专家推荐

星云大师常常说，佛学不是少数人的专利，它应该是每一个人都能够接触的。这套书推动了白话佛学经典的完成。

——依空法师
_{佛光山长老，文学博士，印度哲学博士}

星云大师对编修《中国佛学经典宝藏》非常重视，对经典进行注、译，包括版本源流梳理，这对一般人去看经典、理解经典的思想，是有帮助的。

——赖永海
_{南京大学教授，旭日佛学研究中心主任}

《中国佛学经典宝藏》精选了很多篇目，是能够把佛法的精要，比较全面地给予介绍。

——王志远
_{中国社会科学院研究生院导师，中国宗教协会副会长}

《中国佛学经典宝藏》白话版系列丛书，共计132册，由星云大师总监修，大陆、台湾百余专家学者通力编撰而成。

丛书依大乘、小乘、禅、净、密等性质编号排序，将古来经律论中之经典著作，依据思想性、启发性、教育性、人间性的原则，做了取其精华、舍其艰涩的系统整理。每种经典都按原文、注释、译文等体例编排，语言力求通俗易懂、言简意赅，让佛学名著真正做到雅俗共赏；还以题解、源流、解说等章节，阐述经文的时代背景、影响价值及在佛教历史和思想演变上的地位角色。丛书还开创性地收录了一些有代表性的现代读本。

传统大藏经 VS 中国佛学经典宝藏

第一回合	**卷帙浩繁** 普通人阅读没头绪、没精力、看不懂。	VS	**精华集萃** 星云大师亲选132种书目，提纲挈领，方便读经。
第二回合	**古文艰涩** **繁体竖排** 佛经文辞晦涩，多用繁体竖排版：读经门槛高。	VS	**白话精译** **简体横排** 经典原文搭配白话精译，既可直通经文，又可研习原典。
第三回合	**经义玄奥** **难尝法味** 微言大义，法义幽微，没有明师指引难理解。	VS	**专家注解** **普利十方** 华人佛学界顶级专家精注精解，一通百通。

《中国佛学经典宝藏》目录

编号	书名	编号	书名	编号	书名
1	中阿含经	45	维摩诘经	89	法句经
2	长阿含经	46	药师经	90	本生经的起源及其开展
3	增一阿含经	47	佛堂讲话	91	人间巧喻
4	杂阿含经	48	信愿念佛	92	大乘本生心地观经
5	金刚经	49	精进佛七开示录	93	南海寄归内法传
6	般若心经	50	往生有分	94	入唐求法巡礼记
7	大智度论	51	法华经	95	大唐西域记
8	大乘玄论	52	金光明经	96	比丘尼传
9	十二门论	53	天台四教仪	97	弘明集
10	中论	54	金刚錍	98	出三藏记集
11	百论	55	教观纲宗	99	牟子理惑论
12	肇论	56	摩诃止观	100	佛国记
13	辩中边论	57	法华思想	101	宋高僧传
14	空的哲理	58	华严经	102	唐高僧传
15	金刚经讲话	59	圆觉经	103	梁高僧传
16	人天眼目	60	华严五教章	104	异部宗轮论
17	大慧普觉禅师语录	61	华严金师子章	105	广弘明集
18	六祖坛经	62	华严原人论	106	辅教编
19	天童正觉禅师语录	63	华严学	107	释迦牟尼佛传
20	正法眼藏	64	华严经讲话	108	中国佛教名山胜地寺志
21	永嘉证道歌·信心铭	65	解深密经	109	敕修百丈清规
22	祖堂集	66	楞伽经	110	洛阳伽蓝记
23	神会语录	67	胜鬘经	111	佛教新出碑志集萃
24	指月录	68	十地经论	112	佛教文学对中国小说的影响
25	从容录	69	大乘起信论	113	佛遗教三经
26	禅宗无门关	70	成唯识论	114	大般涅槃经
27	景德传灯录	71	唯识四论	115	地藏本愿经外二部
28	碧岩录	72	佛性论	116	安般守意经
29	缁门警训	73	瑜伽师地论	117	那先比丘经
30	禅林宝训	74	摄大乘论	118	大毗婆沙论
31	禅林象器笺	75	唯识史观及其哲学	119	大乘大义章
32	禅门师资承袭图	76	唯识三颂讲记	120	因明入正理论
33	禅源诸诠集都序	77	大日经	121	宗镜录
34	临济录	78	楞严经	122	法苑珠林
35	来果禅师语录	79	金刚顶经	123	经律异相
36	中国佛学特质在禅	80	大乘顶首楞严经	124	解脱道论
37	星云禅话	81	成实论	125	杂阿毗昙心论
38	禅话与净话	82	俱舍要义	126	弘一大师文集选要
39	释禅波罗蜜次第法门	83	佛说梵网经	127	《沧海文集》选集
40	般舟三昧经	84	四分律	128	《劝发菩提心文》讲话
41	净土三经	85	戒律学纲要	129	佛经概说
42	佛说弥勒上生下生经	86	优婆塞戒经	130	佛教的女性观
43	安乐集	87	六度集经	131	涅槃思想研究
44	万善同归集	88	百喻经	132	佛学与科学论文集

手机淘宝
扫一扫

深入经藏,智慧如海。

本套佛学经典适合系统的修习、诵读和佛堂珍藏。

咨询电话:尤冲 010-8592 4661

七者袈裟是佛净衣，永断烦恼，作良田故；八者身着袈裟，罪业消除，十善业道，念念增长；九者袈裟犹如良田，能善增长菩萨道故；十者袈裟犹如甲胄，烦恼毒箭不能害故。

"智光当知，以是因缘，三世诸佛、缘觉、声闻，清净出家，身着袈裟，三圣同坐解脱宝床，执智慧剑，破烦恼魔，共入一味诸涅槃界。"

尔时，世尊而说偈言：

> 智光比丘应善听，大福田衣十胜利；
> 世间衣服增欲染，如来法服不如是。
> 法服能遮世羞耻，惭愧圆满生福田；
> 远离寒暑及毒虫，道心坚固得究竟；
> 示现出家离贪欲，断除五见正修持；
> 瞻礼袈裟宝幢相，恭敬生于梵王福；
> 佛子披衣生塔想，生福灭罪感人天；
> 肃容致敬真沙门，所为不染诸尘俗；
> 诸佛称赞为良田，利乐群生此为最；
> 袈裟神力不思议，能令修植菩提行；
> 道芽增长如春苗，菩提妙果类秋实；
> 坚固金刚真甲胄，烦恼毒箭不能害。
> 我今略赞十胜利，历劫广说无有边。

若有龙身披一缕，得脱金翅鸟王食。
若人渡海持此衣，不怖龙鱼诸鬼难；
雷电霹雳天之怒，披袈裟者无恐畏。
白衣若能亲捧持，一切恶鬼无能近；
若能发心求出家，厌离世间修佛道，
十方魔宫皆振动，是人速证法王身。

"复次，智光菩萨！出家佛子，常行乞食，应舍身命，不断是心。所以者何？一切有情皆依食住，是以乞食利益无穷。汝等当知，出家菩萨，常行乞食，有十胜利。云何为十？一者常行乞食，以自活命，出入自由，不属他故；二者行乞食时，先说妙法，令起善心，然后自食；三者为不施人，发大悲心，为说正法，令起舍心而生胜福；四者依佛教行，增长戒品，福德圆满，智慧无穷；五者常行乞食，于七九慢，自然消灭，众所恭敬，是良福田；六者于乞食时，当得如来无见顶相，应受世间广大供养；七者汝等佛子随学此法，住持三宝，饶益有情；八者于乞食时，不得为求饮食起希望心，赞叹一切男子女人；九者行乞食时，须依次第，不应分别贫富之家；十者常行乞食，诸佛欢喜，得一切智，最为良缘。

"智光菩萨！我为汝等略说如是十种利益，若广分别，无量无边。汝等比丘及未来世求佛道者，应如是学。"

尔时,世尊而说偈言:

> 智光菩萨汝谛听,出家大士应离贪;
> 当发出世修行心,乞食头陀为根本。
> 凡夫住于有漏食,圣者悉依无漏食;
> 有漏无漏诸圣凡,一切无不依食住。
> 我为汝等诸佛子,开演出世二利行;
> 三世如来所称赞,乞食功德有十利:
> 偏称此行最为胜,出入自在无系缚;
> 先令施主发初心,令趣菩提然后食;
> 为除悭贪说妙法,能趣大舍无量心;
> 依大师教行乞食,增长无量诸梵行;
> 七九种慢自除灭,为诸人天所尊敬;
> 如来顶相不可见,转妙法轮化十方;
> 尽未来际传此法,令不断绝三宝种;
> 若为饮食起妄心,不应赞叹诸男女;
> 起大慈悲平等意,不生分别贫与富;
> 清净乞食佛所赞,一切种智从此生。
> 三世如来出于世,为诸众生说四食;
> 段触思识为其四,皆是有漏世间食。
> 惟有法喜禅悦食,乃是圣贤所食者;
> 汝等厌离世间味,当求出世无漏食。

"复次，智光菩萨！出家佛子，于诸医药，不应贪着，若有病时，他煎药已，所弃舍药、诃黎、毗黎，及阿摩勒，取是等药，即应服之。乃至一生，服所弃药，于诸药等常生知足，如是名为真实沙门。出家佛子恒服弃药，是人获得十种胜利。云何为十？一者为求药草不近他人，永息贪求，安住正念；二者不净观门易得成就，出世之心能得坚固；三者于诸珍味恒不贪着，速证正智，餐禅悦味；四者于诸世间一切财物，常能知足，早得解脱；五者不近世间一切凡夫，亲近出世清净善友；六者由不嫌恶诸弃药等，于粗饮食，亦得解脱；七者于所重药，永不希望，一切世间无不尊故；八者速能调伏诸烦恼病，证得如来常住法身；九者永断三界一切烦恼，能疗众生身心重病；十者能顺佛教，修菩萨行，福智圆满，得大菩提。

"智光当知，我为汝等略说弃药十种胜利，如是妙行，去、来、现在出家菩萨皆共修学。汝等应当为诸众生演说流布，无令断绝，即为如来广设供养，世间所有财敬供养所不能及。于菩萨行，不复退转，速证无上正等菩提。"

尔时，世尊重说偈言：

　　智光比丘汝善听，出家所服无垢药，

菩萨妙行此为先，众生有病如己病。
以大悲恩救众苦，复用慈心施安乐，
最上妙药与他人，前人所弃而自服。
菩萨不择贵贱药，但疗众病令安隐，
取他所弃之余药，饮服以充治所疾。
取他弃药有十利，三世如来共称赞。
虽求医药不近他，永息追求住正念；
不净观门易成熟，而能远作菩提因；
不着甘味离诸贪，当求法喜禅悦食；
于世财宝能知足，获得无漏七圣财；
舍彼凡愚不共住，亲近圣贤为良友；
由是不嫌众弃药，亦于饮食断贪求；
珍膳妙药不希望，世间所以咸尊重；
能疗身心烦恼病，悟得真如法性身；
永断三界诸习气，证得无上真解脱；
能顺佛教趣菩提，福智圆成报身果。
汝等佛子皆修学，当坐金刚真道场。

"复次，智光！出家菩萨，远离喧闹，住阿兰若，修摄其心，无量千岁，以求佛道。三世如来，离诸喧闹，寂然闲居，万行增修，证菩提果。缘觉、声闻一切贤圣，证得圣果亦复如是。其阿兰若有十种德，能令证得三菩提果。云何名为十种胜德？一者为得自在住阿兰若，四威仪中不属他故；二者离我我所，名阿兰若，于树下时，无执着故；三者于卧具等，无所爱着，由斯当卧四无畏床；四者阿兰若处三毒微薄，离贪、嗔、痴所缘境故；五者乐阿兰若，修远离行，不求人天五欲乐故；六者能舍喧闹，住闲寂处，修习佛道，不惜躯命；七者爱乐寂静，世间一切事业易得成就，无障碍故；八者世出世间一切事业易得成就，无障碍故；九者阿兰若处是三昧空，能得百千大三昧故；十者清净如空以为舍宅，心无障碍，得大智故。

"智光当知，阿兰若处有如是等无量功德。以是因缘，出家佛子誓舍身命，不离山林。若为听法，供养病人、师僧、父母，出阿兰若，入聚落中，宜速还归于兰若处。若有因缘未得归者，应作是想：今此聚落犹如山林，所得财物虚假如梦，若有所得不应贪着。如是佛子，是摩诃萨。"

尔时，世尊而说偈言：

> 智光汝等善谛听，无烦恼人所住处；
> 远离喧闹处寂静，此是神仙所居处；
> 三世菩萨求菩提，于兰若中成正觉。
> 缘觉声闻诸圣众，亦于此处证菩提；

住阿兰若获十利，能令证得三乘果。
自在游行如师子，四威仪中无系缚；
山林树下圣所乐，无我我所名兰若；
衣服卧具无系着，坐四无畏师子座；
离诸烦恼名兰若，一切贪爱无所着；
常居物外厌尘劳，不乐世间五欲乐；
远离愦闹寂静者，弃身舍命求佛道；
能住寂静无人声，于诸散乱心不起；
世出世间诸善业，心无障碍皆成就；
由是兰若为根本，能生百千诸三昧；
以大空寂为虚空，行者身心无障碍；
具足如是十胜利，是故众圣常居止。
智光汝等诸佛子，若欲速成一切智，
乃至梦中莫舍离，阿兰若处菩提道。
我灭度后发心者，而能住于兰若处，
不久当坐宝华王，证得法身常乐果。

尔时，世尊说是法时，无量百千初发心者，于无上道，得不退转。时智光等诸菩萨众，得陀罗尼，具大神通。百万人天，发菩提意，悟三解脱。

尔时，如来告诸大众："若有净信善男子、善女人，得闻如是四无垢性甚深法门，受持、读习、解说、书写。

如是人等，所生之处，遇善知识，修菩萨行，永不退转，不为一切诸业烦恼之所扰乱。而于现世获大福智，住持三宝，得自在力，绍继佛种，使不断绝。命终必生知足天宫，奉觐弥勒，证不退位，龙华初会得闻正法，授菩提记，速成佛道。若欲愿生十方佛土，随其所愿而得往生，见佛闻法，究竟不退阿耨多罗三藐三菩提。"

阿兰若品第五

尔时，会中有一菩萨摩诃萨名常精进，承佛威神，即从座起，偏袒右肩，右膝着地，合掌恭敬，而白佛言："世尊！如佛所说，阿兰若处是菩提道场，若有发心求菩提者，不应舍离阿兰若处。是兰若中有多众生，虎、豹、豺、狼、毒虫、恶兽，乃至飞鸟及与猎师，不识如来，不闻正法，又不敬僧。此诸有情，无复善根，远离解脱，何故如来令修学人住阿兰若速得成佛？惟愿世尊，为诸众生分别解说，决疑令喜，发菩提心，使不退转。"

尔时，佛告常精进菩萨："善哉！善哉！善男子！汝以大慈，问于如来清净解脱，饶益未来诸修行者，功德无量。谛听！谛听！善思念之！我今为汝分别演说阿兰若处种种功德。"

"唯然世尊！愿乐欲闻。"

尔时，佛告常精进菩萨："如汝所说，阿兰若处得成圣者，山林之中多诸众生，以何因缘，不得成佛，是义不然。所以者何？彼诸众生不识三宝，不知厌足，不识善恶，于山林中，虽有世间种种珍宝，而不能知伏藏之处；菩萨摩诃萨即不如是。善男子！菩萨能知佛法僧宝是出世宝，七珍伏藏是世间宝，悉能辨其种种色相，知其所在而不贪求，亦不乐见，何况取乎！

"菩萨出家，发坚固心，不惜身命，舍离父母、六亲眷属，乐住山林。常作是念：假使三千大千世界劫尽之时，七日并出，火灾炽然，焚烧万物，日月星辰、妙高山王及七金山、铁围山等，时至皆散；三界之顶非非想天，八万劫尽，还生下地；转轮圣王，千子围绕，七宝眷属，四洲咸伏，寿命报尽，须臾不停。

"我今亦尔，假使寿年满一百岁，七宝具足，受诸快乐，琰魔使至，不免无常。作是思维：我今不如代其父母及诸众生修菩萨行，当得金刚不坏之身，还来三界，救度父母。作是愿已，住阿兰若，为诸众生发弘誓愿。

"上根菩萨发是愿言：'愿我未得成佛已来，常于露地，长坐不卧。'中根菩萨发是愿言：'愿我未得成佛已来，于树叶中，常坐不卧。'下根菩萨发是愿言：'愿我未得成佛已来，于石室中，常坐不卧。'

"如是三根出家菩萨坐三种座，各作是念：过去菩萨坐于此座，而能证得陀罗尼门，功德自在；过、现、未来诸菩萨等皆于此座得陀罗尼，修证自在。我亦如是，今坐此处，必当成就于陀罗尼而得自在。若未成就得自在者，终不舍离阿兰若处。

"或有菩萨未得圆满四无量心，终不舍离阿兰若处。或有菩萨未得圆满五通神力，终不舍离阿兰若处。或有菩萨未得圆满六波罗蜜，终不舍离阿兰若处。或有菩萨未得圆满善巧方便，终不舍离阿兰若处。

"若有菩萨未能调伏一切有情，终不舍离阿兰若处。或有菩萨未得圆满四种摄法，终不舍离阿兰若处。或有菩萨未能修习六念之法，终不舍离阿兰若处。或有菩萨未能成就多闻智慧，终不舍离阿兰若处。或有菩萨未能成就坚固信力，终不舍离阿兰若处。或有菩萨未能断除六十二见，终不舍离阿兰若处。

"或有菩萨未能修习八种正道，终不舍离阿兰若处。或有菩萨未能永断二障习气，终不舍离阿兰若处。或有菩萨未能圆满随病与药微妙智慧，终不舍离阿兰若处。或有菩萨未能圆满大菩提心，终不舍离阿兰若处。或有菩萨未能圆满恒沙三昧，终不舍离阿兰若处。或有菩萨未能成就无量神通，终不舍离阿兰若处。

"或有菩萨以定通力，见十八空而心不惊，如是大事，若未成就，终不舍离阿兰若处。或有菩萨未能圆满一切智智，终不舍离阿兰若处。或有菩萨未得圆满一切种智，终不舍离阿兰若处。或有菩萨未得修习三十七种菩提分法，终不舍离阿兰若处。或有菩萨未得圆满十地万行，终不舍离阿兰若处。或有菩萨于百劫中未能修行相好之业，终不舍离阿兰若处。

"或有菩萨未能圆满如来四智，终不舍离阿兰若处。或有菩萨未能圆满证大涅槃，终不舍离阿兰若处。或有菩萨坐金刚座，未能证得阿耨多罗三藐三菩提，常坐不起，是名菩萨阿兰若行。

"善男子！出家菩萨发菩提心，入于山林，坐三种座，炼磨身心，经三大劫而修万行，证得无上正等菩提。"

尔时，世尊重说偈言：

> 昔诸如来因地时，住阿兰若离尘处，
> 伏断烦恼所知障，超过三界证菩提。
> 过去菩萨修行愿，以阿兰若为舍宅，
> 阿僧祇劫修福智，十地究竟证三身。
> 未来菩萨求佛果，入于深山修妙行，
> 断除二障生死因，常证三空真解脱。
> 现在十方诸菩萨，修持万行住空闲，
> 不惜身命求菩提，念念证得无生智。
> 若欲速证深三昧，因修妙定超神通，

阿兰若处心无诤，能变大地为七宝。
若欲游戏十方国，往来自在运神通，
供养诸佛利群生，住阿兰若无畏处。
欲证有无如幻智，了达诸法本来空，
住阿兰若菩提场，令众亦入真解脱。
若欲速得如如智，证会诸法如如性，
尽大劫海利群生，当住兰若空寂处。
若人欲得难思智，妙高山王纳芥子，
山王芥子不坏相，入于兰若神通室。
若人欲得无碍智，以一妙音演说法，
随类众生各得解，当住兰若修妙观。
若欲无生及无灭，应现十方诸国土，
放光说法利群生，莫离兰若空寂室。
若以足趾按大地，令十方界皆振动，
睹相发心除邪见，当住兰若观自心。
若欲诸佛出现时，最初献于微妙供，
檀波罗蜜皆圆满，住阿兰若修妙行。
若人于佛涅槃时，最后供养成檀义，
永断贫穷及八难，誓愿住于兰若中。
若欲福智皆圆满，未来诸佛临涅槃，
受佛付嘱广弘愿，住阿兰若修六念。
若于诸佛涅槃后，结集遗法度众生，

助于诸佛赞真乘，住阿兰若空寂舍。
人天大师薄伽梵，难见难遇过优昙，
若欲奉觐修供养，当住兰若弘悲愿。
众宝之尊法为最，成佛化利皆由此，
如人欲得常听法，住阿兰若修梵行。
始从今身至佛身，常愿发心弘正教，
乃至未得大菩提，念念不舍阿兰若。
若人欲报父母恩，代于父母发誓愿，
入阿兰若菩提场，昼夜常修于妙道。
若欲现世增福智，当来不堕八难中，
如是有情发善心，住阿兰若修悲愿。
三世菩萨求真觉，得道涅槃兰若中，
是故名为大道场，三乘圣众皆同处。
菩萨厌苦入山林，为度群生求圣道，
自未成佛先度他，六道四生皆悲愍。
上根菩萨居露地，中根菩萨居叶中，
下根菩萨居石室，未成佛道常不卧。
三世菩萨住兰若，得陀罗尼自在力，
今我誓同菩萨心，未得总持恒止此。
得大菩提在兰若，入大圆寂由住处，
菩萨起于金刚智，断惑证真成妙觉。
广化众生游聚落，为求寂灭乐山林，

万行因满果亦圆,尽未来时度群品。

尔时,世尊演说如是出家菩萨阿兰那行,无量菩萨,证极喜地;恒河沙等无数菩萨,永离相用微细烦恼,证不动地;不可说不可说菩萨摩诃萨,断一切障,入妙觉地;无边有情,发无等等阿耨多罗三藐三菩提心;九万七千众生远尘离垢,得法眼净。

6　卷六

离世间品第六

尔时，会中有一菩萨摩诃萨名乐远离行，承佛威力，从坐而起，于大众中，为诸菩萨说阿兰若行，普告一切诸菩萨言："出家菩萨，住阿兰若，应作是念：以何因缘，远离世间，修阿兰若清净妙行？诸佛子等！一心谛听！我承佛力，今为汝等分别演说阿兰若行。"

诸菩萨言："善哉！大士！为我等辈及未来世求菩提者，惟愿说之，我等乐闻。"

是时，乐远离行菩萨告诸大众："一切世间多诸恐怖，出家菩萨为厌世间种种恐怖，舍离父母及诸眷属，住阿兰若，修远离行。

"云何名为种种恐怖？或有菩萨而作是念：我为恐

怖，一切烦恼从我生故。或有菩萨而说我所是为恐怖，一切烦恼我所生故。或有菩萨而说七慢是为恐怖，起种种慢不敬善人故。或有菩萨以彼三毒而为恐怖，造无量罪，堕恶道故。或有菩萨以彼五欲而为恐怖，耽着世乐，堕八难故。譬如世间有七步蛇，当害人时，毒力炽盛，出过七步，即便命终。一蛇毒力尚能损人，何况五蛇共为伤杀！毒力转盛，命难得全。世间五欲亦复如是，一一欲乐，各能引起八万四千微细尘劳，迷惑愚夫，令堕地狱、饿鬼、畜生及余难处，受大苦恼，何况具足贪着诸尘！如恒河沙无数诸佛出兴于世，说法教化，隙光迅疾，终不得见，常在恶道，犹于自家，处无暇中，如戏园观。过去有佛欲令众生厌舍五欲，而说偈言：

譬如飞蛾见火光，以爱火故而竞入；
不知焰性烧然力，委命火中甘自焚。
世间凡夫亦如是，贪爱好色而追求；
不知色欲染着人，还被火烧来众苦。
譬如群鹿居林薮，贪于丰草而自养；
猎师假作母鹿声，群鹿中箭皆致死。
世间凡夫亦如是，贪着种种可意声；
不知声能染着人，还受三涂诸苦报。
譬如蜜蜂能飞远，游于春林采众花；

为爱醉象颊上香，象耳因之而掩死。
世间凡夫亦如是，爱着一切受用香；
不知香能染着心，生死轮回长夜苦。
譬如龙鱼处于水，游泳沉浮而自乐；
为贪芳饵遂吞钩，爱味忘生皆致死。
世间凡夫亦如是，舌根耽味以资身；
杀他自活心不平，感得三涂极重苦。
譬如白象居山泽，自在犹如师子王；
欲心醉乱处昏迷，追寻母象生贪染。
一切凡夫亦如是，趣彼妙触同狂象；
恩爱缠缚不休息，死入地狱苦难量。
世间男女互贪求，皆由乐着诸色欲；
人天由此故缠缚，堕坠三涂黑暗中。
若能舍离贪欲心，住阿兰若修梵行；
必得超于生死苦，速入无为常乐宫。

"或有菩萨，以贪多财而为恐怖，自己财宝恒求积聚而不受用，何况能施贫乏众生！于己财宝深生贪着，于他财宝欲令损减。以是因缘，命终之后，堕大地狱，受无量苦。如是苦报，名为第一正感之果。

"从地狱出，受畜生身，身常劳苦，水草不足，经多时中，酬损他财。如是众苦，名为第二正感之果。

"受是罪已，生饿鬼中，困饥渴苦，无量千劫不闻浆水饮食之名，其咽如针，其腹如山，纵得饮食，随变为火。如是苦身，名为第三正感之果。

"毕是罪已，来生人间，贫穷下贱，为他所使。于诸财宝所求难得，于一切时而不自在。如是余报，名相似果。

"一切菩萨分明知见如是因果，常生恐怖，欲求解脱。由是恐怖，远离眷属，住阿兰若。

"或有菩萨，以渴爱心而为恐怖，于诸未得一切财宝，日夜追求，生渴爱故。或有菩萨，我我所见而为恐怖，为诸烦恼作依止故。或有菩萨，以诸法见而为恐怖，与所知障作依止故。

"或有菩萨，六十二见而为恐怖，入邪见林，难出离故。或有菩萨，疑为恐怖，于真正法生疑惑故。或有菩萨，以彼断见而为恐怖，执无后世，拨无因果，生大邪见，入地狱故。或有菩萨，以彼常见而为恐怖，执五趣身，恒常决定，随善恶业，无变易故。

"或有菩萨，以彼嫉妒而为恐怖，不耐他荣，怀恶心故。或有菩萨，常以掉举而为恐怖，心不寂静，生散乱故。或有菩萨，以不信心而为恐怖，如人无手，虽至宝山，终无所得。无信手者，虽遇三宝，无所得故。

"或有菩萨，以彼无惭而为恐怖，内无羞耻，常造诸恶，业障无明，难见佛故。或有菩萨，以无愧心而为恐怖，外无羞耻，弃恩背德，生死轮回，堕三涂故。

"或有菩萨，以忿恨等而为恐怖，能损自他，互为怨结，于多劫中，障佛道故。或有菩萨，以彼忘失而为恐怖，于所闻法不能忆持，忘失文义，增愚痴故。

"或有菩萨，乃至一切不善黑业而为恐怖。何以故？一切不善是生死因，轮转三界，不得出离，于是无量无边恐怖，皆能障碍出世胜法。

"或有菩萨，以五种盖而为恐怖，五种烦恼覆盖菩萨菩提心故。或有菩萨，以憎恶心而为恐怖，于诸众生无怜愍心，修菩提行，多退转故。

"或有菩萨，以破戒垢而为恐怖，污秽圣法，难得果报。或有菩萨，以彼忧恼而为恐怖，妄想炽然，失善业故。

"或有菩萨，以恶作心而为恐怖，于所修善生追悔故。或有菩萨，而说狂醉是为恐怖，不识善恶，无尊卑故。或有菩萨，以非时死而为恐怖，不住正念，归无常故。

"或有菩萨，以妄语业而为恐怖，生生世世所有言说，一切众生不信受故。或有菩萨，以四颠倒而为恐怖，由四颠倒轮回生死，起烦恼业，不求佛故。

"或有菩萨，而说恶友是为恐怖，随不善友造恶业故。或有菩萨，以五蕴魔而为恐怖，是五蕴身从烦恼生，生已即起无量烦恼。因诸烦恼造不善业，由诸惑业堕大深坑，以是因缘而生恐怖。

"或有菩萨，以烦恼魔而为恐怖，大小烦恼能续生死，退菩提心堕恶道故。或有菩萨，厌患死魔而为恐怖，发菩提心未得不退，身坏命终生退转故。或有菩萨，以诸天魔而为恐怖，天魔眷属充满欲界，障修道人退菩提故。

"或有菩萨，以无记心而为恐怖，于诸善法不能进修，空过长时退善业故。或有菩萨，以彼八难而为恐怖，堕八难者从冥入冥，生死长夜难遇明故。

"或有菩萨，观彼地狱而为恐怖，一堕地狱经无量劫，受大苦恼难解脱故。或有菩萨，堕畜生道而为恐怖，傍生界中受愚痴报，经无量劫难出离故。或有菩萨，睹饿鬼道而为恐怖，于恒沙劫受饥渴苦，难可值遇佛、法、僧故。

"或有菩萨，想欲界生而为恐怖，烦恼杂起，造诸恶业，堕三涂故。或有菩萨，以彼色界而为恐怖，有覆烦恼能障定故。或有菩萨，以无色界而为恐怖，三界之中最为寂静，犹如涅槃，有情妄执而为究竟，劫尽命终坠地狱故。

"或有菩萨，数数生死而为恐怖，生邪见家，难出离故。或有菩萨，厌离生死而为恐怖，死此生彼，常受苦恼，障菩萨行，求涅槃故。或有菩萨，以世间语是为恐怖，心常散乱，妨善业故。或有菩萨，以心意识而为恐怖，所缘行相不可知故。

"若在俗家，由斯恐怖，昼夜相续扰乱善心，不能证得无恐怖法。

"过去菩萨住阿兰若，皆能证得无恐怖法，即是阿耨多罗三藐三菩提。未来菩萨住阿兰若，悉皆当得无恐怖法阿耨多罗三藐三菩提。现在十方诸大菩萨住阿兰若，断一切障，得无恐怖阿耨多罗三藐三菩提。汝等当知，随应修学，三世菩萨摄念身心，住阿兰若，调伏妄想，永无恐怖，究竟阿耨多罗三藐三菩提。

"复次，出家菩萨住阿兰若，当作何业？作何等念？日夜常作如是思维：世间所有一切恐怖，皆从我生。一切恐怖着我生故，一切恐怖我为根本故，一切恐怖我爱生故，一切恐怖我想生故，一切恐怖我见生故，一切恐怖我为住处，一切恐怖因我生故，一切恐怖分别生故，一切恐怖烦恼生故，一切烦恼我爱生故。

"若我住在阿兰若处，不能舍离我我所执，不应住是阿兰若中，不如还住白衣屋舍。何以故？若有我想，不应住止阿兰若处。若有补特伽罗相者，不应住止阿兰若处。若人具有我我所执，不应住止阿兰若处。若有法见，不应住止阿兰若处。若有具此四颠倒执，不应住止阿兰若处。汝等谛听！若有修行依涅槃相，不应住止阿兰若处，何况更起诸烦恼相！汝等谛听！若有不着一切相，应当安住阿兰若处，是名当坐无着道场，一切诸法皆不可得。若心调柔无有诤论，应当安住阿兰若处。于世因缘都无所着，应当安住阿兰若处。于色声香味触等法无依止者，应当安住阿兰若处。于一切法有平等见，应当安住阿兰若处。于四威仪能调自心，应当安住阿兰若处。能舍一切诸恐怖者，应当安住阿兰若处。

"诸佛子等！以要言之，于诸烦恼得解脱者，应当安住阿兰若处。若得成就涅槃因者，应当安住阿兰若处。能善修行四无垢性，应当安住阿兰若处。若有少欲能知足者，应当安住阿兰若处。具足多闻有智慧者，应当安住阿兰若处。若能修行三解脱者，应当安住阿兰若处。永断能缚烦恼结者，应当安住阿兰若处。能审观察十二因缘，应当安住阿兰若处。所作已办者，应当安住阿兰若处。舍诸重担者，应当安住阿兰若处。证悟真如深妙理者，应当安住阿兰若处。

"汝等当知！阿兰若处种种药草、大小树木，生阿兰若，曾无恐怖，亦无分别。菩萨摩诃萨住阿兰若亦复如是，观自身心犹如枯树、墙壁、瓦砾，等无有异，于一切法无有分别。我观身心犹如幻梦，中无有实，念念衰老,其息出已,更不复入,由善恶因,随业受报。是身无常,速起速灭,是身虚假,终不久停。如是身中,无我我所、无有情、无命者、无养育者、无士夫者、无补特伽罗者、无作业者、无有见者,如是等相,本来空寂,犹如虚空,亦如泡沫。常应念念作如是观,一切恐怖皆得解脱,如彼树木无有恐怖。时,诸菩萨得大安乐无畏生处,是名菩萨住阿兰若,求阿耨多罗三藐三菩提。

"复次,出家菩萨住阿兰若,昼夜相续,应如是观:是阿兰若,善能修习四无垢性安乐之处。是阿兰若,善能修习知足之处。是阿兰若,于诸烦恼得解脱处。是阿兰若,具足多闻智慧之处。是阿兰若,伏断烦恼所知障处。是阿兰若,能入三种解脱门处。是阿兰若,善能证得八解脱处。是阿兰若,善能观察十二缘处。是阿兰若,善能断除业障之处。是阿兰若,能得初果预流之处。是阿兰若,能得第二一来果处。是阿兰若,能得第三不还果处。是阿兰若,得第四果阿罗汉处。是阿兰若,证得辟支佛果之处。是阿兰若,已办所作得自在处。是阿兰若,舍诸重担得轻安处。是阿兰若,证得二空真如之处。

"是阿兰若,能修无量大慈心处。是阿兰若,修证无量大悲心处。是阿兰若,能善修习喜无量处。是阿兰若,善能修习舍无量处。是阿兰若,能发菩提心处。是阿兰若,菩萨修持到十信处。是阿兰若,复次进修到十住处。是阿兰若,展转增修到十行处。是阿兰若,展转修行十回向处。是阿兰若,善能修习四善根处。是阿兰若,修行六度波罗蜜处。是阿兰若,修行初地至十地处。是阿兰若,证得六根清净之处。是阿兰若,善能证得天眼通处。是阿兰若,得天耳通及宿住智、生死智明、神境、他心,如是通处。是阿兰若,有惭愧处。是阿兰若,不放逸处。是阿兰若,修五根处。是阿兰若,证得无量无边三昧之处。是阿兰若,能得恒沙陀罗尼门证自在处。是阿兰若,悟无生忍。是阿兰若,永出三界断生死处。是阿兰若,得不退转。是阿兰若,降伏一切众魔怨敌,销除业障,见佛闻法,如是之处。是阿兰若,得佛不共最上法门。是阿兰若,修习戒蕴清净之处。是阿兰若,出生无漏三摩地处。是阿兰若,能生般若证解脱处。是阿兰若,能生解脱知见之处。是阿兰若,得三十七菩提分法。是阿兰若,能得解脱十二入处。是阿兰若,永离有漏十八界处。是阿兰若,微妙观察十八空处。是阿兰若,容受一切诸法空处。是阿兰若,增长十善法生之处。是阿兰若,增长坚固菩提心处。是阿兰若,三世诸佛赞叹之处。是阿兰若,一切菩萨恭敬赞叹如是之处。

"是阿兰若,毗婆尸佛于尼俱陀树下成道。是阿兰若,尸弃如来于尸利沙树下成道。是阿兰若,毗舍如来阿尸婆多树下成道。是阿兰若,俱留孙佛无忧树下成等正觉。是阿兰若,俱那含牟尼如来优昙树下成等正觉。是阿兰若,迦叶如来娑陀树下成等正觉。是阿兰若,释迦如来于毕钵罗树下成道之处。汝等当知!阿兰若处有如是等无量无边功德胜利。"

尔时,乐远离行菩萨为诸大众而说偈言:

> 出家菩萨住兰若,当作何念及何业?
> 世间所有诸恐怖,皆从我见我所生。
> 若能断除我我所,一切恐怖无所依;
> 若有能执我见心,毕竟不成菩提道。
> 涅槃常住皆无相,何况烦恼非法相?
> 不着诸法及众生,心无诤论修正念。
> 四威仪中调伏心,应住兰若常寂静;
> 能断烦恼心知足,住于兰若空寂舍。
> 入三解脱无相门,住于兰若离尘垢;
> 能观十二因缘法,四谛二空真妙理,
> 世间八法不倾动,如是大士住兰若。
> 能观自身如枯木,亦如水沫及幻梦,
> 不着二边平等相,如是萨埵住兰若。
> 罪业缠缚无常身,本来虚假元无实;
> 我法二执及罪相,于三世中不可得。
> 自身他身无有二,一切诸法亦如是;

谛观法性无去来，如是菩萨住兰若。
栴檀涂身及赞叹，以刀屠割并骂辱，
于此二人无爱憎，如是菩萨住兰若。
出家乐住阿兰若，昼夜应作如是观：
阿兰若处真道场，一切如来成正觉；
阿兰若处妙法空，出世正法之所生；
阿兰若处圣所尊，能生三乘圣道故；
阿兰若处圣所宅，一切圣贤常住故；
阿兰若处如来宫，十方诸佛所依故；
阿兰若处金刚座，三世诸佛得道故；
阿兰若处涅槃宫，三世如来圆寂故；
阿兰若处大慈室，菩萨住此修慈故；
阿兰若处是悲田，三世诸佛修悲故；
阿兰若处六通室，菩萨于此游戏故；
阿兰若处大无畏，能断一切恐怖故；
阿兰若处三摩地，诸求道者得定故；
阿兰若处陀罗尼，诸持咒人神力故；
阿兰若处善法堂，增长一切善法故；
阿兰若处菩提室，菩萨修道得忍故。
若欲永超三界苦，菩提涅槃当修证，
遍周法界利群生，应居兰若菩提室。
所修六度四摄法，回施三有及四恩，

自他俱入甘露城，同证一如真法界。

尔时，乐远离行菩萨摩诃萨为诸大众说是法已，佛言："善哉！善哉！善男子！汝为大众及未来世求佛道者，分别演说阿兰若处殊胜功德，利益安乐现在、未来一切众生，趣向菩提正真觉道。汝所成就无量功德，千佛共说不能穷尽。"

尔时，会中智光菩萨、无量阿僧祇菩萨大众，闻阿兰若最胜功德，即得闻持陀罗尼门；无量众生，发无等等阿耨多罗三藐三菩提心，得不退转；千亿众生，远尘离垢，得法眼净。

厌身品第七

尔时，弥勒菩萨摩诃萨即从座起，偏袒右肩，右膝着地，合掌恭敬，而白佛言："世尊！我等既悟出家菩萨摩诃萨厌离世间，住阿兰若，调伏其心，修无垢行。然此菩萨住空闲处，自于是身，应作何观？"

尔时，佛告弥勒菩萨言："善哉！善哉！善男子！汝为众生起大悲心，请问如来入圣智观妙行法门。汝当善听，今为汝说。"

"唯然世尊！愿乐欲闻。"

"善男子！出家菩萨住阿兰若，求阿耨多罗三藐三菩提时，四威仪中微细观察，是有漏身，三十七种不净秽恶，是不可爱，是不坚牢。当观此身犹如坯器，外以杂彩、金银七宝，巧饰庄严；内以粪秽种种不净，填塞充满，两肩担负，随器而行。其有见者，皆生爱乐，不知器中盛满不净。有六黑蛇，常在此器，一蛇随动，器即破坏，毒害臭恶，竟无所堪。世间之人庄严其身，如彼彩画盛不净器。贪嗔痴三，名为心病；风黄痰癊，名为身病。内外六病，能害身心，如彼六蛇居于器内，一一蛇动，器即破坏，一一病发，身即无常。善男子！出家菩萨处于空闲，观察是身，名为第一不净观相。

"出家菩萨于日夜中，又观自身臭秽不净犹如死狗。何以故？彼身亦是父母不净为生缘故。

"出家菩萨，又观自身，如蚁子台安住众蚁，时有白象来至台边，以身触台，台即崩碎。善男子！此台所谓五蕴之身，白象是为琰魔罗使。身归后世，如象坏台。

"出家菩萨，又观自身，而作是念：我今此身，从顶至足，皮肉骨髓共相和合，以成其身，犹如芭蕉，中无实故。

"出家菩萨，又观自身无有强力，皮肉薄覆如涂附墙，亿万毛发如草生地，微细风大，出入毛孔。谁有智者，当乐此身？刹那刹那衰败转故。

"出家菩萨，又观自身如养毒蛇而取其害，我今虽以饮食、衣服，资长是身，而不识恩，毕竟还令堕于恶道。

"出家菩萨，又观自身譬如怨家，诈作亲友，伺求其便，而将毒药断彼命根；我身如是，本非真实，终致无常，非圣爱故。

"出家菩萨，又观自身如水上泡，虽复妙好琉璃珠色，刹那因缘起灭无恒，有为念念不久住故。

"出家菩萨，又观自身如乾闼婆城，虽现相状而不实有；今者我身亦复如是。

"出家菩萨，又观自身犹如影像；我身亦尔，虽有非真。

"出家菩萨，又观自身譬如外国强盛怨敌；今者我身亦复如是，烦恼怨敌侵掠善根。

"出家菩萨，又观自身如朽舍宅，虽加修葺，当必崩坏；我身亦尔，虽加爱念，当必无常。

"出家菩萨，又观自身如近怨国，城邑人民常怀恐怖；今者我身亦复如是，于念念中，畏无常怨。

"出家菩萨，又观自身如无量薪为火烧爇，然是猛火曾无厌足；我身亦尔，以贪爱火，烧五欲薪，其心增长亦复如是。

"出家菩萨，又观自身如新生子，慈母怜愍，恒加守护；我身亦尔，若不守护，病之身心，即便不能有所修证。

"出家菩萨,又观自身,本性不净,譬如有人厌患炭色,设诸方便以水洗之,经无量时黑色仍旧,乃至炭尽终无所益;我身亦尔,有漏不净,假使海水尽未来际,洗之无益亦复如是。

"出家菩萨,又观自身如油泼薪,以火焚烧,又遇大风势不可止;是身亦尔,名五蕴薪,泼贪爱油,纵嗔恚火,愚痴风力无有休息。

"出家菩萨,观于自身犹如恶疾,四百四病所住处故。亦如大肠,八万四千虫所住故。是无常处,出息不还,即无常故。亦如非情,神识易脱,同瓦石故。亦如河水,刹那前后不暂住故。亦如压油,于一切事受劳苦故。无所依者,犹如婴儿失父母故。无救护者,犹如虾蟆蛇所吞故。如穴无底,心心所法不可知故。恒不知足,于五欲乐心无厌故。恒不自在,断常二见所系缚故。不生惭愧,虽蒙眷属养育弃舍生故。亦如死尸,于日夜分近灭坏故。唯受诸苦,于一切处无真乐故。为苦所依,一切众苦依身住故。如空聚落,于是身中无主宰故。毕竟空寂,遍计所执妄构画故。如谷中响,皆是虚妄所显现故。亦如船舶,若无船师即漂没故。亦如大车,运载财宝。何以故?乘于大乘到菩提故。

"善男子!出家菩萨,日夜观察,非不爱惜如是之身,欲令众生出生死海,到彼岸故。"

尔时，世尊说是法已，告弥勒菩萨摩诃萨言："善男子！修如是行，此则名为出家佛子所观法要。若有佛子发菩提心，为求阿耨多罗三藐三菩提，住阿兰若，修习如是三十七观，亦教他修如是法要，解说、书写、受持、读习，远离一切我我所执，永断贪着五欲世乐，速能成就不坏信心，求大菩提，不惜躯命，何况世间所有珍宝！现身必得究竟成满一切如来金刚智印，于无上道永不退转，六度万行速得圆满，疾成阿耨多罗三藐三菩提。"

尔时，会中八万四千新发意菩萨深厌世间，得大忍力，不复退转于无上道。百千婆罗门发菩提心，成熟信根，得不退转。三万六千善男子、善女人远离尘垢，得法眼净。

7 卷七

波罗蜜多品第八

尔时,弥勒菩萨摩诃萨白佛言:"世尊!以何因缘,殷勤称赞住阿兰若修菩萨行,而不称赞住于余处修菩萨行?如来一时在灵鹫山为诸菩萨广说法要,而作是言:'菩萨或时止淫女家,亲近屠者,示教利喜,无数方便,饶益众生,为说妙法,令入佛道。'世尊!今日为新发意所说妙法而不如是,然我等类,亲于佛前,得闻深法,无有疑惑。惟愿如来,为未来世求佛道者,演说甚深微妙真理,令菩萨行无复退转。"

尔时,佛告弥勒菩萨摩诃萨:"善男子!发阿耨多罗三藐三菩提心,求菩提道,有二菩萨,一者在家,二者出家。在家菩萨,为欲化导淫室、屠肆,皆得亲近;出家菩萨，则不如是。然此菩萨各有九品：上根三品，皆住兰若，无间精进，利益有情；中、下二根诸菩萨等，随宜所住，方处不定，或住兰若，或居聚落，随缘利益安隐众生。如是行门，汝应观察。

"复次，善男子！出家菩萨，修习佛道，已得无漏真实之法，随缘利乐一切有情。若有佛子，未得真智，住于兰若，要当亲近诸佛、菩萨；若有值遇真善知识，于菩萨行必不退转。以是因缘，诸佛子等，应当至心求见一佛及一菩萨。善男子！如是名为出世法要，汝等咸当一心修学。

"复次，善男子！出家菩萨，厌离世间，住阿兰若，省用功力，得圆满八万四千波罗蜜行，速证阿耨多罗三藐三菩提。所以者何？若舍名利住山林者，于身命财必无悋惜，永无系属，自然易满三种波罗蜜多。"

弥勒菩萨白佛言："世尊！住阿兰若，出家菩萨，不畜财富，以何因缘，能得圆满檀波罗蜜？"

佛告弥勒菩萨摩诃萨："善男子！住阿兰若，出家菩萨，入于聚落，所乞之食，先以少分施于众生，又以余分施于所欲，即得名为檀波罗蜜。以自身命供养三宝，头目髓脑施来求者，即得名为亲近波罗蜜。为求法者说出世法，令发无上菩提心故，即得名为真实波罗蜜。善男子！是名出家菩萨成就布施波罗蜜多。

"复次,善男子!出家菩萨,住阿兰若故,修十二头陀之行,若行步时,看二肘地,不损众生,即得名为持戒波罗蜜。坚持禁戒不惜躯命,即得名为亲近波罗蜜。为求出世,说法教化,令发无上菩提之心,即得名为真实波罗蜜。善男子!是名出家菩萨成就持戒波罗蜜多。

"复次,善男子!出家菩萨,住阿兰若,能灭嗔恚,得慈心三昧,亦无毁辱一切众生,即得名为忍辱波罗蜜。若为一人说一句法,令发阿耨多罗三藐三菩提心,即得名为真实波罗蜜。善男子!是名出家菩萨成就忍辱波罗蜜多。

"复次,善男子!出家菩萨,为令众生得成佛故,修精进行,未得成佛,福智羸弱,不贪安乐,不造众罪,于昔菩萨行苦行中,深生欢喜,翘敬宗仰,常无休息。以是因缘,即得名为精进波罗蜜。弃舍身命如捐洟唾,一切时中未尝懈怠,即得名为亲近波罗蜜。遇有缘者,说最上道,令趣无上正等菩提,即得名为真实波罗蜜。由精进心,如是十行,过去不退,现在坚固,未来速满。善男子!是名出家菩萨摩诃萨成就精进波罗蜜多。

"复次,善男子!出家菩萨,住阿兰若,修习三昧,为摄诸法令不散失,入诸解脱,永断边见,现于神通化彼众生,令得正智,断烦恼本,入真法界,悟如实道,当趣菩提。以是因缘,即得名为禅定波罗蜜。欲令众生如我无异，悉得满足，调伏有情，不舍三昧，不惜身命修此三昧，即得名为亲近波罗蜜。为诸众生说深妙法，皆令趣向无上菩提，即得名为真实波罗蜜。善男子！是名出家菩萨成就禅定波罗蜜多。

"复次，善男子！出家菩萨，处于空闲，亲近供养诸佛、菩萨一切智者，常乐听闻甚深妙法，心生渴仰，恒无厌足，善能分别二谛真理，断除二障，通达五明，说诸法要，能决众疑。以是因缘，即得名为般若波罗蜜。为求半偈，弃舍身命，不惮众苦，至大菩提，即得成就亲近波罗蜜。于大会中，为人说法，于深妙义无所秘惜，能令发起大菩提心，于菩萨行得不退转，常能观察我身、兰若及菩提心、真实法身，如是四种无有差别，如是如是观妙理故，即得名为真实波罗蜜。善男子！是名出家菩萨成就般若波罗蜜多。

"复次，善男子！出家菩萨，住空闲处，常能修习方便胜智波罗蜜多，以他心智能了有情意乐烦恼，心行差别，应病与药，悉令除差；自在游戏神通三昧，发大悲愿，成熟众生，诸佛之法无不通达。以是因缘，即得名为方便善巧波罗蜜多。为欲饶益诸众生故，于身命财都不固惜，即得名为亲近波罗蜜多。为诸众生怨亲平等，说微妙法，令入佛智，即得名为真实波罗蜜多。善男子！是名出家菩萨成就方便善巧波罗蜜多。

"复次，善男子！出家菩萨，入于山林，为诸众生常能修习愿波罗蜜，心恒观察诸法真性，非有非空中道妙理，于世俗事悉能辨了，为化有情恒修慈悲。以是因缘，即得名为愿波罗蜜。以四弘愿摄受众生，乃至舍身不坏悲愿，即得名为亲近波罗蜜。说微妙法，辩才无碍，若有听闻，毕竟不退，即得名为真实波罗蜜。善男子！是名出家菩萨成就愿波罗蜜多。

"复次，善男子！出家菩萨，住阿兰若，以正智力，善了有情心行黑白，能为众生说相应法，令入大乘甚深妙义，即能安住究竟涅槃。以是因缘，即得名为力波罗蜜。以正智眼，照见五蕴空寂之理，能舍身命利众生故，即得名为亲近波罗蜜。以妙智力，化邪见众，令断轮回生死恶业，趣向常乐究竟涅槃，即得名为真实波罗蜜。善男子！是名出家菩萨成就力波罗蜜多。

"复次，善男子！出家菩萨，住阿兰若，于一切法了知善恶，远离邪见，摄受正法，不厌生死，不乐涅槃，即得名为智波罗蜜。不爱自身，怜愍众生，于身命财恒修大舍，即得名为亲近波罗蜜。以微妙智，为诸众生说一乘法，令入阿耨多罗三藐三菩提。以是因缘，即得名为真实波罗蜜。善男子！是名出家菩萨成就智波罗蜜多。

"善男子！如是等波罗蜜多，以何义故，说为八万四千差别？汝等当知，为多贪者，分别演说二千一百波罗蜜多；为多嗔者，分别演说二千一百波罗蜜多；为多痴者，分别演说二千一百波罗蜜多；为等分者，分别演说二千一百波罗蜜多。善男子！于如是等二千一百波罗蜜多以为根本，转增十倍，遂成八万四千波罗蜜多。如是等法，皆利他行。

"善男子！若有众生，其性难调，闻是法已，心未调伏，即为宣说八万四千诸三昧门。如是妙法，皆自利行。

"若有众生，其性难调，闻是法已，心未调伏，即为宣说八万四千陀罗尼门。如是妙法，皆利他行。

"善男子！我为调伏一切有情说如是法，及以无数善巧方便，现种种相，教化众生。善男子！以是义故，一切人天，普称如来名为导师。

"善男子！未来、现在诸佛世尊，悉皆修习八万四千波罗蜜门、八万四千诸三昧门、八万四千陀罗尼门，永断八万四千微烦恼障、八万四千微所知障，皆诣兰若菩提树王，坐金刚座，入金刚定，降伏一切天魔怨已，证得阿耨多罗三藐三菩提。"

尔时，世尊欲重宣此义，而说偈言：

> 超过三界大法王，出现世间化群品；
> 恒河沙等诸菩萨，入佛甘露智慧门。

历劫得道慈氏尊，以大悲心而启问；
善哉无垢法王子，智慧能开真佛乘。
我以师子无畏辩，说大乘中趣觉路；
汝等一心善谛听，传授未来所应授。
十方世界可使空，无令断尽出世道；
将求解脱出世道，不过三根九品类。
上根三品居兰若，中下随缘化世间，
所求道果等无差，同证真如佛性海。
已获无漏真大士，随宜应现济群生；
开示有空不二门，自利利他无间断。
未得无漏诸佛子，应正勤修三种学；
善根回向施众生，一心专念佛菩萨。
愿我常睹佛菩萨，无边庄严功德身；
若使恒闻法雨音，普得同沾心不退。
以身常处于地狱，非不亲近大慈尊；
以身常处于轮回，非不亲闻微妙法；
以是因缘诸佛子，系心常念天人师。
若有佛子修圣道，发起无上菩提心，
厌世住于兰若中，亦得名修三种度。
每日自食先布施，兼将法宝施众生，
三轮清净是檀那，以此修因德圆满。
当知证获波罗蜜，惟由心净不由财，

若有染心施珍财，不如净心施少分。
财施即得名檀度，此波罗蜜非二三；
能施身命及妻子，如是得名亲近度。
若有求法善男子，为说一切大乘经；
令发无上菩提心，乃名真实波罗蜜。
慈悲净信具惭愧，摄受众生离于贪，
愿成如来无上智，财法二施名初度。
坚持菩萨三聚戒，开发菩提离生死，
拥护佛法住世间，能悔误犯真持戒。
伏嗔恚心慈悲观，当念宿因对怨害，
不惜躯命救众生，是名忍辱波罗蜜。
能行难行不暂舍，三僧祇劫常增进，
不共染污恒炼心，为度有情求解脱。
出入三昧得自在，变化神通游十方，
为断众生烦恼因，三摩地门求解脱。
若欲成就真智慧，亲近菩萨及如来，
乐闻出世妙理门，修达三明断二障。
能知众生心差别，随病与药令服行，
慈悲善巧应根宜，方便利生度群有。
观一切法真句义，不着中边离有无，
净智无间会真知，二利均平周法界。
智力能了众生性，为说相应种种法；

智力能入众生心，令断轮回生死本；
智力能分黑白法，随应取舍各了知；
生死涅槃本平等，成就有情离分别。
如是十种殊胜行，摄入八万四千中，
随其品类胜法门，乃名菩萨波罗蜜。
八万四千三摩地，能灭众生散乱心，
八万四千总持门，能除惑障销魔众。
大圣法王方便力，三种法要化众生，
教网垂于生死海，置彼人天安乐处。

尔时，世尊说是法时，八万四千忉利天子，断诸界障，证欢喜地；无数百千六欲天子，悟无生忍，得陀罗尼。十六大国王，得闻持陀罗尼；无量四众，闻菩萨行，或得不退地，或得三昧门，或得陀罗尼，或得大神通，或有菩萨证得三地乃至十地，踊跃欢喜；无量百千诸人天等，发阿耨多罗三藐三菩提心，不复退转；八千人天，远尘离垢，得法眼净。

功德庄严品第九

尔时，弥勒菩萨摩诃萨白佛言："世尊！如佛所说，住阿兰若功德成就，当得作佛。菩萨云何修诸功德而能住是阿兰若中？惟愿世尊为我解说。"

尔时，佛告弥勒菩萨摩诃萨言："汝善男子！当修学者，但有一德，是人应住阿兰若处，求无上道。云何为一？谓观一切烦恼根源即是自心，了达此法，堪能住止阿兰若处。所以者何？譬如狂犬被人驱打，但逐瓦石，不逐于人。未来世中住阿兰若新发心者亦复如是，若见色、声、香、味、触、法，其心染着，是人不知烦恼根本，不知五境从自心生，即此名为未能善住阿兰若处。以是因缘，乐住寂静，求无上道。

"一切菩萨摩诃萨等，若五欲境现前之时，观察自心，应作是念：我从无始至于今日，轮回六趣无有出期，皆自妄心而生迷倒，于五欲境贪爱染着。如是菩萨，名为堪住阿兰若处。若有人问，何等有情于未来世当得作佛？应指是人于当来世，出三界苦，破四魔军，速成菩提，入佛智慧，一切世间天龙八部、阿苏罗等皆应供养。若善男子及善女人，以清净心，供养如是住阿兰若真善佛子，所获福德无量无边。若复有人以众珍宝供养悲母，所获功德亦无差别。何以故？是人当得阿耨多罗三藐三菩提，转正法轮，度人天众，绍三宝种，使不断绝，当为众生作归依故。

"复次，善男子！有二种法系缚行者，令不堪任住阿兰若：一者爱乐断见邪法；二者爱乐财宝乐具。

"又善男子！有二种人不堪居住阿兰若处：一者具足

憍慢；二者恶大乘法。

"又善男子！有二种人不应居住阿兰若处：一者邪见不信佛语；二者身自破戒，策役持戒。如是等人，不应居住阿兰若处，求无上道。

"复次，善男子！具四种德，应当安住阿兰若处。云何为四？一者名闻总持不忘；二者分明能解妙义；三者正念常不放逸；四者随顺如教而行。善男子！若有佛子成就如是四种胜德，应当安住阿兰若处，修菩萨行，求无上道。

"复次，善男子！出家菩萨复有四德庄严自身，住阿兰若，求佛智慧。云何为四？一者大慈；二者大悲；三者大喜；四者大舍。善男子！如是四法，能生一切福德智慧，利益安乐无量众生，速证无上大菩提法。

"复次，善男子！出家菩萨复有四德，持戒清净，能至菩提。云何为四？一者恒住四无垢性；二者常行十二头陀；三者远离在家出家；四者永离谄、诳、嫉妒。善男子！一切菩萨依此四法，永离生死，得大菩提。（复次，善男子！出家菩萨复有四法，永离生死，得大菩提。）

"复次，善男子！出家菩萨复有四法，摄一切善。云何为四？一者净持禁戒，复有多闻；二者入诸三昧，能具智慧；三者得六神通，兼修种智；四者善巧方便，又不放逸。善男子！如是四法，三世菩萨共所修学，汝等佛子亦应修习，疾证广大无上菩提。

"复次，善男子！出家菩萨具四种法，于菩萨行得不退转。云何为四？一者布施；二者爱语；三者利行；四者同事。善男子！如是四行，趣菩提路，利生根本，一切菩萨皆应修学。

"复次，善男子！出家菩萨复具四德，住于兰若，持戒清净，庄严自身。云何为四？一者观察自无本性，伏断二执证无我故；二者他身亦无本性，于怨亲所离憎爱故；三者身心快乐，心心所法无分别故；四者得平等智，生死涅槃无差别故。善男子！如是四法，一切菩萨所应修习，汝等佛子亦当修习，远趣无上正等菩提。

"复次，善男子！一切菩萨复有四愿，成熟有情，住持三宝，经大劫海终不退转。云何为四？一者誓度一切众生；二者誓断一切烦恼；三者誓学一切法门；四者誓证一切佛果。善男子！如是四法，大小菩萨皆应修学，三世菩萨所学处故。

"复次，善男子！出家菩萨复有四法，住阿兰若，持戒清净。云何为四？一者爱乐空性，空所显故；二者得无恐怖，证三昧故；三者于诸众生，起大悲愿；四者于二无我，无厌背心。善男子！如是四法，一切菩萨入圣要门，依此四法断二障故。

"复次，善男子！出家菩萨复有四法，住阿兰若，善持禁戒，庄严其身。云何为四？一者永舍我见；二者舍我所见；三者离断常见；四者深能悟解十二因缘。善男子！如是四法，能除毁禁，守护净戒，庄严其身。

"复次，善男子！出家菩萨，住阿兰若，又观四法，能护禁戒，妙行增修，趣求佛智。云何为四？一者观察五蕴生灭；二者观十二处如空聚落；三者观十八界性同法界；四者于俗谛法无舍无着。善男子！如是四法，一切菩萨所应修学，是故佛子住阿兰若，一心修习，求无上道。

"复次，善男子！出家菩萨，住阿兰若，具足四种持戒清净，庄严自身。云何为四？一者成就不见身观；二者成就不见语观；三者成就不见意观；四者远离六十二见，善能成就一切智观。善男子！若有佛子成就如是四种清净，现身证获正性离生，乃至速证无上菩提。以是因缘，汝等佛子观如是等四种法门，断四恶道，证四涅槃，尽未来际，度诸有情，令证阿耨多罗三藐三菩提。

"复次，善男子！出家菩萨，住阿兰若，具足八种三昧清净，庄严自身。云何为八？一者独坐兰若三昧清净；二者远离绮语三昧清净；三者远离五欲三昧清净；四者调伏身心三昧清净；五者饮食知足三昧清净；六者远离恶求三昧清净；七者远离因声起爱三昧清净；八者为众说法不求利养三昧清净。善男子！应当修习，速证无上正等菩提。

"复次，善男子！出家菩萨，住阿兰若，复有八种智慧清净。云何为八？一者五蕴善巧智慧清净；二者十二处善巧智慧清净；三者十八界善巧智慧清净；四者二十二根善巧方便智慧清净；五者三解脱门善巧方便智慧清净；六者能灭一切烦恼善巧方便智慧清净；七者能灭随烦恼善巧方便智慧清净；八者能灭六十二见善巧方便智慧清净。善男子！如是八种智慧清净，汝等菩萨当勤修习，速证无上正等菩提。

"复次，善男子！出家菩萨，住阿兰若，复有八种神通清净，庄严自身。云何为八？一者于诸色法，得无障碍天眼善巧方便神通清净；二者于诸声境，得无障碍天耳善巧方便神通清净；三者于诸众生心心所法，得无障碍他心智善巧方便神通清净；四者忆念过去生处死处，得无障碍宿住智善巧方便神通清净；五者能往十方无数佛刹，得无障碍神境智善巧方便神通清净；六者能知众生漏尽未尽，得无障碍漏尽智善巧方便神通清净；七者能灭一切烦恼，得无障碍无漏智善巧方便神通清净；八者现见自身一切善根，回向众生善巧方便神通清净。善男子！如是八种神通清净，十方菩萨同所修学，汝等菩萨亦应修习，速证无上正等菩提。

"复次，善男子！出家菩萨，住阿兰若，现身获得八种清净。云何为八？一者身业清净；二者语业清净；三者意业清净；四者正性清净；五者正念清净；六者头陀清净；七者离谄清净；八者一念不忘菩提心清净。善男子！若有佛子，住阿兰若，具足如是八种清净，现身成就无边善根，不复退转阿耨多罗三藐三菩提。

"复次，善男子！出家菩萨复有八种多闻清净，庄严自身。云何为八？一者尊敬和上阿阇梨多闻清净；二者远离憍慢生谦下心多闻清净；三者精进勇猛多闻清净；四者安住正念多闻清净；五者为求法者说甚深义多闻清净；六者不爱自赞毁他多闻清净；七者常能观察一切善法多闻清净；八者听闻正法如说修行多闻清净。善男子！如是八种多闻清净，汝等菩萨皆应修习，速证无上正等菩提。"

尔时，世尊说如是等菩萨行已，告弥勒菩萨摩诃萨言："善男子！我涅槃后，后五百岁法欲灭时，无量众生厌离世间，渴仰如来，发阿耨多罗三藐三菩提心，入阿兰若，为无上道修习如是菩萨愿行，于大菩提得不退转。如是发心无量众生，命终上生睹史天宫，得见汝身无边福智之所庄严，超越生死，证不退转。于当来世，大宝龙华菩提树下，得阿耨多罗三藐三菩提。"

尔时，世尊说是法时，二万五千新发意菩萨，于菩提行将欲退转，闻如是法，发坚固心，超十信位至第六位。三万八千净行婆罗门，永断邪见，得大法忍及陀罗尼。七万六千人，皆发无等等阿耨多罗三藐三菩提心。

8 卷八

观心品第十

尔时，文殊师利菩萨摩诃萨即从座起，整衣服，偏袒右肩，右膝着地，曲躬合掌，白佛言："世尊！如佛所说，告妙德等五百长者：'我为汝等敷演心地微妙法门。'而此道场无量无边人天大众皆生渴仰，我今为是启问如来，云何为心？云何为地？惟愿世尊，无缘大慈，无碍大悲，为诸众生分别演说，未离苦者令得离苦，未安乐者令得安乐，未发心者令得发心，未证果者令得证果，同于一道，而得涅槃。"

尔时，薄伽梵以无量劫中修诸福智，所获清净决定胜法大妙智印，印文殊师利言："善哉！善哉！汝今真是三世佛母，一切如来在修行地，皆曾引导初发信心。以是因缘,十方国土成正觉者,皆以文殊而为其母。然今汝身,以本愿力,现菩萨相,请问如来不思议法。谛听!谛听!善思念之!吾当普为分别解说。"

"唯然世尊!我等乐闻。"

尔时,薄伽梵妙善成就一切如来最胜住持平等性智,种种希有微妙功德;已能善获一切诸佛决定胜法大乘智印;已善圆证一切如来金刚秘密殊胜妙智;已能安住无碍大悲,自然救摄十方有情;已善圆满妙观察智,不观而观,不说而说。是薄伽梵告诸佛母无垢大圣文殊师利菩萨摩诃萨言:"大善男子!此法名为十方如来最胜秘密心地法门。此法名为一切凡夫入如来地顿悟法门。此法名为一切菩萨趣大菩提真实正路。此法名为三世诸佛自受法乐微妙宝宫。此法名为一切饶益有情无尽宝藏。此法能引诸菩萨众到色究竟自在智处。此法能引诣菩提树后身菩萨真实导师。此法能雨世出世财,如摩尼宝,满众生愿。此法能生十方三世一切诸佛功德本源。此法能消一切众生诸恶业果。此法能与一切众生所求愿印。此法能度一切众生生死险难。此法能息一切众生苦海波浪。此法能救苦恼众生而作急难。此法能竭一切众生老病死海。此法善能出生诸佛因缘种子。此法能与生死长夜为大智炬。此法能破四魔兵众而作甲胄。此法即是正勇猛军战胜旌旗。此法即是一切诸佛无上法轮。此法即是最胜法幢。此法即是击大法鼓。此法即是吹大法螺。此法即是大师子王。此法即是大师子吼。此法犹如国大圣王，善能正治，若顺王化，获大安乐；若违王化，寻被诛灭。

"善男子！三界之中以心为主，能观心者究竟解脱，不能观者永处缠缚，譬如万物皆从地生。如是心法，生世、出世善恶五趣、有学、无学、独觉、菩萨及于如来。以是因缘，三界唯心，心名为地。

"一切凡夫亲近善友，闻心地法，如理观察，如说修行，自作教他，赞励庆慰。如是之人，能断二障，速圆众行，疾得阿耨多罗三藐三菩提。"

尔时，大圣文殊师利菩萨白佛言："世尊！如佛所说，唯将心法为三界主。心法本元不染尘秽，云何心法染贪、嗔、痴？于三世法，谁说为心？过去心已灭，未来心未至，现在心不住。诸法之内，性不可得，诸法之外，相不可得，诸法中间，都不可得。心法本来无有形相，心法本来无有住处。一切如来尚不见心，何况余人得见心法！一切诸法从妄想生。以是因缘，今者世尊为大众说三界唯心，愿佛哀愍，如实解说。"

尔时，佛告文殊师利菩萨言："如是！如是！善男子！如汝所问，心心所法本性空寂。我说众喻，以明其义。

"善男子！心如幻法，由遍计生，种种心想受苦乐故。心如水流,念念生灭,于前后世不暂住故。心如大风,一刹那间历方所故。心如灯焰,众缘和合而得生故。心如电光,须臾之顷不久住故。心如虚空,客尘烦恼所覆障故。心如猿猴,游五欲树不暂住故。心如画师,能画世间种种色故。心如僮仆,为诸烦恼所策役故。心如独行,无第二故。心如国王,起种种事得自在故。心如怨家,能令自身受大苦故。心如埃尘,坌污自身生杂秽故。心如影像,于无常法执为常故。心如幻梦,于我法相执为我故。心如夜叉,能啖种种功德法故。心如青蝇,好秽恶故。心如杀者,能害身故。心如敌对,常伺过故。心如盗贼,窃功德故。心如大鼓,起斗战故。心如飞蛾,爱灯色故。心如野鹿,逐假声故。心如群猪,乐杂秽故。心如众蜂,集蜜味故。心如醉象,耽牝触故。

"善男子!如是所说心心所法,无内、无外,亦无中间,于诸法中求不可得,去、来、现在亦不可得,超越三世非有非无,常怀染着,从妄缘现,缘无自性,心性空故。如是空性,不生不灭,无来无去,不一不异,非断非常,本无生处,亦无灭处,亦非远离非不远离。如是心等不异无为,无为之体不异心等,心法之体本不可说,非心法者亦不可说。何以故?若无为是心,即名断见;若离心法,即名常见。永离二相,不着二边,如是悟者名见真谛。悟真谛者,名为贤圣。一切贤圣性本空寂，无为法中戒无持犯，亦无大小，无有心王及心所法，无苦无乐。如是法界，自性无垢，无上、中、下差别之相。何以故？是无为法性平等故。如众河水流入海中，尽同一味，无别相故。此无垢性，非实非虚；此无垢性，是第一义，无尽灭相，体本不生；此无垢性，常住不变，最胜涅槃，我所净故；此无垢性，远离一切平等不平等，体无异故。若有善男子、善女人，欲求阿耨多罗三藐三菩提者，应当一心修习如是心地观法。"

尔时，世尊欲重宣此义，而说偈言：

三世觉母妙吉祥，请问如来心地法；
我今于此大会众，开演成佛观行门。
此法难遇过优昙，一切世间应渴仰；
十方诸佛证大觉，无不从此法修成。
我是无上调御师，转正法轮周世界；
化度无量诸众生，当知由悟心地观。
一切有情闻此法，欣趣菩提得授记；
一切有缘得记人，修此观门当作佛。
诸佛自受大法乐，住心地观妙宝宫；
受职菩萨悟无生，观心地门遍法界。
后身菩萨坐觉树，入此观行证菩提；
此法能雨七圣财，满众生愿摩尼宝。

此法名为佛本母，出生三世三佛身；
此法名为金刚甲，能敌四众诸魔军。
此法能作大舟船，令渡中流至宝所；
此法最胜大法鼓，此法高显大法幢，
此法金刚大法螺，此法照世大法炬；
此法犹如大圣主，赏功罚过顺人心；
此法犹如沃润田，生成长养依时候；
我以众喻明空义，是知三界唯一心。
心有大力世界生，自在能为变化主；
恶想善心更造集，过现未来生死因。
依止妄业有世间，爱非爱果恒相续；
心如流水不暂住，心如飘风过国土。
亦如猿猴依树戏，亦如幻事依幻成，
如空飞鸟无所碍，如空聚落人奔走。
如是心法本非有，凡夫执迷谓非无，
若能观心体性空，惑障不生便解脱。

尔时，如来于诸众生起大悲心，犹如父母爱念一子，为灭世间大力邪见，利益安乐一切有情，宣说观心陀罗尼曰：

唵一室佗二波罗二合底三吠惮四迦卢弭五

尔时，如来说真言已，告文殊师利菩萨摩诃萨："如是神咒，具大威力，若有善男子、善女人，持此咒时，举清净手，左右十指更互相叉，以左押右，更相坚握如缚着形，名金刚缚印。成此印已，习前真言，盈满一遍，胜于读习十二部经，所获功德无有限量，乃至菩提不复退转。"

发菩提心品第十一

尔时，薄伽梵已能善获一切如来灌顶宝冠超过三界，已得圆满陀罗尼自在，已善圆证三摩地自在，妙善成熟一切智智、一切种智，能作有情种种差别。是薄伽梵，为诸众生宣说观心妙门已，告文殊师利菩萨摩诃萨言："大善男子！我为众生已说心地，亦复当说发菩提心大陀罗尼，令诸有情发阿耨多罗三藐三菩提心，速圆妙果。"

尔时，文殊师利菩萨白佛言："世尊！如佛所说，过去已灭，未来未至，现在不住，三世所有一切心法本性皆空。彼菩提心，说何名发？善哉！世尊！愿为解说，断诸疑网，令趣菩提。"

佛告文殊师利："善男子！诸心法中起众邪见，为欲除断六十二见种种见故，心心所法我说为空，如是诸见无依止故。譬如丛林蒙密茂盛，师子、白象、虎狼恶兽，潜住其中，毒发害人，迥绝行迹。时有智者以火烧林，因林空故，诸大恶兽无复遗余；心空见灭亦复如是。

"又善男子！以何因缘，立空义耶？为灭烦恼从妄心生，而说是空。善男子！若执空理为究竟者，空性亦空，执空作病，亦应除遣。何以故？若执空义为究竟者，诸法皆无因无果，路伽耶陀有何差别？善男子！如阿伽陀药，能疗诸病，若有病者服之必差，其病既愈，药随病除；无病服药，药还成病。

"善男子！本设空药，为除有病，执有成病，执空亦然。谁有智者，服药取病？

"善男子！若起有见，胜起空见，空治有病，无药治空。

"善男子！以是因缘，服于空药，除邪见已，自觉悟心，能发菩提。此觉悟心，即菩提心，无有二相。

"善男子！自觉悟心，有四种义。云何为四？谓诸凡夫有二种心，诸佛、菩萨有二种心。善男子！凡夫二心，其相云何？一者眼识乃至意识，同缘自境，名自悟心；二者离于五根，心心所法和合缘境，名自悟心。善男子！如是二心，能发菩提。善男子！贤圣二心，其相云何？一者观真实理智；二者观一切境智。善男子！如是四种名自悟心。"

尔时，文殊师利菩萨白佛言："世尊！心无形相，亦无住处。凡夫行者最初发心，依何等处？观何等相？"

佛言："善男子！凡夫所观菩提心相，犹如清净圆满月轮，于胸臆上明朗而住。若欲速得不退转者，在阿兰若及空寂室，端身正念，结前如来金刚缚印，冥目观察臆中明月，作是思维：是满月轮五十由旬，无垢明净，内外澄澈，最极清凉。月即是心，心即是月。尘翳无染，妄想不生，能令众生身心清净，大菩提心坚固不退。结此手印，持念观察大菩提心微妙章句，一切菩萨最初发心清净真言：

唵一菩地二室多三牟致波四陀耶五弭六

"此陀罗尼具大威德，能令行者不复退转。去、来、现在一切菩萨在于因地初发心时，悉皆专念持此真言，入不退地，速圆正觉。善男子！时彼行者端身正念，都不动摇，系心月轮，成熟观察，是名菩萨观菩提心成佛三昧。

"若有凡夫修此观者，所起五逆、四重、十恶及一阐提，如是等罪，尽皆消灭，即获五种三摩地门。云何为五？一者刹那三昧，二者微尘三昧，三者白缕三昧，四者起伏三昧，五者安住三昧。

"云何名为刹那三昧？谓暂想念满月而住，譬如猕猴身有所系，远不得去，近不得停，唯困饥渴，须臾住止；凡夫观心亦复如是，暂得三昧，名为刹那。

"云何名为微尘三昧？谓于三昧少分相应，譬如有人常自食苦，未曾食甜，于一时中，得一虚蜜，到于舌根，增胜欢喜，倍生踊跃，更求多蜜。如是行者，经于长劫食众苦味，而今得与甘甜三昧少分相应，名为微尘。

"云何名为白缕三昧？谓凡夫人，自无始时，尽未来际，今得此定，譬如染皂，多黑色中，见一白缕。如是行者，于多生死黑暗夜中，而今方得白净三昧，名之为缕。

"云何名为起伏三昧？所谓行者观心未熟，或善成立、未善成立，如是三昧犹称低昂，名为起伏。

"云何名为安住三昧？修前四定，心得安住，善能守护，不染诸尘。如人夏中，远涉沙碛，备受炎毒，其心渴乏，殆无所堪，忽得雪山甘美之水、天酥陀等，顿除热恼，身意泰然，是故三昧名为安住。入此定已，远离惑障，发生无上菩提之芽，速登菩萨功德十地。"

尔时，会中无量人天闻此甚深诸菩萨母不可思议大陀罗尼已，九万八千诸菩萨等证欢喜地，无量众生发阿耨多罗三藐三菩提心。

成佛品第十二

尔时，薄伽梵能善安住清净法界，三世平等，无始无终，不动凝然，常无断尽，大智光明普照世界，善巧方便变现神通，化十方土靡不周遍。是薄伽梵告文殊师利菩萨摩诃萨言："瑜伽行者观月轮已，应观三种大秘密法。云何为三？一者心秘密；二者语秘密；三者身秘密。

"云何名为心秘密法？瑜伽行者观满月中，出生金色五钴金刚，光明焕然犹如镕金，放于无数大白光明。以是观察，名心秘密。

"云何名为语言秘密？

唵-地室多二合婆尔罗三合

"此陀罗尼具大威力，一切菩萨成佛真言，是故名为语言秘密。

"云何名为身秘密法？于道场中端身正念，手结引导无上菩提最第一印，安置胸臆心月轮中。善男子！我当为汝说其印相，先以左右二大拇指，各入左右手掌之内，各以左右头指、中指及第四指，紧握拇指，作于手拳，即是坚牢金刚拳印。次不改拳，舒右头指直竖虚空，以其左拳着于心上，右拳小指紧握左拳头指一节，次以右拳头指之头，即指左拳拇指一节，亦着心前，是名引导无上菩提第一智印，亦名能灭无明黑暗大光明印。以结此印加持力故，十方诸佛摩行者顶，受大菩提胜决定记，是大毗卢遮那如来无量福聚大妙智印。

"尔时，行者结此印已，即作此观：一切有情共结此印持念真言，十方世界无三恶道、八难苦果，同受第一清净法乐。我今首上有大宝冠，其天冠中，五佛如来结跏趺坐。我是毗卢遮那如来，圆满具足三十二相、八十种好，放大光明照十方界，利益安乐一切众生。如是观察，名入毗卢遮那如来最胜三昧。譬如有人悟迦卢微妙观门，自作是观：我身即是金翅鸟王，心、意、语言亦复如是。以此观力，能消毒药，一切恶毒不能为害。凡夫行者亦复如是，作降伏坐，身不动摇，手结智印，密念真言，心入此观，能灭三毒，消除业障，增长福智，世出世愿速得圆满，八万四千诸烦恼障不能现起，恒河沙等所知重障渐渐消灭，无漏大智能断金刚般若波罗蜜现前圆满，速得阿耨多罗三藐三菩提。"

尔时，文殊师利菩萨白佛言："希有世尊！希有善逝！如来出世过优昙华，假使出世说是法难，如是心地三种秘密无上法轮，实能利乐一切众生，入如来地及菩萨地真实正路。若有众生不惜身命修行此法，速证菩提。"

尔时，佛告文殊师利菩萨言："若有善男子、善女人，欲得修习三种秘密成佛妙门，早获如来功德身者，当着菩萨三十二种大金刚甲，修此妙观，必证如来清净法身。

"云何名为三十二甲？一者于无量劫为众生故，不厌生死,受苦大甲。二者誓度无量有情乃至蝼蚁,不舍大甲。三者觉悟众生生死长梦,安置三种,秘密大甲。四者拥护佛法,于一切时,犹如响应,护法大甲。五者永灭能起有无二见一切烦恼,金刚大甲。六者头目、髓脑、妻子、珍宝,有来求者,能舍大甲。七者家中所受一切乐具,永不贪着,能施大甲。八者能持菩萨三聚净戒,终不舍离,头陀大甲。九者着忍辱衣,遇诸违缘、毁骂、鞭打,不报大甲。十者教化所有一切缘觉、声闻,令趣一乘,回心大甲。十一者譬如大风昼夜不歇,度诸有情,精进大甲。十二者身心寂静,口无过犯,修行解脱三昧大甲。十三者生死涅槃无有二见,饶益众生,平等大甲。十四者无缘大慈,利益群品,恒无厌舍,与乐大甲。十五者无碍大悲,救摄一切,无有限量,拔苦大甲。十六者于诸众生无有怨结,恒作饶益,大喜大甲。十七者虽行苦行,不惮劬劳,恒无退转,大舍大甲。十八者有苦众生来菩萨所,代彼受苦,不厌大甲。十九者如观掌中阿摩勒果,如是能见,解脱大甲。二十者见五蕴身如旃陀罗,损害善事,无着大甲。二十一者见十二入如空聚落,常怀恐怖,厌舍大甲。二十二者见十八界犹如幻化,无有真实,大智大甲。二十三者见一切法同于法界,不见众相,证真大甲。二十四者掩他人恶,不藏己过,厌离三界,出世大甲。二十五者如大医王应病与药,菩萨随宜，演化大甲。二十六者见彼三乘体本不异，究竟回心，归一大甲。二十七者绍三宝种使不断绝，转妙法轮，度人大甲。二十八者佛于众生有大恩德，为报佛恩，修道大甲。二十九者观一切法本性空寂，不生不灭，无垢大甲。三十者悟无生忍，得陀罗尼，乐说辩才，无碍大甲。三十一者广化有情，坐菩提树，令证佛果，一味大甲。三十二者一刹那心般若相应，悟三世法，无余大甲。是名菩萨摩诃萨三十二种金刚大甲。文殊师利菩萨！若有善男子、善女人，身被如是金刚甲胄，当勤修习三种秘密，于现世中具大福智，速证无上正等菩提。"

尔时，大圣文殊师利菩萨摩诃萨及诸大众，闻佛所说三种秘密心地妙法及三十二金刚甲胄，一切菩萨所应学处，各脱无价璎珞宝衣，供养毗卢遮那如来及十方尊，而赞佛言："善哉！善哉！薄伽梵演说无边菩萨行愿，利益安乐一切众生，舍凡夫身，使入佛地。今者我等海会大众，为报佛恩，不惜身命，为诸众生，遍诸佛土分别演说此微妙法，受持、读诵、书写、流布，令不断绝，惟愿如来，遥垂护念！"

尔时，大会闻此妙法，得大饶益。不可称计无数菩萨，各得证悟不退转位；一切人天，皆获胜利，乃至五趣一切有情，断诸重障，得无量乐，悉皆当得阿耨多罗三藐三菩提。

嘱累品第十三

尔时，释迦牟尼如来告文殊师利菩萨等阿僧祇海会大众言："我于无量那庾多百千大劫，不惜身命，头目、手足、血肉、骨髓、妻子、国城、一切珍宝，有来求者，悉用布施，修习百千难行苦行，获证大乘心地观门。今以此法，付嘱汝等。当知此甚深经，十方三世无上十力之所宣说。

"如是经宝最极微妙，能为有情一切利乐，于此三千大千世界、十方诸佛国土之中，所有无边诸有情类，傍生、饿鬼、地狱众生，由此《大乘心地观经》殊胜功德威神之力，令离诸苦，得受安乐。如是经力福德难思，能令所在国土丰乐，无诸怨敌。譬如有人得如意珠，置于家中，能生一切殊妙乐具；此妙经宝亦复如是，能与国界无尽安乐。

"亦如三十三天末尼天鼓，能出种种百千音声，令彼天众受诸快乐；此经法鼓亦复如是，能令国界最胜安乐。以是因缘，汝等大众住大忍力，流通此经。"

尔时，文殊师利菩萨白佛言："世尊！希有如来！希有善逝！乃说甚深《大乘微妙心地观经》，能广利益大乘行者。唯然世尊！实为深妙。若有善男子、善女人，能持此经，乃至一四句偈，如是之人得几所福？"

尔时，薄伽梵告文殊师利菩萨言："若有善男子、善女人，于恒河沙三千大千世界，满中七宝以用供养十方诸佛，为一一佛造立精舍，七宝庄严，安置供养佛及菩萨，满恒沙劫，彼诸如来所有无量声闻弟子亦以供养一切所须，如供养佛等无差别，如是诸佛及声闻等般涅槃后，起大宝塔，供养舍利。若善男子、善女人暂闻信解此《心地经》一四句偈，发菩提心、受持、读念、解说、书写，乃至极少为一人说。以彼种种供养功德，比此说经所获功德，十六分中不及其一，乃至算数譬喻所不能及，况能具足受持、读习、广为人说，所得福利不可限量！

"若有女人发菩提心，受持、读习、书写、解说此《心地经》，如是女人为最后身，更不复受，不堕恶道八难之处，于现身中感得十种胜利之福：一者增益寿命；二者除众病恼；三者能灭业障；四者福智倍增；五者不乏资财；六者皮肤润泽；七者为人爱敬；八者得孝养子；九者眷属和睦；十者善心坚牢。

"文殊师利！在在处处，若读、若讽、若解说、若书写，经卷所住之处即是佛塔，一切天人非人等，应以人中天上上妙珍宝而供养之。所以者何？若此经典所在之处，即为有佛及诸菩萨、缘觉、声闻。何以故？一切如来修行此经，舍凡夫已，得阿耨多罗三藐三菩提。一切贤圣，皆从此经得解脱故。

"文殊师利！我涅槃后后五百岁，法欲灭时，若有法师受持、读习、解说、书写此《心地经》众经中王，如是法师与我无异。若有善男子、善女人，供养尊重此法师者，即为供养十方三世一切诸佛，所得福德平等无二，是名真法供养如来，如是名为正行供养。所以者何？是大法师，在无佛时，为浊恶世邪见有情，演说甚深《心地经》王，使离恶见，趣菩提道，广宣流布，令法久住，如是名为无相好佛，一切人天所应供养。

"若有善男子、善女人，合掌恭敬此法师者，我受无上大菩提记，是人当得阿耨多罗三藐三菩提。若人得闻此《心地经》，为报四恩，发菩提心，若自书，若使人书，若读念通利，如是人等所获福德，以佛智力筹量多少不得其边，是人名为诸佛真子。一切诸天梵王、帝释、四大天王、诃利底母五百眷属，儞罗跋多大鬼神王、龙神八部、一切听法诸鬼神等，昼夜不离，常当拥护。如是佛子，增长念慧与无碍辩，教化众生，令种佛因。

"文殊师利！如是善男子、善女人，临命终时，现前得见十方诸佛，三业不乱，初获十种身业清净。云何为十？一者身不受苦；二者目睛不露；三者手不掉动；四者足无伸缩；五者便溺不遗；六者体不汗流；七者不外扪摸；八者手拳舒展；九者颜容不改；十者转侧自如。

由经力故,有如是相。

"次获十种语业清净。云何为十?一者出微妙语;二者出柔软语;三者出吉祥语;四者出乐闻语;五者出随顺语;六者出利益语;七者出威德语;八者不背眷属;九者人天敬爱;十者赞佛所说。如是善语,皆由此经。

"次获十种意业清净。云何为十?一者不生嗔恚;二者不怀结恨;三者不生悭心;四者不生妒心;五者不说过恶;六者不生怨心;七者无颠倒心;八者不贪众物;九者远离七慢;十者疾欲证得一切佛法圆满三昧。

"文殊师利!如是功德,皆由受持、读习、通利解说、书写深妙经典难思议力。此《心地经》,于无量处、于无量时不可得闻,何况得见具足修习!汝等大会一心奉持,速舍凡夫,当成佛道。"

尔时,文殊师利法王子等无量大菩萨、智光菩萨等新发意菩萨、阿若憍陈如等诸大声闻、天龙八部、人非人众,各各一心受持佛语,皆大欢喜,信受奉行。

(选自无漏室印经组出版·圆香居士语译《大乘本生心地观经》)

今　译

1　卷一

法会盛况及说法因缘

这部《大乘本生心地观经》，是我阿难亲自听佛陀说的，现在照样复说。

有一天，佛陀在王舍城耆阇崛山中，升座说法，当时参加法会的，有大比丘三万二千人，他们都是已证圣果的阿罗汉，心中没有任何挂碍，不再受贪爱的束缚；智慧明澈，没有任何障蔽；以自利方面说，所应做的都做了，已经功行圆满，舍弃了一切生死重担，解除了一切生死症结，获得自由自在，常安住于清净的禁戒中，不会稍有违犯，以善巧方便、智慧，美化自己的人生，亲自证到八种解脱，超越了生死苦海，踏上了觉悟的彼岸。他们是长老阿若憍陈如、阿史波室多、摩诃那摩、波帝利迦、摩诃迦叶、憍梵波提、罗波多、优楼频螺迦叶、那提迦叶、伽耶迦叶、舍利弗、大目犍连、摩诃迦旃延、摩诃迦毗那、真提那、富楼那弥多罗尼子、阿尼楼驮、微妙臂、须菩提、薄拘罗陀、孙陀罗难陀、罗睺罗等，这些长老阿罗汉及尚在学地的阿难陀等，都各偕若干百千眷属，向佛顶礼后，退坐一侧，恭候佛陀说法。

另有很多大菩萨，也在座听法，他们都是一生候补佛位的大法王子，具有很大的威德，像大龙王一样，百福圆满；身放光明，犹如千日同时普照，能破除一切昏暗；智慧澄澈，胜过大海，已能分明了解佛陀的秘密境界；高举着大法的火炬，引导迷茫的众生，走向正觉的坦途；在生死海中，做大船师，济度众生，使同登彼岸；他们怜爱众生，就像爱护自己的婴儿一般，不论任何时候，常常使众生能得到安乐。他们的名声，远播十方。以微妙的神通力，自由自在地游戏于十方世界，化度众生，并通达一切总持法门，具备了四种无碍辩才，能随意圆满成就大愿，能巧妙地自由成就各种事业，随时随地可自在地入于正定，能随心所欲，圆满福德，常为众生不请自来的善友。无量劫以来，都精进不懈，勤苦地修习布施、持戒、忍辱、精进、禅定、智慧六度，曾一一奉侍十方诸佛。虽然断除了一切烦恼，但不愿独自安住寂然清净的涅槃境界，常至无佛世界，演说深妙大法，化导众生。能折服一切外道，消弭他们的邪恶心念，拔除他们执着断见与常见的原因，令生正见。这样的奔波济度众生，却没有往来奔波的形迹。这正是无心庄严十方佛土，而自然庄严了十方佛土，不说而说，妙理寂然，以无所住而住，广度人天大众，同时享受湛然常寂的广大法乐。以精进为甲，以智慧为剑，破魔众而击法鼓，身常遍坐一切道场。吹大法螺，以觉悟各类众生，使一切众生，普皆蒙受利益。凡听到这些菩萨名号的，或见到这些菩萨身相的，都不会空过。因为他们具备了天眼、宿命、漏尽的三达智，明了过去、现在、未来的三世因果，善知各类众生的根机利钝，能够对症下药，使不再生疑惑。布大法云，澍甘露法雨，转不退转智印法轮，封闭生地狱之路，开启清净涅槃之门，发大誓愿，要尽未来际，度脱群生。这些大菩萨，不久都当得阿耨多罗三藐三菩提。

他们的名字是：无垢菩萨、弥勒菩萨、狮子吼菩萨、妙吉祥菩萨、维摩诘菩萨、观自在菩萨、得大势菩萨、金刚藏王菩萨、地藏王菩萨、虚空藏王菩萨、陀罗尼自在王菩萨、三昧自在王菩萨、妙高山王菩萨、大海深王菩萨、妙辩严王菩萨、欢喜高王菩萨、大神变王菩萨、法自在王菩萨、清净雨王菩萨、药王菩萨、药上菩萨、疗烦恼病菩萨、宝山菩萨、宝财菩萨、宝上菩萨、宝德菩萨、宝藏菩萨、宝积菩萨、宝手菩萨、宝印手菩萨、宝光菩萨、宝施菩萨、宝幢菩萨、大宝幢菩萨、宝雨菩萨、宝达菩萨、宝杖菩萨、宝髻菩萨、宝吉祥菩萨、宝自在菩萨、栴檀香菩萨、大宝炬菩萨、大宝严菩萨、日光菩萨、月光菩萨、星光菩萨、火光菩萨、电光菩萨、能施念慧菩萨、破魔菩萨、胜魔菩萨、常精进菩萨、不休息菩萨、不断大愿菩萨、大名称菩萨、无碍辩才菩萨、无碍转法轮菩萨等大菩萨，各各偕同若干百千眷属。

同时参加法席的，还有亿万六欲天子，他们是：善住天子、威德天子、普光天子、清净慧天子、吉祥天子、大吉祥天子、自在天子、大自在天子、日光天子、月光天子等，如是等天子，以释提桓因而为上首，并各偕若干百千眷属俱。他们都深深爱乐大乘妙法，愿追随侍奉三世如来，入于不可思议的秘密境界，庄严一切佛陀的道场。

还有如恒河沙数的色界天子，他们的名字是：大光普照天子、无垢庄严天子、神通游戏天子、三昧自在天子、陀罗尼自在天子、大那罗延天子、圆满上愿天子、无碍辩才天子、吉祥福慧天子、常发大愿天子，如是等天子，以光明大梵天王而为上首。他们都具备了三昧神通，乐说辩才，曾经历事诸佛。不论过去、现在、未来三世如来，在菩提树下，坐金刚座，破魔军后，证菩提道果时，他们都遍至众会道场，最先劝请如来演说妙法，开甘露门，度人天大众；自己也善体悟诸佛的秘密意趣，于菩提道上，永远不会再退转。他们都各偕若干百千眷属，参加法会。

还有很多很多的大龙王，也各率领若干百千眷属，参加法会。如摩那斯龙王、德叉迦龙王、难陀龙王、跋难陀龙王、阿耨达池龙王、大金面龙王、如意宝珠龙王、雨妙珍宝龙王、常澍甘雨龙王、有大威德龙王、强力自在龙王等，如是等龙王，以娑竭罗龙王为首。他们都爱乐大乘妙法，皆发大誓愿，永远恭敬护持三宝。

还有五万八千药叉神，如大师子王药叉神、转轮光照药叉神、妙那罗延药叉神、甚可怖畏药叉神、莲华光色药叉神、诸根美妙药叉神、外护正法药叉神、供养三宝药叉神、雨众珍宝药叉神、摩尼钵罗药叉神，这些药叉神，以僧慎尔邪药叉神为首。他们都具备了难以思议的智光、难以思议的智炬、难以思议的智行、难以思议的智聚，能制伏恶鬼，使众生获得安乐，增延福德智慧，也能守护大乘妙法，不让断绝。这些药叉神，也各偕有若干百千眷属，一同参与法会。

还有八万九千乾闼婆王，也各偕若干百千眷属等，参与了法会。如顶上宝冠乾闼婆王、普放光明乾闼婆王、金刚宝幢乾闼婆王、妙音清净乾闼婆王、遍至众会乾闼婆王、普现诸方乾闼婆王、爱乐大乘乾闼婆王、转不退轮乾闼婆王,这些乾闼婆王等,以诸根清净乾闼婆王为首。他们都对大乘佛法,深深地爱乐恭敬,为了利乐众生,永不会懈怠,也不会感到厌倦。

还有千亿阿修罗王,也各偕同若干百千眷属与会。如罗睺罗阿修罗王、毗摩质多阿修罗王、出现威德阿修罗王、大坚固力阿修罗王、美妙音声阿修罗王、光明遍照阿修罗王、斗战恒胜阿修罗王、善巧幻化阿修罗王等,这些阿修罗王,以广大妙辩阿修罗王以为上首。他们都善能修习舍离一切我慢的法门,受持大乘妙法,尊重佛、法、僧三宝。

还有五亿迦楼罗王,各偕若干百千眷属。如宝髻迦楼罗王、金刚净光迦楼罗王、速疾如风迦楼罗王、虚空净慧迦楼罗王、妙身广大迦楼罗王、心不退转迦楼罗王、广目清净迦楼罗王、大腹饱满迦楼罗王、有大威德迦楼罗王、智慧光明迦楼罗王等,这些迦楼罗王,以宝光迦楼罗王为上首。他们都成就了不起法忍,善于利益一切众生。

还有九亿紧那罗王,各偕同若干百千眷属。如动地紧那罗王、妙宝华幢紧那罗王、宝树光明紧那罗王、善法光明紧那罗王、最胜庄严紧那罗王、火法光明紧那罗王、受持妙法紧那罗王、妙宝严饰紧那罗王、成就妙观紧那罗王等，这些紧那罗王，以悦意乐声紧那罗王而为上首。他们都具备了清净妙慧，身心快乐，游戏自在。

复有九万八千摩睺罗伽王，各自率领若干百千眷属。如妙髻摩睺罗伽王、具大威德摩睺罗伽王、庄严宝髻摩睺罗伽王、净眼微妙摩睺罗伽王、光明宝幢摩睺罗伽王、师子胸臆摩睺罗伽王、如山不动摩睺罗伽王、可爱光明摩睺罗伽王等，这些摩睺罗伽王，以游戏神通摩睺罗伽王为首。他们都能够修习善巧方便，令一切众生，永远脱离爱欲的缠缚。

还有他方世界，万亿国土的转轮圣王，也各偕若干百千眷属，恭临法会。如金轮转轮圣王、银轮转轮圣王、铜轮转轮圣王、铁轮转轮圣王，各与七宝千子，庄饰着很多的象车、马车，以及无数宝幢，悬挂着大宝幡、华鬘、宝盖、缯彩白拂，并种种珍奇的妙宝璎珞，涂香、末香，和合万种微妙殊香，各捧着无价的众宝香炉，烧大宝香，诚敬地供养世尊，以美妙的言辞，颂扬如来的甚深智海，然后表示自己的愿望说："世尊！我现在不求三界以内，有漏的人天福报，唯一所求的，是出世的阿耨多罗三藐三菩提道果。我已知道，三界中的人天福乐，是不会永久的，现在虽处于尊贵的地位，一旦福报完了，还是难免要堕落恶道，受无量苦。哪一个具有智慧的人，愿意贪恋世间短暂的福乐呢？"说毕，都一心合掌，恭敬地侍立一侧。

还有当时的十六大国的国王以及诸小王,也都恭与法会,各偕眷属一万二万,以至百千万不等。如迦毗罗国的净饭大王、摩伽陀国的频婆娑罗王、波罗奈国的迦斯大王、有于陀国的于阗大王、娑罗国的迦毗那王等十六大王及诸小王,他们以舍卫国主波斯匿王月光为首。他们都具备了福德、智慧和神通,有大威望。和转轮圣王一样,一切怨敌自然顺服,国富兵强,人民安乐。这些国王,都曾在无量佛所,种下了诸多善根,常受诸佛的爱护与怀念。在这庄严劫中,千佛出世,他们都是护法的施主。将来在贤劫中,千佛相继出世的时代,这些国王,也是护法的施主。再后的星宿劫中,也有千佛相继出世,他们仍是护法施主。以至未来的一切佛陀出现世间,这些国王因为本愿力的缘故,一样常为施主,利益一切众生,随宜善入各种方便法门。他们在表面上看,虽做国王,却都不会贪恋世俗的五欲之乐,而都是厌弃生死,修解脱因,勤求佛道的行者。深深爱乐于大乘法,化利群生,且不执着一切相,继续撒播三宝种子,使永不断绝。当时他们为了听法,也恭至佛陀说法的道场,并广陈珍馐美食,严持香花,供养如来。

同时十六大国王的夫人,也各携带眷属若干千人,进入道场,她们是韦提希夫人、妙胜鬘夫人、甚可爱乐夫人、三界无比夫人、福报光明夫人、如意宝光夫人、末利夫人、妙德夫人等,这十六大国中的夫人以殊胜妙颜夫人而为上首。她们都能善入无量正定,为了化度众生,特别以女身出现世间,以空、无相、无愿等三种解脱门,修习其心,具大智慧,福德圆满,由于无缘大慈,无碍大悲,怜悯众生,好像保护赤子一般。因本愿力,得遇世尊,为了听法,特至佛陀住处,瞻仰佛陀尊颜,眼也不眨一下,并以无量种人间的上妙供品,奉献世尊,以无数妙宝璎珞,供养如来。

复有无数的比丘、比丘尼、优婆塞、优婆夷,以及很多的婆罗门、刹帝利、薛舍戍达罗,以及各国的长者居士、一切人民。这些僧俗大众,都有了清净的信仰,具殷重心,宿种善根,故此生得值佛法,为求出世正道,感到难逢难遇,特赶往佛陀居处,也各带着若干眷属等,一心合掌,恭敬侍立,静待法音。

也有无数的外道徒众,各偕若干百千眷属,来入道场,如苦行外道、多闻外道、世智外道、乐远离外道、路伽耶陀外道等,他们以路伽耶治迦儞外道为上首。他们虽是外道,但都已具备了天眼、天耳、宿命、他心、神足等五种神通,飞行自在。也感到佛陀说法,实在是稀有难得的机缘,为了想听佛陀说法,特赶至佛陀的道场。

还有无数的非人饿鬼,也各携同若干百千眷属,参加法会,如无财鬼、食人吐鬼、恼众生鬼、食洟唾鬼、食不饱鬼、毗舍阇鬼、臭极臭鬼、食粪秽鬼、食人胎鬼、食生子鬼、食不净鬼、生吉祥鬼,等等,他们以毗卢陀伽大鬼神王而为上首。这些鬼界众生,都舍弃了恶毒心念,皈依了佛、法、僧三宝,卫护如来正法。为了听法,来到佛前,五体投地地礼拜,渴望世尊开示正法。

还有无量无数的禽兽之王,也各与若干百千眷属,恭临佛所。如命命鸟王、鹦鹉鸟王,及师子王、象王、鹿王等,这些禽兽之王,以金色师子王而为首席。他们都已经皈依了如来大师,为了听法,各随愿力,供养世尊,并祈求说:"唯愿如来,哀悯我们,纳受这些微少的供养,使永远不造地狱、畜生、饿鬼等三恶道的业因,长得享受人天福乐的果报。愿开启大乘甘露法门,使我们速断愚痴,立即获得解脱。"他们虔敬祈请以后,都一心合掌,瞻仰如来,恭待开演正法。

还有百千琰魔罗王,以及无数的大罗刹,种种形类,各种恶王,幽冥官属,计较罪福的狱吏刑司等,因受佛陀威神力的感召,都舍弃了恶毒的心念,跟随琰魔罗王,同来听法,并向佛陀祈请说:"世间一切众生,因为愚昧无知,为了贪求虚幻的五欲之乐,致造五逆大罪,堕落各种地狱受苦,轮转无穷,难得脱离。自作业因,自受苦报,就像春蚕作茧自缚一样。唯愿如来怜悯,雨大法雨,灭地狱火,施清凉风,除一切热恼,开解脱之门,封闭三恶道的苦趣。"说毕,又献各种珍宝,供养如来,一心恭敬,绕佛百千次,再与百千眷属,各各礼佛,然后退至一侧,静待佛陀说法。

当圣凡大众云集的时候,世尊正坐在宝莲花师子座上。这师子座,是绀青的琉璃色,各种珍奇交错装饰,花以颇梨宝珠为茎,紫磨黄金为叶,莲花台的花须为摩尼宝珠,以八万四千阎浮檀金大宝莲花作为陪衬,参与法席的大众,四面围绕,恭敬供养,尊重赞颂。

那时佛陀在师子座上,结跏趺坐,入有顶天极善三昧,这种定名为心璎珞宝庄严王,住此定中,身心不动。威仪非常特殊,就像在大海中,自然耸立的苏迷卢山一般。也如百千个太阳同时放光,照耀虚空,消除一切昏暗。亦似无数明月,众星拱卫,放清凉光,朗照世界。

当时无色界一切天子,于虚空中,散无量微妙香花,如彩云随风飘飞。色界诸天、十八梵王,也雨各色各样的香花,无数天花,五彩缤纷,百千种梵天妙香,弥漫虚空。六欲诸天及天子众,也以天福力,纷散种种鲜花;如优钵罗花、波头摩花、拘物头花、芬陀利花、瞻卜迦花、阿提目多花、波利尸迦花、苏摩那花、曼陀罗花、摩诃曼陀罗花、曼殊沙花、摩诃曼殊沙花等,在虚空中，纷纷乱坠，以供养佛及众法宝。又雨天上无价宝香，且如香云，呈百宝色，以天人的神通力，使香气充满世界，以供养法会大众。

这时世尊，从有顶极善三昧中出，不离本座，又进入狮子奋迅三昧，现大神通，使这三千大千世界，立即发生六种震动——动、极动、遍极动，涌、极涌、遍极涌，振、极振、遍极振，击、极击、遍极击，吼、极吼、遍极吼，爆、极爆、遍极爆。

又令这世界东涌西没，西涌东没，南涌北没，北涌南没，中涌边没，边涌中没，土地严净，普皆柔软，滋生花卉草木，利益众生，使这三千大千世界，没有地狱、饿鬼、畜生等三恶道，无间地狱的众生，都脱离了罪苦。立舍恶道的报身，转生人道，或生六欲各天上，都获得了宿命通，非常欢喜地，争相来到佛前。以殷重心，恭敬顶礼，并捧着各种珍贵宝物，无数璎珞，以供养佛，且悟三轮体空，以报佛恩。

当时如来，于胸臆间及全身毛孔，放大光明，这名菩萨游戏神通，使于阿耨多罗三藐三菩提道，永不退转。这光明的颜色，如阎浮檀金。这金色光明，普照三千大千世界及其他世界，以至百亿妙高山王、一切雪山、香山、黑山、金山、宝山，及弥楼山、大弥楼山、目真邻陀山、摩诃目真邻陀山、小铁围山、大铁围山、江河大

1 卷一·法会盛况及说法因缘 183

海、流泉浴池，以及百亿四大洲界、日月星辰、天宫龙宫、一切神宫并各国都邑、王宫聚落、琰魔罗界所有一切八寒八热各地狱中，罪业众生受苦的状况，以至十方畜生、饿鬼受苦情形，一切世间五道众生受苦享乐等相状，皆在如来这金色光中，分明显现出来。

同时也影现出菩萨修学佛道的过程，如释迦佛在因地时，为光明王，从最初发阿耨多罗三藐三菩提心开始，至菩提树下，亲证佛果，娑罗树林中，入大涅槃，这期间，经百万三大阿僧祇劫中，所有一切慈、悲、喜、舍的妙行，八万四千波罗蜜，以至过去做金轮圣王时，统治四天下，土广民众，国家富饶，人民安乐，以正法化世，一切珍宝，充满国界。那时圣王，观察世间一切，皆是无常虚幻不实，因厌弃五欲之乐，舍离王位，出家学道。有时做大国王的爱子，却舍弃身命，以饱饿虎。或为尸毗王，割身肉以救鸽命。或为了救一孕鹿，甘愿以鹿王身而替死。或在雪山，为了求教半偈，甘舍全身。又如佛陀的降生于净饭王家，舍弃后宫六万婇女，及各种上妙伎乐，夜半逾城出家，修了六年的苦行，每日只吃些麻麦，以至降伏各种外道，于菩提树下，破魔军众，得证阿耨多罗三藐三菩提等过程。像这样百千恒河沙数的难思议愿行，一切经过都从金色光明中，历历分明，一一影现出来。

这金色的光明，不但能影现过去的一切，也同时影现未来的种种，如当时影现如来不可思议的八大宝塔：拘娑罗国净饭王宫的生处宝塔。摩伽陀国，摩伽耶城边，菩提树下的成佛宝塔。波罗奈国鹿野园中，初转法轮的度人宝塔。舍卫国中给孤独园，与各种外道，六个月的辩论，得一切智的声名宝塔。安达罗国，曲女城外，升忉利天，为母说法，与梵天王及天帝释十二万众，从三十三天，现三道宝阶，返回这世界的神异宝塔。摩揭陀国王舍城边耆阇崛山中，说《大般若》《法华》一乘、《心地》等经的大乘宝塔。毗舍离国，庵罗卫林，维摩长者不可思议的现疾宝塔。拘尸罗国跋提河边，娑罗树林中的圆寂宝塔。这八大宝塔，是大圣佛陀的化仪，人天有情的归依处，恭敬供养，为成佛因。如是音声及各种影像，都是三世难以思议的事迹，皆一一于大光明中显现。十方世界，过去、现在、未来三世诸佛及大菩萨，道场会众，各种神通变化的稀有事，以及如来所说妙法，都能如响斯应，在这大光明中，可见可闻。一切众生，遇到这种光明，亲见这些祥瑞的景象，没有不发无等等阿耨多罗三藐三菩提心的。当时会中大众，亲见佛陀这种不可思议的神通力，实是前所未见未闻，互相议论说："如来今天入正定中，放这样大光明，照遍十方世界，使我们亲见如来过去种种不可思议的事迹，调伏这浊恶世界的邪见众生，使生正信正解，趣向于菩提大道。稀有的如来，能为一切世间之父，无量劫中难得一见，我们是累劫勤苦修行，才得值遇三界人天大师。唯愿慈尊，哀悯世间的苦难众生，从定中起，演说高深大法，示教利喜。"大家议论之后，都虔敬地仰望慈颜，默默地期待佛陀出定说法。

那时会中有一位菩萨，名"师子吼"，这位菩萨，已经三僧祇耶，修诸福德智慧，在贤劫中，将要依次登上候补佛处，受灌顶位，做大法王。所以他能体会佛陀的密意，当时环视大众一周，高声宣告说："我在过去无量劫前，已发阿耨多罗三藐三菩提心，历事恒河沙数诸佛，曾在第一众会道场中，见过如来不可思议的神通变化，但没有见过像现在的金色光明，能影现一切菩萨愿行，以及如来的种种相貌，使能亲见三世难思议的事迹。希望诸位仁者，一心合掌，瞻仰尊颜，静待从定中起，授甘露法药，除热恼疾，让我们亲证法身常、乐、我、净。基于两种原因，一切如来，不会久住于正定之中：第一是大慈，第二是大悲。以有大慈心的缘故，要使众生快乐；因大悲心的缘故，要解除众生的苦恼。由无量劫中，以这二法熏修其心，方得成为正觉的佛陀。世间一切众生，苦恼是很多很多的，根据这个道理判断，不要多久，如来一定会从定中起，为我们演说心地观门的大乘妙法。

希望各位不要求人天的福乐，趁早求出世的阿耨多罗三藐三菩提。为什么呢？世尊今天，从胸臆间，放金色光明，所照之处，皆如金色。佛这样显示，意义是很深远的，一切世间的声闻、缘觉，尽一切智力去揣摩、思量，也不能够了解。你们凡夫，因为不观自心，所以常漂流生死海中，头出头没，不得解脱。诸佛、菩萨，因能观自心，如幻如化，没有任何执着，所以能超越生死苦海，到达涅槃彼岸。三世如来，都是一样，今日如来放这样的金光，不是没有因缘的。"当时的会中大众，听了师子吼菩萨的话，都欢喜万分，无限兴奋。

这时师子吼菩萨，为重申仰赞，又以偈说：

敬礼天人大觉尊，恒沙福智皆圆满；
金光百福庄严相，发起众生爱乐心。
超过三界独居尊，功德最胜无伦匹；
普用神通自在力，随所造业现其前。
我以天眼观世间，一切无有如佛者；
希有金容如满月，希有过于优昙华。
无边福智利群生，大光普照如千日；
愚痴众生长夜苦，蒙光所照悉皆除。
我观如来昔所行，亲近供养无数佛；
经历僧祇无量劫，为众生故趣菩提。

常于生死苦海中，作大船师济群品；
演说甘露真净法，令入无为解脱门。
三僧祇劫度众生，勤修八万波罗蜜；
因圆满果成正觉，住世凝然无去来。
一一相好周法界，十方诸佛相皆然；
甚深境界难思议，一切人天莫能测。
诸佛体用无差别，如千灯照互增明；
智慧如空无有边，应物现形如水月。
无边法界常寂然，如如不动等虚空；
如来清净妙法身，自然具足恒沙德。
周遍法界无穷尽，不生不灭无去来；
法王常住妙法宫，法身光明靡不照。
如来法性无挂碍，随缘普应利群生；
众生各见在其前，为我宣说甘露法。
随心能灭诸烦恼，人天众苦悉皆除；
破有法王甚奇特，光明照耀如金山。
为度众生出世间，能燃法炬破昏暗；
众生没在生死海，轮回五趣无出期。
善逝恒为妙法船，能截爱流超彼岸；
大智方便不可量，恒与众生无尽乐。
能为世间大慈父，怜悯一切诸有情；
如来出世甚难值，无数亿劫时一现。

譬如优昙妙瑞华，一切人天所希有；
于无量劫时一现，睹佛出世亦同然。
是诸众生无福慧，恒处沉沦生死海；
亿劫不见诸如来，随诸恶业恒受苦。
我等无数百千劫，修四无量三解脱；
今见大圣牟尼尊，犹如盲龟值浮木。
愿于来世恒沙劫，念念不舍天人师；
如影随形不暂离，昼夜勤修于种智。
唯愿世尊哀愍我，常令得见大慈尊；
三业无倦常奉持，愿共众生成正觉。
今者三界大导师，座上跏趺入三昧；
独处凝然空寂舍，身心不动如须弥。
世间一切梵天魔，莫能警觉如来定；
此界他方凡圣众，悉知调御住于禅。
广设无边微妙供，奉献能仁最胜德；
六欲诸天来供养，天华乱坠遍虚空。
十善报应无价香，变化香云百宝色；
遍覆人天无量众，雨杂妙宝献如来。
香气氤氲三宝前，百千伎乐临空界；
不鼓自鸣成妙曲，供养人中两足尊。
十八梵众雨天华，及雨杂宝千万种；
梵摩尼珠妙璎珞，众宝严饰天妙衣。

大宝花幢悬胜幡，持以供养牟尼尊；
无色界天雨宝华，其花广大如车轮。
雨微细香满世界，供养三昧难思议；
龙王修罗人非人，奉献所感珍妙宝。
各以供养天中天，乐闻最胜菩提道；
时薄伽梵大医王，善治世间烦恼苦。
师子频伸三昧力，六种震动遍三千；
以此觉悟诸有缘，于此无缘了不觉。
随彼人天应可度，见佛种种诸神通；
瞻仰月面牟尼尊，以净三业皆云集。
如来能以无缘慈，饶益众生成胜德；
胸臆放此大光明，名诸菩萨不退转。
如劫尽时七日现，炽然照耀放千光；
世间所有诸光明，不及一佛毛孔光。
无量无碍大神光，遍照十方诸佛刹；
如来福智皆圆满，所放神光亦无比。
其光赫奕如金色，遍照十方诸国土；
大圣金光影现中，悉见世间诸色像。
三千大千诸世界，所有一切诸山王，
四宝所成妙高山，雪山香山七宝山，
目真邻陀弥楼山，大铁围山小山等，
大海江河及浴池，无数百亿四大洲，

日月星辰众宝宫，天宫龙宫诸神宫，
国邑王宫诸聚落，如是光中悉显现。
又现如来往昔因，积功累德求佛道。
如来昔在尸毗国，曾居尊位作人王；
国界珍宝皆充盈，常以正法化于世。
慈悲喜舍恒无倦，能舍难舍趣菩提；
割身救鸽尝无悔，深深悲悯救众生。
时佛往昔在凡夫，入于雪山求佛道，
摄心猛勇勤精进，为求半偈舍全身；
以求正法因缘故，十二劫超生死苦。
昔为摩纳仙人时，布发供养燃灯佛；
以是精进因缘故，八劫超于生死海。
昔为萨埵王子时，舍所爱身投饿虎；
自利利他因缘故，十一劫超生死因。
流水长者大医王，平等救护众生故，
济鱼各得生天上，天雨璎珞来报恩，
七日翘足赞如来，以精进故超九劫。
昔为六牙白象王，其牙殊妙无能比，
舍身命故投猎者，求佛无上大菩提。
或作圆满福智王，施眼精进求佛道；
又作金色大鹿王，舍身精进求佛道；
为迦尸国慈力王，全身施与五夜叉；

又作大国庄严王，以妻子施无吝惜；
或为最上身菩萨，头目髓脑施众生；
如是菩萨行慈悲，皆愿求证菩提道。
佛昔曾作转轮王，四洲珍宝皆充满，
具足千子诸眷属，十善化人百千劫，
国土安隐如天宫，受五欲乐无穷尽。
时彼轮王觉自身，及以世间不牢固；
无想诸天八万岁，福尽还归诸恶道。
犹如梦幻与泡影，亦如朝露及电光；
了达三界如火宅，八苦充满难可出。
未得解脱超彼岸，谁有智者乐轮回？
唯有出世如来身，不生不灭常安乐。
如是难行菩萨行，一切悉现金光内；
又此光中现八塔，皆是众生良福田。
净饭王宫生处塔，菩提树下成佛塔，
鹿野园中法轮塔，给孤独园名称塔，
曲女城边宝阶塔，耆阇崛山般若塔，
庵罗卫林维摩塔，娑罗林中圆寂塔。
如是世尊八宝塔，诸天龙神常供养；
金刚密迹四天王，昼夜护持恒不离。
若造八塔而供养，现身福寿自延长；
增长智慧众所尊，世出世愿皆圆满。

若人礼拜及心念，如是八塔不思议；
二人获福等无差，速证无上菩提道。
如是三世利益事，于此光中无不见；
十方佛土诸菩萨，神通游戏众灵仙。
万亿国土转轮王，寻此光明普云集，
各以神力来供养，雨如意宝奉慈尊。
诸天伎乐百千种，不鼓自然出妙音；
天华乱坠满虚空，众香普熏于大会。
宝幢无数诸璎珞，持以供养人中尊；
微妙伽陀赞如来，善哉能入于三昧。
现不思议大神力，调伏难化诸有情；
唯愿世尊从定起，为诸众生转法轮。
永断一切诸烦恼，令住无住大涅槃；
如我等类心清净，从万亿国来听法，
以三昧力常谛观，于我微供哀纳受。
能施所施及施物，于三世中无所得；
我等安住最胜心，供养一切十方佛。

2 卷二

开示知恩报恩之道（上）

狮子吼菩萨，说偈赞佛后，世尊当即从正定中，安详而起，向弥勒菩萨等大菩萨说："很好！很好！你与各位大士、诸善男子，为了想亲近世间的慈父，欲听闻出世间的大法，以思维如实不二的真理，修证如实不二的智慧，所以来到佛所，供养恭敬。我现在要演说根本心地、微妙难以思议的大法，以引导众生，皆能从闻、思、修，证入佛的智慧。这样的微妙大法，诸佛如来，于无量劫中，才得一说。而如来世尊的降世，又很难得值遇，正如优昙花一样，难得一见。就是如来出现世间，欲说这样的大法，也很不容易。为什么呢？因为一切众生，没有大乘菩萨的愿行，志在小乘的声闻、缘觉等道果,厌恶生死轮回,希望永远居于清净寂然的涅槃境界,不愿追求大乘常、乐、我、净的菩提妙果。但是诸佛说法,有一定的因缘,所以凡有所说,必上合真理,下合众生心理要求,因之有下列四种情形之一,佛陀就不会说法:一、不是说法的场所不说。二、不是说法的时机不说。三、不是受持佛法的对象不说。四、不合说法的仪轨不说。一旦如来说法,一定是对症下药,能令服食者药到病除,这是如来独具的功能德用。声闻、缘觉等二乘圣者,厌生死而欣涅槃,没有获得究竟的自由自在,不能与诸大菩萨安住于同一境界,由于众生的根性复杂,故佛陀虽出现于世,而说这种菩提正道心地法门的时机,当然也就不会太多,所以这菩提正道的心地法门,是千生万劫,难得见闻的大法。若有善男子、善女人,听了这微妙的大法,能够有顷刻的时间,摒除妄念,反观本源心地,就可熏成无上大菩提道种,不久当可坐于菩提树王下的金刚宝座上,得亲证阿耨多罗三藐三菩提。"

当时在座的有王舍城的五百位长者,如妙德长者、勇猛长者、善法长者、念佛长者、妙智长者、菩提长者、妙辩长者、法眼长者、光明长者、满愿长者等,这些大富长者,都确立了正知正见,特至会场供养如来,与会中诸圣贤众,听了世尊赞扬大乘的心地法门以后,却在心中这样想着:我见到了如来放金色光明,光中影现出菩萨各种难行的苦行。我不喜欢行苦行心，谁愿意永远留在生死苦海中，为一切众生受这些痛苦烦恼呢？因有了这种想法，于是立即从座位上站起来，偏袒着右肩，右膝跪地，合掌恭敬，异口同声地对佛陀说："世尊！我们不喜欢大乘的诸菩萨行，也不喜欢听到苦行的言说。为什么呢？一切菩萨所修的行愿，都不是知恩报恩的行为，因为他们远离父母，独自出家修道，以妻子儿女，施给所欲求的人，就是自己的头目脑髓，只要有人来求取，也一定满足别人的愿望，毫不爱惜地施舍。这样受各种逼恼，需要三僧祇劫那么长远的时间，同时又要修习布施、持戒、忍辱、精进、禅定、智慧六度，以及八万四千波罗蜜行，方能超越生死苦海，达到菩提彼岸的大安乐处。这样艰难辛苦，还不如追求二乘道果的好，只需三生百劫，修集资粮，就可断生死因，证涅槃圣果，速至安乐处，然后依此化度父母，才算是知恩报恩的人。"

当时佛慈和地告诉五百长者说："很好！很好！你们听到我赞扬大乘菩萨道，虽然有畏惧退堕的心念，但是，却引起我说大乘的微妙义理，使将来世间不知恩德的一切众生，能够获得利益安乐。你们要仔细地听，好好地思维，我现为你们分别讲述，世间以及出世间，哪些是有恩于我们的。善男子！你们所说的道理，并不正确，是片面的，不是普遍而完善的，单以报父母恩而言，也是偏私而狭义的。须知世间有恩于我们的，共有四种：一是父母恩，二是众生恩，三是国王恩，四是佛、法、僧三宝恩。这四种恩德，一切众生，是平等地享受的，每一众生，都应报此四种大恩。善男子！父母恩是什么？就是父有使你欢乐的慈恩，母有解除你苦痛的悲恩。尤其是母的悲恩，就是我住世说上一劫，也是说不完的，现在只为你们大略地说少部分。假若有人为了求得福德，特别恭敬地供养一百位净行的大婆罗门、一百位具备了五种神通（天眼、天耳、神足、宿命、他心）的仙人，以及一百位善友，请他们居于七宝建造的上妙堂内，以百千种珍馐美味，并各种璎珞、众宝衣服，各房舍皆熏以栴檀、沉香，百宝装饰的床褥等卧具，以疗治百病的汤药，等等，无所缺少，这样一心供养，满百千劫，所得的福德，应当是多到不可计算了。如果有人，于一念之间，心存孝顺，以微少的物质，供养悲母色身享用，随所侍奉，比前所得福德，要胜过百千万倍，甚至不可较量。

"当知世间上的母亲，护念子女的情爱，是无与伦比的，恩泽加被于未成形。自受胎时开始，在十月怀胎期间，不论行、住、坐、卧，所受的各种苦恼，不是言语可以形容的。纵然遇到欢乐的事，或锦衣玉食，也无心享受，常怀着忧虑、恐惧等心情。想起将来生产的时候，必受许多痛苦，昼夜忧愁苦恼。若是难产，更如千刀割体，甚至因而致死；如果顺利生产，诸亲眷属，大家欢喜庆贺，母更若贫女忽得如意宝珠，说不出的喜悦，听到婴儿的哭声，就像闻美妙的音乐一般。子女以母的胸膛为床寝处，左右膝上，是子女的游乐场，饥饮母胸膛间的甘露泉。这种养育之恩，实在弥于普天，怜爱之德，广大无比。世间最高的，莫过于山岳，悲母的恩德，比须弥山还要高；世间最重的，莫过于大地，悲母的深恩，比大地还要重。

"世间男女，若背弃父母的深恩厚德，而不孝顺，令他的父母生怨恨心，只要母亲发一恶言，子女就会入恶道受苦，或堕地狱，或堕饿鬼，或入畜生类。世间最快速的莫过于暴风，这一念怨恨之微，报应的快速，比暴风还要迅速，而且一切如来、金刚天等，以及具有五种神通的仙人，都没有办法救护他。

"如果有善男子、善女人，谨遵悲母的教训，孝顺而不拂逆，必得一切天人顾念、庇护，福乐无尽。这样的男女，就名为尊贵的天人种类，也许是菩萨为了化度众生，示现男女，孝顺恭敬，饶益父母。

"如果有善男子、善女人，为报母亲的深恩，就算在一劫长久的时间中，每日三餐，割自身的肉，以奉养父母,也不能报答父母对自己一日之恩。是何道理呢?一切男女,当处母胎时,即口吮乳根,吸饮母血,诞生以后,幼稚之前,所饮的母乳,多达百八十斛。母亲得到好吃的、好衣服,等等,必先给子女,不论愚痴、鄙陋、美丑,等等,情爱总是不变的。从前有一女人,远游他国,抱着自己的孩子,横渡殑伽河的时候,没有料到河水忽然暴涨,因舍不得丢弃孩子,以致同遭溺毙,这个母亲就因为这慈心善根力的缘故,立即超升色究竟天,作大梵天王。由以上所说归纳起来,当知母亲具备了十种德行:一名为大地——于母胎中,为子女所依托孕育。二名能生——经历各种痛苦而生产。三名能正——常以母手调理五根。四名养育——能随四季时宜,尽心抚养。五名智者——能以各种方便促使子女,俾生智慧。六名庄严——以妙璎珞而装饰之。七名安稳——以母怀抱为止息处,最为安全。八名教授——以善巧方便教导子女。九名教诫——以善巧的语言,使子女远离一切恶行。十名与业——能以家业,授予子女。

"善男子!一切世间,以什么为最富?何者为最贫?悲母在堂就名之为富,悲母不在就名最贫。母在名为日中,母死就名为日没。悲母在时名月明,悲母亡时名夜暗。所以你们要精勤修习孝养父母之道,这和有人供养佛陀的福德一样,平等平等,没有丝毫差别,应当是这样去报父母的恩德。

"众生对我们有什么恩德呢？当知自无始以来，一切众生轮转五道，经过百千万劫，于这多生多劫中，曾互为父母。既曾互为父母，那么一切男子，即是慈父，一切女人，即是悲母。由于从前各生中，有大悲恩的缘故，亦如现生父母的恩相等无异。这样从前所受的恩泽，尚未能报答，或者因为妄业所使，有时孝顺，有时违逆，甚至因执着妄业，视为怨仇。这又是什么缘故呢？因为无明的障蔽，失去了宿命智，不能明白过去曾为父母；所以我们要对一切众生，常作报恩想，互利互助，不能利益一切众生的，名为不孝。因为这个缘故，各类众生，于一切时中，亦对我们有大恩德，实在难以报答。这样的事实，就名众生恩。

"国王对人有什么恩呢？当知国王的福德最胜，虽生在人间，却能自主自在，三十三天的各位天子，常常给他力量。由于国王的保护，国界以内，山河大地，尽大海际，皆属国王所有，一人的福德，胜过全国一切众生的福德。这样的大圣王，以正法教化臣民，能令一切众生，统皆安居乐业。譬如世间的一切殿堂，以梁柱为根本；人民能享受丰乐的生活，当以国王为依赖，因为一切须赖国王才有。也像大梵天王，能生万物，圣王能制定治国的正法，利益一切众生。也如日光天子的光明，能照耀世间。圣王治世,也能观察天下,使人民安乐。国王若失政,人民就无所依靠。若以正法化世,勤政爱民,八大恐怖就不会入其国境:如他国的入侵、国内的叛逆、恶鬼疾病的流行、人民饥馑、非时的风雨、过时的风雨、日月薄蚀、星宿变怪等。国王能以正法化导,利益人民,以上所说的八种灾难,就不能侵损其国。譬如长者,唯有一独生子,爱护照顾,自是无微不至。凡对独子有利益的事,无所不为,昼夜所想的,是怎样使儿子安适欢乐;国家的大圣王,对待人民,也是如此,等视群生,犹如赤子,护念人民的心,无分昼夜,从不会大意。

"这样的人中之王,常令人民,勤修十种善行——不杀、不盗、不邪淫、不妄言、不两舌、不恶口、不绮语、不贪、不嗔、不痴。这样的人王,名为福德主。若是不教人民修以上十种善行,就名非福德主。为什么呢?若王国以内,有一人修善业,他所做的福德,皆分为七分,造善业的人,自得五分,他的国王,当得二分,因善是由于国王的教令而修的,所以福利同享;若造十恶业,也是如此,有祸同当。国内一切田地、园林所生产之物,也皆为七分,生产者五分,国王得二。

"若有人王,成就了正见,依正道教民治国,名为天主,这是因为他以天道善法教化世人。各天的善神及护世天王，常护卫王宫，虽身在人间，而修行天业，赏善罚恶，没有偏党等等的缘故。

"这样的圣主，名为正法王。以这些因缘，所以能成就如下的十德：一名能照——能以智慧眼观照世间。二名庄严——以大福德庄严国土。三名与乐——能令人民安居乐业。四名伏怨——能使一切怨敌，自然慑伏，不敢为患。五名离怖——能使人民没有前说八难的恐怖。六名住贤——能令贤人集聚，详议国事。七名法本——能令百姓安分守己，谨遵王法。八名持世——以天王教法，护持世间。九名业主——为人民一切善恶业之主。十名人主——一切人民都以国王为主。世间一切国王，都是因前世所修的福德，感得现生果报，成就以上十种胜德。

"大梵天王及忉利天，会常帮助人王享受优胜妙乐；诸罗刹王及各神祇，虽不现身，但也常在暗中，卫护国王及其眷属。若是国王见人民造各种恶业，不加制止，这些天神等，就都会远离他而去。若见行善，就会欢喜赞扬地说：'我们的圣王！使龙天喜悦，澍甘露雨，使风调雨顺，五谷丰收，人民安乐。'

"若是亲贤良而远恶人，普遍利益世间，使人民皆从正化，国内必出现如意宝珠，邻国皆会来归顺，人和非人，没有不称赞的。

"假使王国之内,有恶人生叛逆心,这人会立刻福报衰退,命终之后,必堕地狱中,历经畜生各道,备受苦报。因为辜负圣王深恩,起这样叛逆的恶念,致招这样的恶报。若有人民,发善心,起善行,恭敬诚实,辅佐仁王,尊重如佛,这人必然现生安乐,有所愿求,没有不称心如意的;因为一切国王,在过去世中,都曾受过如来的清净禁戒,故常为人之王,享受安稳快乐的果报。由于这样的因缘,当知拂心的苦报或顺意的福报,都如影随形,如响斯应,毫厘不差。综上所说,可知圣王的恩德,是如何的广大了!

"善男子!前说的三种功德,虽然深重,尚属世间的常法,是可以想象、测度、言说的。现在说到三宝恩,乃是属于超世间法,根本不可以心思言议而测度,所以又名不思议恩,自无始劫以来,三宝之利乐一切众生,从来没有休歇。诸佛的清净法身,真善无漏,是无数大劫因地修行之所证得,永远断尽了一切三有的业果。功德累积如巍峨的宝山,天上天下,无有可与伦比,世间一切凡夫、二乘圣者以及大乘菩萨,都不能尽知尽见。三宝的福德,深广莫测,犹如大海,智慧无碍,等于虚空。神通变化,充满世间,光明遍照,十方世界。这三宝的功德,虽然无量无边,但一切众生,自无始以来,为烦恼障所蒙蔽,却是不识不知,不能察觉,以致常自沉沦生死苦海，永不出离；唯有三宝出世，做大船师，能载之横渡爱流，超登彼岸，故一切有智慧的人，都虔诚瞻仰，敬恭三宝。

"诸善男子！唯一的佛宝，具有三种身相：一是自性身，二是受用身，三是变化身。第一种自性佛身，是一切万物实相的理体，从来就没有生灭、净秽、去来、增减等相状，非经三大阿僧祇劫修行，因圆果满，不能证得；因此必断烦恼、所知二障，净除我、法二执，才能显现，体遍法界，无所不在，这是诸佛的所共证，佛佛平等不二。第二种受用佛身，为智德所成，是平等性智、妙观察智、成所作智、大圆镜智等四智的总相，不再因受熏染而生变化，真常而无漏，但能常起应化妙用，度脱众生。因为诸佛各自恒审思量没有我性，故各自遍满法界，却不会互成障碍，平等平等。第三种变化佛身，对众生有大恩德，这也是自受用身所显现，随机应化，利益众生，拔苦与乐，乃由禅定神通而变现者，现大现小，随类化身。佛的三身体相，虽有不同，但体性是一，不即不离，无来无去，佛佛道同，是各各遍虚空，满法界的。

"善男子！佛的自性身，没有任何相状，也不可以言语形容，文字论证，但确是周遍法界，圆满无缺，无所不在，凝然常存，绝对真实。佛的受用身则有二种：一是自受用身，二是他受用身。

"何以名自受用身呢？这是由于三僧祇劫的漫长时间中，所修六度万行圆满，使一切众生皆得到利益和安乐后，超越十地菩萨而证等觉菩萨圣位时，即运身直往色究竟天，就在此天显现超越三界的净妙国土，坐在无数量的大宝莲花上，受不可说的海会菩萨围绕，证得第八识最极清净无垢的自性分，顶佩这无垢缯，受大众供养恭敬，尊重赞叹；这是三祇修因，功德圆满所感的果报，名为后报利益。这时，菩萨入金刚定，断除一切微细的所知障和烦恼障，证得阿耨多罗三藐三菩提，这亲证的妙觉佛果，名现在利益。

"这真正的报身佛，是有始无终的，寿命劫数没有限量，自初成正觉起，穷未来际，永远都是诸根相好，遍周法界，四智圆满，是真报身受用的法乐。是哪四智呢？一是大圆镜智：这是由异熟识（有阿赖耶、八识、含藏识等异名）转变而成的智慧，好像大圆镜能映现各种色像一样；如来的镜智中，也能显现众生一切善恶各业，纤芥不遗，因此名为大圆镜智。因受大悲心的驱使，恒缘众生，永不舍弃。但依大智，一切能常如法性，而无违逆。双观真俗，从不间断，常能执持真净无漏根身，为一切功德所依止。二是平等性智：这是由执着我见的第七识转化而成的智慧，我见既除，所以能识自他平等，并没有二种我性，因此名为平等性智。三是妙观察智：这是由分别意识的第六识所转化，七识既转，我见已除，故能立于绝对的立场，观察世间一切的自相、共相，可在众会中，随机演说一切微妙大法，使众生都能向菩萨道前进，不再退堕，因之名为妙观察智。四是成所作智：这是由眼、耳、鼻、舌、身等五识转化而成的智慧，有了这种智慧，就能示现各形各类，种种化身，引导一切众生，使善业成熟，所以名为成所作智。

"以这四种智慧做前导，并具备八万四千智门，这一切一切的功德妙法，就叫作如来的自受用身。

"各位善男子！如来的他受用身，则是指具备了八万四千相好，居于真正清净报土，只说一乘大法，令诸大菩萨，享受大乘的微妙法乐而言。一切如来，为化导十地的菩萨众，示现有十种他受用身。第一种他受用佛身，坐百叶莲花座，为初地菩萨说百法明门，菩萨得到证悟以后，就起大神通变化，遍满百佛世界，利益安乐无数众生。第二佛身，坐千叶莲花座，为二地菩萨说千法明门，菩萨证悟以后，运用大神通变化，遍满千佛世界，利益安乐无量的众生。第三佛身，坐万叶莲花座，为三地菩萨说万法明门，菩萨证悟以后，即起大神通变化，遍满万佛世界，利益安乐无数众生。

"这样逐次增长，以至十地的他受用身，坐不可说妙宝莲花座上，为十地菩萨，说无量数诸法明门，菩萨证悟以后，起大神通变化，遍满于不可说诸佛微妙国土，利益安乐不可宣说无量无边的各类众生。这十种他受用身，都曾坐七宝菩提树王下的金刚座上，证得阿耨多罗三藐三菩提。

"各位善男子！每一花叶，各为一三千大千世界，各有一百亿座妙高山王，以及四大部洲，日月星辰，三界诸天，无不具足。每一叶上，各南赡部洲，都有菩提树王和金刚座，有百千万以至不可说大小化佛，各于菩提树王下，破魔军后，同时证得阿耨多罗三藐三菩提。这些大小化佛的身相，各皆具足三十二相、八十种好，为具有各种资粮及四种善根的诸菩萨等，并二乘凡夫，随宜宣说三乘妙法。譬如对诸菩萨，就说相应的六波罗蜜，使得阿耨多罗三藐三菩提的究竟佛慧。为求辟支佛的，就说相应的十二因缘法。为求声闻的，说相应的四圣谛法，使脱离生老病死，得究竟涅槃。为其他的众生，就说人天乘的教法，使获得人天的安乐妙果。所有这些大小化佛，都各自名为佛的变化身。

"善男子！这样的二种应化身佛，虽示现灭度，但这佛身，却是相续不断，常住世间的。各位善男子！只一佛宝，就有这样无量无边、不可思议、利乐众生的广大恩德，因为这缘故所以名为如来、应供、正遍知、明行圆满、善逝、世间解、无上士、调御丈夫、天人师、佛世尊。善男子！一佛宝中，具足六种微妙的功德。第一是无上的大功德田。第二是有无上的大恩德。第三是无足二足及多足众生中尊。第四是极难值遇，如优昙花。第五是独一出现三千大千世界。第六是世出世的功德，一切义理圆满。具备了这六种功德，常能利乐一切众生，是名佛宝不思议恩。"

当时五百长者敬问佛陀："世尊！如佛所说，一佛宝中，就有无量化佛，充满世界，利乐众生，为什么世间的众生，多不能见到佛，而受诸多苦恼呢？"

佛告诉五百长者说："譬如日光天子，放百千光，照明世间，但是盲人，却不见光明。汝善男子，以为这是日光天子的过咎吗？"

长者回答说："不是的，世尊！"

佛说："善男子！诸佛如来常常演说正法，利乐有情，但是一切众生常造恶业，都不觉知，没有惭愧心，对于佛、法、僧，不喜欢亲近，这样的众生，罪根深重，经过无量劫，不能听到三宝的名字，就和盲人不能见到日光一样。若有众生，恭敬如来，喜爱大乘正法，尊重三宝，当知这种人，就会业障消除，福智增长，善根成就，速得见佛，并且永离生死，当证菩提。

"诸善男子！如一佛宝，有无量佛。如来所说的法宝,也是一样,一法宝中,有无量的义理。善男子!于法宝中,共分四种:一是教法,二是理法,三是行法,四是果法。

"一切无漏法,能破无明、烦恼、业障、声名的文句,名为教法。有无等法,名为理法。戒、定、慧行,名为行法。无为妙果,名为果法。这四种法,统名为法宝,引导众生,出生死海,到于彼岸。

"善男子!诸佛所师从的,就是法宝,因为三世诸佛,依法修行,才能断除一切障碍,得成菩提,尽未来际,利益众生。所以三世如来,常能供养诸波罗蜜的微妙法宝,何况三界一切众生未得解脱,岂能不敬重微妙法宝?善男子!我过去曾为求法人王,为了求正法而入大火坑,所以永断生死,得大菩提。因为法宝,能破一切生死的牢狱,就像金刚能破坏万物一样。又法宝能除众生的痴暗,如日天子能除世界的黑暗。法宝能救众生的贫乏,如摩尼珠能雨众宝。法宝能给予众生喜乐,就如天鼓,能使诸天喜乐一样。法宝能为诸天宝阶,听闻正法,得生天故。法宝如坚牢的大船,能使众生渡生死海,到达涅槃彼岸。法宝犹如转轮圣王,能除众生的三毒烦恼贼。法宝能为珍妙衣服,可以覆盖无惭心的一切众生。法宝犹如金刚甲胄,能使众生破四魔,证菩提。法宝犹如智慧利刃,能割断众生的生死系缚。法宝也正是三乘宝车,能载运众生,出生死火宅。法宝犹如一切明灯,能照亮三途的黑暗。法宝犹如弓箭矛盾,能镇国界摧破仇敌。法宝犹如险路导师,能善为诱导众生,到达宝所。

"善男子!三世如来,所说的妙法,有这样种种不可思议的事实,是名法宝不思议恩。

"善男子!世出世间,有三种僧:一是菩萨僧,二是声闻僧,三是凡夫僧。如文殊师利及弥勒等,是菩萨僧。舍利弗、目犍连等是声闻僧。若有严持个别禁戒的真善凡夫,乃至具足一切正见,能广为他人演说、开示众圣的道法,利乐众生的名为凡夫僧。他们虽未能断除烦恼,获得清净戒、定及慧解脱,但供养者,一样获得无量福德,所以这三种僧,都名真福田僧。

"还有一类正见比丘,也名福田僧。何以名正见比丘呢?就是对佛的舍利、经像,并一切正法、僧、圣所制定的禁戒等,深生敬信,自己不起邪见,也使他人不生邪见,能宣说正法,赞叹一乘,深信因果,常发菩提大愿,随自己的过犯,悔除业障,这就名为正见比丘。当知这等人,深信三宝的力量,胜过一切外道百千万倍,也胜过四种转轮圣王,何况其他一切众生,就好像郁金花一样,虽然凋谢了,还是比一切杂花香。正见比丘,也是如此,胜过其他众生百千万倍,虽毁犯禁戒,但不失正见，因为这个缘故，仍然名为福田僧。善男子、善女人等，若供养这种福田僧，所得福德，也是没有穷尽的，和供养前说三种真福田僧的功德，完全一样，没有任何差别。这四类圣凡僧宝，利乐有情，永不休歇，这就名为僧宝不思议恩。"

当时五百长者，又向佛祈请说："世尊！我们今日听了佛陀的法音，知道了三宝对世间的利益，可是尚不知佛、法、僧，何以称之为宝，愿佛解说，使在场的会众及未来世敬信三宝的一切有情，信心坚定，永不怀疑，令入三宝不思议海。"

佛告诉他们说："善哉！善哉！汝善男子！能问如来的甚深妙法，使未来世，一切众生，得到利益和安乐。譬如世间第一等珍宝，具备了十种意义，庄严国界，饶益有情。佛、法、僧宝，也是如此，具备了如下十种意义。一是坚牢——像摩尼珠宝一般，没有人能够破坏；佛、法、僧宝，也是如此，一切外道天魔，皆不能破坏。二是无垢——世间胜宝，清净光洁，不杂尘垢；佛、法、僧宝，也是如此，皆能远离烦恼的尘垢。三是与乐——如天德瓶，能施与安乐；佛、法、僧宝，也是如此，能施与众生世间乐和出世间乐。四是难遇——如吉祥宝，稀有难得；佛、法、僧宝，也是如此，业障深重的有情，亿劫难得值遇。五是能破——如如意宝珠，能破贫穷；

佛、法、僧宝，也是如此，能破世间一切贫苦。六是威德——如转轮王，所有轮宝，能降伏一切怨敌；佛、法、僧宝，也是如此，具备了六种神通，能降伏四魔。七是满愿——如摩尼珠，随心所求，能雨众宝；佛、法、僧宝，也是如此，能满足众生所修的一切善愿。八是庄严——如世间的珍宝，能庄严王宫一样；佛、法、僧宝，也是如此，能庄严法王的菩提宝宫。九是最妙——如天妙宝，最为微妙；佛、法、僧宝，也是如此，超过世间一切，最胜最妙的珍宝。十是不变——譬如真金，入火不变；佛、法、僧宝，也是如此，世间的利、衰、苦、乐、称、讥、毁、誉等八风，不能动摇其心。

"佛、法、僧宝，具备了无量神通变化，利乐有情，没有片刻休息，因为这个缘故，诸佛、法、僧，所以说名为宝。善男子！我已为你们大略地说了世间和出世间四种有恩之处，你们应当知道，凡修菩萨行的，应该报答这四种大恩。"

当时五百长者，又再请问："世尊！这四种恩，最难报答，要怎样的修行，才能酬报呢？"

佛当即告诉他们说："善男子！为了求菩萨道，共有三类十种波罗蜜，也就是有深浅不同的三大层次。一是十种布施波罗蜜多。二是十种亲近波罗蜜多。三是十种真实波罗蜜多。

"若是有善男子、善女人,发了阿耨多罗三藐三菩提心,能够以堆满三千大千世界那样多的七宝,布施无量的贫穷众生,这样的布施,只能名布施波罗蜜多,不得名为真实波罗蜜多。

"若有善男子、善女人,已发大悲心,为了求无上正等菩提,以妻儿施与他人,以至身肉手足、头目脑髓以及性命,施给所求的人,也心无吝惜,这样的布施,也只能名亲近波罗蜜多,仍不得名为真实波罗蜜多。

"若有善男子、善女人,发起无上的大菩提心,不怀任何自利希求,且劝诸众生,同发无上大菩提心。以真实法,甚至一四句偈施一众生,使趋向无上正等菩提,这就名真实波罗蜜多。前说第一二两种布施,不名报恩;若善男子、善女人,能修这第三种真实波罗蜜多,才是真正能酬报四恩。因为前二布施,怀有所得心,第三种布施,是没有所得心的。以真实法,施一切有情,使发无上大菩提心,这人将来得菩提道果的时候,广度众生,没有穷尽,能使三宝的种子,永不会断绝,因为这个缘故,所以名为报恩。"

那时五百长者,听到从没有听过的报恩大法,内心充满了从没有过的喜悦,也都发心求取菩提,立即证得忍辱三昧,入不思议智,并且永不退转。会中八万四千众生,皆发菩提心,得坚固信及忍辱三昧,海会大众,都得金刚忍辱三昧，悟无生忍及柔顺忍，或证初地得不起忍。无量众生，发菩提心，住不退位。

随后佛再告诉五百长者说："未来世中的一切众生，若有人得闻这《心地观经·报四恩品》，受持、读习、解说、书写，使广为传布，这等人一定福智增长，能得诸天护佑，当生身无疾病，寿命增延。若命终时，立即会往生弥勒内院，见到弥勒菩萨眉间白毫相光而超越生死，将来在龙华三会上，当得解脱。十方的净土，可以随意往生，见佛闻法，入正定聚，并将很快地证得阿耨多罗三藐三菩提的如来智慧。"

3 卷三

开示知恩报恩之道（下）

当佛陀在王舍城演说这《心地观经》的时候，在王舍大城的东北八十由旬的地方，有一个小国名增长福，这个小国中，有一位长者名叫智光，已是衰老残年，只有一独生子，但是性情顽劣，不孝顺父母，任何教诲，他都不听。听说释迦如来在王舍城的耆阇崛山，为这个浊恶世界的无量众生，宣讲大乘的报恩大法，为了听法的缘故，乃亲携恶子并他们的眷属，特别带着供品，到了佛的住所，恭敬供养之后，长者向佛祈求说："我有一子，性情顽劣，不听父母教诲，今听佛说报四恩的大法，为了听法，特来到佛前，唯愿世尊，为我等及诸眷属，宣说四恩的高深义理，使我的恶子生孝顺心，使我们当生就得到安乐。"

当时,佛告诉智光说:"很好!很好!你为了听法,特别到我这里来,供养恭敬,既然喜欢听这报恩大法。你就用心地听,好好思量。若有善男子、善女人,发菩提心,为了听闻法要而奔走,这人举足下足,随其远近,他所经过的土地,皆化为微尘,因是为了听法的缘故,将会感得微尘数的金轮圣王果报。圣王报完了,会转为欲界天子,欲界天报尽,再为大梵天王,而且会见佛闻法,能速证妙果。你大长者和眷属等,为了听法到我这里来,经过了八十由旬土地,将这些土地化作微尘,每一微尘都能感得人天轮王果报,闻法之后,将来一定证得阿耨多罗三藐三菩提。"我虽然已经说过了甚深四恩的微妙义理,现在还是以偈为你再说一次:

最胜法王大圣主,一切人天非等伦;
具诸相好以严身,智海如空无有量。
自他利行皆圆满,名称普闻诸国土;
永断烦恼余习气,善持密行护诸根。
百四十种不共德,广大福海悉圆满;
三昧神通皆具足,八自在宫常游乐。
十方人天及外道,无有能难调御师;
金口能宣无碍辩,虽无能问而自说。

如大海潮时不失，亦如天鼓称天心，
如是自在唯佛有，非五通仙魔梵等。
难思劫海修行愿，证获如是大神通；
我入三昧大寂室，观察诸根及药病。
自出禅定而赞叹，三世佛法心地门，
时诸长者退大心，乐住二乘自利行。
我开大智方便教，引入三空解脱门；
如来意趣莫能量，唯佛能知真秘密。
利根声闻及独觉，勤求不退诸菩萨；
十二劫数共度量，无有能知其少分。
假使十方凡圣智，受与一人为智者；
如是智者如竹林，不能测量其少分。
世间凡夫无慧眼，迷于恩处失妙果；
五浊恶世诸众生，不悟深恩恒背德。
我为开示于四恩，令入正见菩提道；
慈父悲母长养恩，一切男女皆安乐。
慈父恩高如山王，悲母恩深如大海；
若我住世于一劫，说悲母恩不能尽。
我今略说于少分，犹如蚊蚋饮大海，
假使有人为福德，供养净行婆罗门，
五通神仙自在者，大智师长及善友，
安置七珍为堂殿，及以牛头栴檀房，

疗治万病诸汤药，盛满金银器物中，
如是供养日三时，乃至数盈于百劫，
不如一念申少分，供养悲母大恩田，
福德无边不可量，算分喻分皆无比。
世间悲母孕其子，十月怀胎长受苦，
于五欲乐情不着，随时饮食亦同然。
昼夜常怀悲悯心，行住坐卧受诸苦。
若正诞其胎藏子，如攒锋刃解肢节，
迷惑东西不能辩，遍身疼痛无所堪，
或因此难而命终，六亲眷属咸悲恼，
如是众苦皆由子，忧悲痛切非口宣。
若得平复身安乐，如贫获宝喜难量，
顾视容颜无厌足，怜念之心不暂舍。
母子恩情常若是，出入不离胸臆前，
母乳犹如甘露泉，长养及时曾无竭；
慈念之恩实难比，鞠育之德亦难量。
世间大地称为重，悲母恩重过于彼；
世间须弥称为高，悲母恩高过于彼；
世间速疾唯猛风，母心一念过于彼。
若有众生行不孝，令母暂时起恨心，
怨念之辞少分生，子乃随言遭苦难；
一切佛与金刚天，神仙秘法无能救。

若有男女依母教，承顺颜色不相违；
一切灾难尽消除，诸天拥护常安乐。
若能承顺于悲母，如是男女悉非凡，
大悲菩萨化人间，示现报恩诸方便。
若有男子及女人，为报母恩行孝养，
割肉刺血常供给，如是数盈于一劫，
种种勤修于孝道，犹未能报暂时恩。
十月处于胎藏中，常衔乳根饮胎血；
自为婴孩及童子，所饮母乳百斛余。
饮食汤药妙衣服，子先母后为常则；
子若愚痴人所恶，母亦恩怜不弃遗。
昔有女人抱其子，渡于恒河水瀑流；
以沉水故力难前，与子俱没无能舍；
为是慈念善根力，命终上生于梵天；
长受梵天三昧乐，得遇如来受佛记。
一名大地二能生，三能正者四养育，
五与智者六庄严，七名安隐八教授，
九教诫者十与业，余恩不过于母恩。
何法世间最富有？何法世间最贫无？
母在堂时为最富，母不在时为最贫，
母在之时为日中，悲母亡时为日没，
母在之时皆圆满，悲母亡时悉空虚。

世间一切善男女，恩重父母如丘山，
应当孝敬恒在心，知恩报恩是圣道。
不惜身命奉甘旨，未曾一念亏色养；
如其父母奄丧时，将欲报恩诚不及。
佛昔修行为慈母，感得相好金色身，
名闻广大遍十方，一切人天咸稽首，
人与非人皆恭敬，自缘往昔报慈恩。
我升三十三天宫，三月为母说真法，
令母听闻归正道，悟无生忍常不退。
如是皆为报悲恩，虽报恩深犹未足。
神通第一目犍连，已断三界诸烦恼，
以神通力观慈母，见在受苦饿鬼中。
目连自往报母恩，救免慈亲所受苦，
上生他化诸天众，共为游乐处天宫，
当知父母恩最深，诸佛圣贤咸报德。
若人至心供养佛，复有精勤修孝养，
如是二人福无异，三世受报亦无穷。
世人为子造诸罪，堕在三涂长受苦，
男女非圣无神通，不见轮回难可报。
哀哉世人无圣力，不能拔济于慈母，
以是因缘汝当知，勤修福利诸功德。
以其男女追胜福，有大金光照地狱，

光中演说深妙音，开悟父母令发意。
忆昔所生常造罪，一念悔心悉除灭，
口称南无三世佛，得脱无暇苦难身。
往生人天长受乐，见佛闻法当成佛；
或生十方净土中，七宝莲华为父母；
华开见佛悟无生，不退菩萨为同学；
获六神通自在力，得入菩提微妙宫；
皆是菩萨为男女，乘大愿力化人间；
是名真报父母恩，汝等众生共修学。
有情轮回生六道，犹如车轮无始终，
或为父母为男女，世世生生互有恩，
如见父母等无差，不证圣智无由识。
一切男子皆是父，一切女人皆是母，
如何未报前世恩，却生异念成怨嫉。
常须报恩互饶益，不应打骂致怨嫌；
若欲增修福智门，昼夜六时当发愿；
愿我生生无量劫，得宿住智大神通，
能知过去百千生，更相忆识为父母。
循环六趣四生中，令我一念常至彼，
为说妙法离苦因，使得人天长受乐。
劝发坚固菩提愿，修行菩萨六度门，
永断二种生死因，疾证涅槃无上道。

十方一切诸国王，正法化人为圣主，
国王福德为最胜，所作自在名为天。
三十三天及余天，恒将福力助王化，
诸天拥护如一子，以是得称天子名。
世间以王为根本，一切人民为所依，
犹如世间诸舍宅，柱为根本而成立。
王以正法化人民，如大梵王生万物，
王行非法无政理，如琰魔王灭世间。
王所容受奸邪人，象蹋华池等无异；
忽谓时逢浊恶世，当知善恶是王修。
如日天子照世间，国王化世亦如是；
日光夜分虽不照，能使有情得安乐；
王以非法化于世，一切人民无所依。
世间所有诸恐怖，依王福力不能生；
人民所成安隐乐，当知是王福所及。
世间所有胜妙华，依王福力而开敷；
世间所有妙园林，依王福力皆滋茂；
世间所有诸药草，依王福力差诸疾；
世间百谷及苗稼，依王福力皆成实；
世间人民受丰乐，依王福力常自然；
譬如长者有一子，智慧端严世无比，
父母恩爱如眼目，昼夜常生护念心，

国大圣王亦如是，爱念众生如一子。
养育耆年拯孤独，赏罚之心常不二；
如是仁王为圣主，群生敬仰等如来。
仁王化治国无灾，万姓恭勤常安稳；
国王无法化于世，疾疫流行灾有情。
如是一切人非人，罪福昭然无所覆；
善恶法中分七分，造者获五王得二；
园林田宅悉皆然，所税等分亦如是。
转轮圣王出现时，分作六分王得一；
时诸人民得五分，善恶业报亦皆然。
若有人王修正见，如法化世名天主；
以依天法化世间，毗沙门王常拥护；
及余三天罗刹众，皆当守护圣王宫。
圣王出世理国时，饶益众生成十德：
一名能照于国界，二名庄严于国土，
三名能与诸安乐，四名能伏诸怨敌，
五名能遮诸恐怖，六名修集诸圣贤，
七名诸法为根本，八名护持于世间，
九名能作造化功，十名国界人民主。
若王成就十胜德，梵王帝释及诸天，
夜叉罗刹鬼神王，隐身常来护国界。
龙王欢喜降甘雨，五谷成熟万姓安，

国中处处生珍宝，人马强力无怨敌，
如意宝珠现王前，境外诸王自宾伏。
若生不善于王国，一念起心成众恶，
是人命终堕地狱，受苦永劫无出期，
若有勤神助国王，诸天护念增荣禄。
智光长者汝应知，一切人王业所感，
诸法无不因缘成，若无因缘无诸法。
说无生天及恶趣，如是之人不了因，
无因无果大邪见，不知罪福生妄计。
王今所受诸福乐，往昔曾持三净戒，
戒德熏修所招感，人天妙果获王身。
若人发起菩提心，愿力资成无上果，
坚持上品清净戒，起居自在为法王，
神通变化满十方，随缘普济诸群品。
中品受持菩萨戒，福得自在转轮王，
随心所作尽皆成，无量人天悉遵奉。
下上品持大鬼王，一切非人咸率伏，
受持戒品虽缺犯，由戒胜故得为王。
下中品持禽兽王，一切飞走皆归伏，
于清净戒有缺犯，由戒胜故得为王。
下下品持琰魔王，处地狱中常自在，
虽毁禁戒生恶道，由戒胜故得为王。

以是义故诸众生，应受菩萨清净戒，
善能护持无缺犯，随所生处作人王。
若有不受如来戒，尚不能得野干身，
何况能感人天中，最胜快乐居王位？
是故王者非无因，戒业精勤成妙果。
国王自是人民主，慈恤如母养婴儿，
如是人王有大恩，抚育之心难可报。
以是因缘诸有情，若能修证大菩提，
于诸众生起大悲，应受如来三聚戒。
若欲如法受戒者，应当忏罪令消灭，
起罪之因有十缘，身三口四及意三。
生死无始罪无穷，烦恼大海深无底，
业障峻极如须弥，造业由因二种起。
所谓现行及种子，藏识持缘一切种，
如影随形不离身，一切时中障圣道。
近障人天妙乐果，远障无上菩提果；
在家能招烦恼因，出家亦破清净戒。
若能如法忏悔者，所有烦恼悉皆除，
犹如劫火坏世间，烧尽须弥并巨海。
忏悔能烧烦恼薪，忏悔能往生天路，
忏悔能得四禅乐，忏悔雨宝摩尼珠，
忏悔能延金刚寿，忏悔能入常乐宫，

忏悔能出三界狱，忏悔能开菩提华，
忏悔见佛大圆镜，忏悔能至于宝所。
若能如法忏悔者，当依二种观门修：
一者观事灭罪门，二者观理灭罪门。
观事灭罪有其三，上中下根为三品。
若有上根求净戒，发大精进心无退，
悲泪泣血常精恳，哀感遍身皆血现；
系念十方三宝所，并余六道诸众生；
长跪合掌心不乱，发露洗心求忏悔：
唯愿十方三世佛，以大慈悲哀愍我！
我处轮回无所依，生死长夜常不觉；
我在凡夫具诸缚，狂心颠倒遍攀缘；
我处三界火宅中，妄染六尘无救护；
我生贫穷下贱家，不得自在常受苦；
我生邪见父母家，造罪依于恶眷属；
唯愿诸佛大慈尊，哀愍护念如一子！
一忏不复造诸罪，三世如来当证明，
如是勇猛忏悔者，名为上品求净戒。
若有中根求戒者，一心勇猛忏诸罪，
涕泪交横不觉知，遍身流汗哀求佛，
发露无始生死业，愿大悲水洗尘劳，
涤除罪障净六根，施我菩萨三聚戒。

我愿坚持不退转，精修度脱苦众生，
自未得度先度他，尽未来际常无断。
如是精勤勇猛者，不惜身命求菩提，
能感三宝灵异相，是名中品大忏悔。
若有下根求净戒，发是无上菩提心，
涕泪悲泣身毛竖，于所造罪深惭愧，
对于十方三宝所，及以六道众生前，
至诚发露无始来，所有恼乱诸众生，
起于无碍大悲心，不惜身命悔三业。
已作之罪皆发露，未作之恶更不造，
如是三品忏诸罪，皆名第一清净戒。
以惭愧水洗尘劳，身心俱为清净品，
诸善男子汝当知，已说净观诸忏悔。
于其事理无差别，但以根缘应不同，
若欲修习观正理，远离一切诸散乱，
着新净衣跏趺坐，摄心正念离诸缘，
常观诸佛妙法身，体性如空不可得。
一切诸罪性皆如，颠倒因缘妄心起，
如是罪相本来空，三世之中无所得。
非内非外非中间，性相如如俱不动，
真如妙理绝名言，唯有圣智能通达。
非有非无非有无，非不有无离名相，

周遍法界无生灭，诸佛本来同一体。
唯愿诸佛垂加护，能灭一切颠倒心，
愿我早悟真性源，速证如来无上道！
若有清信善男子，日夜能观妙理空，
一切罪障自消除，是名最上持净戒。
若人观知实相空，能灭一切诸重罪，
犹如大风吹猛火，能烧无量诸草木；
诸善男子真实观，名为诸佛秘要门。
若欲为他广分别，无智人中勿宣说；
一切凡愚众生类，闻必生疑心不信。
若有智者生信解，念念观察悟真如；
十方诸佛皆现前，菩提妙果自然证。
善男子等我灭后，未来世中净信者，
于二观门常忏悔，当受菩萨三聚戒。
若欲受持上品戒，应请戒师佛菩萨：
请我释迦牟尼佛，当为菩萨戒和尚；
龙种净智尊王佛，当为净戒阿阇黎；
未来导师弥勒佛，当为清净教授师；
现在十方两足尊，当为清净证戒师；
十方一切诸菩萨，当为修学戒伴侣；
释梵四王金刚天，当为学戒外护众；
奉请如是佛菩萨，及以现前传戒师，

普为报于四恩故，发起清净菩提心。
应受菩萨三聚戒，饶益一切有情戒，
修摄一切善法戒，修摄一切律仪戒。
如是三聚清净戒，三世如来所护念；
无闻非法诸有情，无量劫中未闻见。
唯有过去十方佛，已受净戒常护持，
二障烦恼永断除，获证无上菩提果。
未来一切诸世尊，守护三聚净戒宝，
断除三障并习气，当证正等大菩提。
现在十方诸善逝，俱修三聚净戒因，
永断生死苦轮回，得证三身菩提果。
超越生死深大海，菩萨净戒为船筏；
永断贪嗔痴系缚，菩萨净戒为利剑。
生死崄道诸怖畏，菩萨净戒为舍宅；
息除贫贱诸苦因，净戒能为如意宝。
鬼魅所着诸疾病，菩萨净戒为良药；
人天为王得自在，三聚净戒作良缘。
及余四趣诸王身，净戒为缘获胜果；
是故能修自在因，当得为王受尊贵。
应先礼敬十方佛，日夜增修清净戒，
诸佛护念常受持，戒等金刚无破坏。
三界诸天诸善神，卫护王身及眷属，

一切怨敌皆归伏，万姓欢娱感王化。
是故受持菩萨戒，感世出世无为果；
三宝常住化于世，恩德广大不思议。
过未及现劫海中，功德利生无休息；
佛日千光恒照世，利益群生度有缘。
无缘不睹佛慈光，犹如盲者无所见；
法宝一味无变易，前佛后佛说皆同。
如雨一味普能沾，草木滋荣大小别；
众生随根各得解，草木禀润亦差殊。
菩萨声闻化众生，如大河水流不竭；
众生无信化不被，如处幽冥日难照。
如来月光甚清凉，能除众暗亦如是；
犹如覆盆月不照，迷惑众生亦如是。
法宝甘露妙良药，能治一切烦恼病；
有信服药证菩提，无信随缘堕恶道。
菩萨声闻常在世，无数方便度众生，
能有众生信乐心，各入三乘安乐位。
如来不出于世间，一切众生入邪道，
永离甘露饮毒药，长溺苦海无出期。
佛日出现三千界，放大光明照长夜，
众生如睡不觉知，蒙光得入无为室。
如来未说一乘法，十方国土悉空虚，

发心修行成正觉，一切佛土皆严净。
一乘法宝诸佛母，三世如来从此生，
般若方便无间修，解脱道成登妙觉。
若佛菩萨不出现，世间众生无导师，
生死崄难无由过，如何得至于宝所。
以大愿力为善友，常说妙法令修行，
趣向十地证菩提，善入涅槃安乐处。
大悲菩萨化世间，方便引导众生故，
内秘一乘真实行，外现缘觉及声闻。
钝根小智闻一乘，怖畏发心经多劫；
不知身有如来藏，唯欣寂灭厌尘劳。
众生本有菩提种，悉在赖耶藏识中，
若遇善友发大心，三种炼磨修妙行。
永断烦恼所知障，证得如来常住身，
菩提妙果不难成，真善知识实难遇。
一切菩萨修胜道，四种法要应当知：
亲近善友为第一，听闻正法为第二，
如理思量为第三，如法修证为第四，
十方一切大圣主，修是四法证菩提。
汝诸长者大会众，及未来世清信士，
如是四法菩萨地，要当修习成佛道。
善男子等应谛听，如来所说四恩者，

佛宝之恩最为上，为度众生发大心，
三僧企耶大劫中，具修百千诸苦行，
功德圆满遍法界，十地究竟证三身。
法身体遍诸众生，万德凝然性常住，
不生不灭无来去，不一不异非常断。
法界遍满如虚空，一切如来共修证，
有为无为诸功德，依止法身常清净。
法身本性如虚空，远离六尘无所染，
法身无形离诸相，能相所相悉皆空。
如是诸佛妙法身，戏论言辞相寂灭，
远离一切诸分别，心行处灭体皆如。
为欲证得如来身，菩萨善修于万行，
智体无为真法性，色心一切诸佛同。
譬如飞鸟至金山，能使鸟身同彼色，
一切菩萨如飞鸟，法身佛体类金山。
自受用身诸相好，一一遍满十方刹，
四智圆明受法乐，前佛后佛体皆同。
虽遍法界无障碍，如是妙境不思议，
是身常住报佛土，自受法乐无间断。
他受用身诸相好，随机应现无增减，
为化地上诸菩萨，一佛现于十种身。
随所应现各不同，展转倍增至无极，

称根为说诸法要，令受法乐入一乘。
彼获神通渐增长，所悟法门亦如是，
下地菩萨起智慧，不能了达于上地。
能化所化随地增，各随本缘为所属，
或一菩萨多佛化，或多菩萨一佛化。
如是十佛成正觉，各坐七宝菩提树，
前佛入灭后佛成，不同化佛经劫现。
十佛所坐莲花台，周遍各有百千叶，
一一叶中一佛土，即是三千大千界。
一一界中有百亿，日月星辰四大洲，
六欲诸天及四禅，空处识处非想等。
其四洲中南赡部，一一各有金刚座，
及以菩提大树王，尔所变化诸佛身，
一时证得菩提道，转妙法轮于大千，
菩萨缘觉及声闻，随所根宜成圣果。
如是所说三身佛，最上无比名为宝；
应化二身所说法，教理行果为法宝，
诸佛以法为大师，修心所证菩提道，
法宝三世无变易，一切诸佛皆归学，
我今顶礼萨婆若，故说法宝为佛师。
或入猛火不能烧，应时即得真解脱；
法宝能摧生死狱，犹如金刚碎万物；

法宝能照众生心，如日天子临空界；
法宝能作坚牢船，能渡爱河超彼岸；
法宝能与众生乐，譬如天鼓应天心；
法宝能济众生贫，如摩尼珠雨众宝；
法宝能为三宝阶，闻法修因生上界；
法宝金轮大圣王，以大法力破四魔；
法宝能为大宝车，能运众生出火宅；
法宝能为大导师，能引众生至宝所；
法宝能吹大法螺，觉悟众生成佛道；
法宝能为大法灯，能照生死诸黑暗；
法宝能为金刚剑，能镇国界伏诸怨。
三世如来所说法，能利众生脱苦缚，
引入涅槃安乐城，是名法宝恩难报。
智光长者汝谛听，世出世僧有三种，
菩萨声闻圣凡众，能益众生为福田。
文殊师利大圣尊，三世诸佛以为母，
十方如来初发心，皆是文殊教化力。
一切世界诸有情，闻名见身及光相，
并见随类诸化现，皆成佛道难思议。
弥勒菩萨法王子，从初发心不食肉，
以是因缘名慈氏，为欲成熟诸众生，
处于第四兜率天，四十九重如意殿，

昼夜恒说不退行，无数方便度人天。
八功德水妙华池，诸有缘者悉同生，
我今弟子付弥勒，龙华会中得解脱。
于末法中善男子，一抟之食施众生，
以是善根见弥勒，当得菩提究竟道。
舍利弗等大声闻，智慧神通化群生。
若能成就解脱戒，真是修行正见人，
为他说法传大乘，如是福田为第一。
或有一类凡夫僧，戒品不全生正见，
赞咏一乘微妙法，随犯随悔障消除，
为诸众生成佛因，如是凡夫亦僧宝。
如郁金华虽萎悴，犹胜一切诸妙华，
正见比丘亦如是，四种轮王所不及。
如是四类圣凡僧，利乐有情无暂歇，
称为世间良福田，是名僧宝大恩德。
如我所说四恩义，是名能造世间田，
一切万物从是生，若离四恩不可得。
譬如世间诸色尘，能造四大而得生，
有情世间亦复然，由彼四恩得安立。

那时智光和他的儿子及眷属等，听了佛说四种大恩，都欢喜得了不得，长者合掌说："太好了！太好了！大慈的世尊！为浊恶世界不信因果，不孝顺父母邪见众生，说真妙法，以利乐世间。唯愿世尊，说报恩的意义，我们既领悟了四恩的深广，但是尚不知道，要修什么善业，才能报答这种深恩厚德？"

佛开示智光长者说："善男子！我已经为五百长者广说，现在再为你略说。若有善男子、善女人，以有所得心，求阿耨多罗三藐三菩提，精勤修行十波罗蜜，未名报恩。若人以无所得心，于须臾之间，能行一善，乃名报恩。因为一切如来，以无所得心，方成佛道，化诸众生。若有净信男子等，能听闻这经，并信解受持，或为人解说、书写，以无所得的三轮体空，甚至私下为一人说四句法，使除邪见心，趣向菩提大道，就名为四恩总报。因为这人当得无上菩提，将能辗转教化无量众生，令入佛道，使三宝种子，永不会断绝。"

当时智光长者，听了佛说的偈语以后，立即证得忍辱三昧，厌离世间，得不退转。他的儿子等八千人，都证得这三昧，并发无等等阿耨多罗三藐三菩提心，另四万八千人，也证三昧，远离尘垢，得法眼净。

4 卷四

舍俗出家的殊胜意义

当时智光长者,受了佛陀威神力的感召,立即从座位上站起来,虔诚地向佛陀顶礼致敬,然后合掌当胸,恭敬地对佛陀说:"我现在听了佛陀讲最高的报恩微妙大法,内心实在无比的欢喜,正像一个饥饿的人,忽然得到甘露和美好的食物一样。现在为了报答父母、众生、国王、三宝等四种大恩,我想归投佛、法、僧三宝,出家修道,以便常常勤苦精进,希望证得菩提道果。可是大慈大悲的佛陀,从前在毗舍离城,曾嘉许无垢称居士说:'你无垢称,因知清净心,是善业的根本,不善的心,是恶业的根本。因为心清净,所以世界清净。心怀杂秽,所以世界也就杂秽了。在佛法中,心为主宰,一切善恶行为，没有不是由心来决定的。你现在虽然是在家的居士，但是有大福德，一切财宝，都很充足，男女眷属，都平安和乐，也具备了正知正见，从不毁谤三宝，常以孝顺心，恭敬尊亲，常起大慈悲心，救助贫穷孤独，甚至蝼蚁一类的小生物，也不忍心加害。以忍辱为衣，以慈悲为室，对有德的人，常怀恭敬的心，从不起骄狂傲慢的意念。怜悯一切众生，如同父母爱护赤子一样。不贪钱财，且常乐善好施，殷勤供养三宝，从不感到厌烦，就是为法牺牲身家性命，也在所不惜。这样的在家居士，虽然没有出家，但已具备了无量无边的功德，将来一定能够万行圆满，超出三界，证到大菩提道果。你能这样地修心，就是真正的沙门，也是婆罗门，是真正的出家，这就叫作在家的出家人。'

"世尊又曾在迦兰陀的竹林精舍，对六群恶性比丘教诫说：'你们比丘！仔细地听着，要想入佛法海，是以信为根本的；要想渡过生死河，戒就是船筏。一个出家的比丘，若不能严守禁戒，依然贪恋世俗的欢乐，损毁佛陀所订制的禁戒，或是失却正知正见，而入邪见林中，引导无数的人，随着堕入大深坑内，这样的比丘，虽然出家，但不能看作出家人，不配称为沙门，也不是婆罗门。因为这等人，外貌虽似沙门，实在心常在家，这样的沙门，没有远离世俗乐欲的行径。远离世俗的乐欲，可从两方面去看,一是身远离,二是心远离。所谓身远离,就是能身处空闲,不入世俗欲乐环境,没有享受世俗欲乐的行为。所谓心远离,就是对于世俗的欲乐,不但不去沾染,而且在心理上,根本没有恋慕向往的意念,如果身虽远离欲乐环境,而心存贪恋爱慕,这样的人,也不能算是真正的远离行者。如果净信男子或净信女人,身在世俗群中,却能发无上道心,常以大慈大悲的胸怀,做济人利物的事业,这样修行,就是真正的远离行。'当时六群恶性比丘,听了世尊这样的教诫,都曾证得了柔顺忍。

"现在我虽然敬信世尊所有的训诫,但不知到底在家好呢,还是出家好。伟大的世尊!您是能解决世间一切疑难的,对世间一切,无所不知,是说真实话的,是说一不二的,是知道的,是开道的。唯愿如来,为我们在会大众以及千秋后世的一切众生,弃舍方便的说法,开示我们究竟应该怎么选择,使永离疑悔,令入佛道。现在这会众中,有二种菩萨,一是出家菩萨,二是在家菩萨。这两种菩萨,都善能利益一切有情,永远没有休息。

"依我自己的想法,出家的菩萨,不如在家修菩萨行的好。为什么呢?因为从前有位金轮王,发了阿耨多罗三藐三菩提心,觉悟到世间的一切,都是无常的、痛苦的、虚幻不实的,终于舍弃了王位,如弃涕唾,以清净心出家,入于佛道。当时后宫的夫人以及八万四千名女眷,见王出家,都恋恋不舍,伤心已极,痛苦之情,如入地狱。这位金轮王登位之初,所感得的宝女以及千子,还有大臣眷属等,因伤别离,都跟着舍俗出家,哀号哭泣,声震四天下,每个人都自言自语地问:'我王的福德智慧,无量无边,为什么要舍弃我们而出家?使我们在茫茫人世中,无依无靠,今后怎么办?'

"如果有净信男女,皈依佛、法、僧,发菩提心,也要割爱辞亲,出家修道,而父母爱子情深,必不忍别离,一定会悲痛哀号,如涸辙中鱼,宛转于地,痛苦不堪,也会如那位金轮王眷属的情形一样。出家菩萨,原应利乐一切众生,为何反使父母妻子、六亲眷属,伤心痛苦,使无数众生,受大苦恼?因为这些缘故,我觉得出家菩萨没有慈悲心,不能利益众生,反不如在家菩萨,具有大慈悲心,怜悯众生,利益一切。"

佛陀听完智光长者的申述,慈和地赞许说:"很好!很好!你以大慈大悲的心情,劝请我解说出家和在家二种菩萨的胜劣。你的意思,以为出家菩萨不如在家菩萨,事实上不然。应知出家菩萨胜过在家菩萨无量无边,是无法相比的。因为出家菩萨对在家的所有种种过恶,已用正智慧力,做过深入详尽的观察。所谓世间一切众生的舍宅,积聚其中,不知满足,就如大海,纳受一切大小河流，没有见到满溢一样。善男子！在香山以南，雪山以北，有一阿耨池，池中有四大龙王，各居一角，东南的龙王白象头，西南龙王水牛头，西北龙王狮子头，东北龙王大马头。这四大龙王，从四角各涌出一条大河，一是殑伽河，这河流到哪里，白象随着到哪里。二是信渡河，这河流到哪里，水牛也就随到哪里。三是薄刍河，河流所经之处，狮子随至。四是私陀河，河流所经之处，大马随至。这四大河流，每河都汇聚了五百条中河，每条中河又各汇聚五百条小河。这些大河小河，皆汇流入海，但是从没有看见大海有满溢的时候。

"世间众生，所有一切居处舍宅，也是如此，从四面八方，收集各种珍宝，聚积于舍宅之中，也未见满足的时候。而为了多求积聚，反广造种种罪业，一旦死期到来，自然舍弃舍宅，然而宅主却要随业受报，千生万劫，没有了期。

"善男子！所谓舍宅，就是五蕴假合的身体，宅主就是你的本有神识。凡是有智慧的人，谁愿贪恋这有为易坏的舍宅？唯有菩提安乐宝宫，才能永离生老病死、忧悲苦恼。果真是智慧高、信心坚、善根深厚的善男子，要想化度父母妻子以及眷属，出生死海，令入无为永恒的甘露舍宅，就须皈依三宝，出家学道。"

当时如来又以偈说：

出家菩萨胜在家，算分喻分莫能比；
在家逼迫如牢狱，欲求解脱甚为难。
出家闲旷若虚空，自在无为离系着；
谛观在家多过失，造诸罪业无有边。
营生贪求恒不足，犹如大海难可满；
阿耨达池龙王等，四角涌出四大河；
大中小河所有水，昼夜流注无暂歇；
然彼大海未尝满，所贪舍宅亦如是。
在家多起诸恶业，未尝洗忏令灭除，
空知爱念危脆身，不觉命随朝露尽。
琰魔使者相催逼，妻子屋宅无所随；
幽冥黑暗长夜中，独往死门随业受。
诸佛出现起悲悯，欲令众生厌世间；
汝今已获难得身，当勤精进勿放逸。
在家屋宅深可厌，空寂宝舍难思议，
永离病苦及忧恼，诸有智者善观察。
当来净信善男女，欲度父母及眷属，
令入无为甘露城，愿求出家修妙道；
渐渐修行成正觉，当转无上大法轮。

"复次，善男子！出家的菩萨，视世间舍宅，犹如石火，深生厌患。为什么呢？譬如星星之火，能焚烧一切草木。世间舍宅,也是如此,只因为一念贪心,四方奔走,纵有所得,总是不会感到满足,永远贪得无厌,仍像一无所得一样;因为日夜地追求满足,却永远得不到满足,以致产生无限烦恼,像火在内心燃烧一般。世间一切舍宅,所以能产生无量烦恼之火,就是这一念贪心,贪心一起,就永远不会知足了。世间财宝,犹如草木,贪欲之心,如世舍宅。因为这个缘故,所以一切诸佛,说这三界名为火宅。善男子!出家菩萨,能作这样的观察,厌离世间,这才是真正的出家。"

当时佛陀并再以偈说:

> 出家菩萨观世宅,犹如人间微少火,
> 一切草木渐能烧,世宅当知亦如是。
> 众生所有众财宝,更互追求常不足,
> 求不得苦恒在心,老病死火无时灭。
> 以是因缘诸世尊,说于三界如火宅;
> 若欲超过三界苦,应修梵行作沙门;
> 三昧神通得现前,自利利他悉圆满。

"其次,善男子!若真喜爱出家,要视世间的舍宅,好像在深山石窟中的大宝藏一样。譬如有一长者,唯有一子,但家中豪富,金银财宝,不计其数,奴婢甚众,象马成群。后来长者忽患重病,名医良药,不能医治,

长者自知不久当死，只好嘱咐儿子说：'我已经快要死了，所有的财产，你要勤加守护，不要使这个家衰败了。'

"长者死后，他儿子不遵父亲的遗训，行为放荡，尽情挥霍，大好家业，很快地就败完了，僮仆星散，田舍易主，他的母亲也因之忧恼而死，剩下他一人，孤苦无以为生，只好到山中去拾柴采果，换些微薄小利维生。有一天到山中拾柴，忽遇天降大雪，偶然躲入一石窟，暂避风雪，没有想到这是古代国王的藏宝之所，金银财宝，堆积如山，因为数百年来，人迹不到，所以从来没有人发现。这位昔富今贫的浪子，忽然发现这么多金银财宝，真是说不出的欢喜，正在计算如何重起房舍，娶妻室，买奴仆；不料来了一群贼寇，他们因追逐一只鹿，也是无意间发现这个宝所，见这位浪子正在分配金银，于是放弃追鹿，立刻杀了这个浪子，夺走全部金银财宝。

"世间的愚痴凡夫，就和这贫穷浪子相似，深深地贪爱世间欲乐，不喜欢出离。深山中的石窟，好比世间舍宅；所藏的金宝，好比善根；群贼好比琰魔使者，随业受报，堕三恶道，不能听到父母三宝的名字，丧失了善根。因为这个缘故，应当厌离世间舍宅，发无上菩提心，出家修道，希望修成妙觉。"

那时如来再以偈说：

爱乐在家诸菩萨，观于舍宅如宝藏；
譬如长者有一子，其家大富饶财宝，
奴婢仆从及象马，一切所须无不丰。
于后长者身有病，举世良医皆拱手，
临终告命诸亲族，付嘱家财与其子，
教诲令存孝养心，当勤享祀无断绝。
是时其子违父命，广纵愚痴多放逸，
老母怀忧疾病身，又因恶子寻丧逝。
眷属乖离无所托，拾薪货鬻以为常，
往彼山中遇风雪，入于石窟而暂息。
窟中往昔藏妙宝，已经久远无人知，
樵人得遇真金藏，心怀踊跃生希有，
寻时分配真金宝，随意所欲悉用之，
或以造舍或妻财，奴婢象马并车乘，
校计未来无能舍，群贼因鹿到其前，
是彼怨家会遇时，遂杀贫人取金去。
愚痴众生亦如是，石窟犹如世间宅，
伏藏真金比善根，琰魔鬼使如劫贼；
以是因缘诸佛子，早趣出家修善品。
应观身命类浮泡，勤修戒忍波罗蜜；
当诣七宝菩提树，金刚座上证如如；
常住不灭难思议，转正法轮化群品。

"再次，善男子！世间所有一切舍宅，就好像掺了毒药的甘露饮食。譬如长者，唯有一子，聪慧利根，而且了解迦楼罗的秘密观门，能辨认毒药，并知善巧方便，父母无比的怜爱。一天有事到市肆去了，尚未回家，他的父母和诸亲族，在家欢聚饮宴，不知有一冤家，秘密地将毒药掺在饮食中，他的父母以及亲族，不知食物已经下毒，照常吃喝。他回来之后，又将预为留着的美好食物，给儿子吃，他当时不饿，没有立刻食用，因念迦楼罗秘密观门，知食物中有毒。他虽知父母等都中了毒，当时并未说破，因为怕父母知道之后，心中着急，反使毒性发作得更快，于是以方便对父母说：'我现在不能吃，先要回到市上去，等回来再吃，因为我买了一颗无价的宝珠，放在柜子里，忘记上锁了。'父母听说儿子买了宝珠，非常高兴，也不阻拦，由他自去。长者的儿子出门以后，就赶往一医生家，求取阿伽陀药，以便解除父母等的剧毒，得药后，飞奔回家，以乳、酥和糖合煎阿伽陀。待药煎好后才告诉父母说：'请父母饮这甘露，这是雪山的阿伽陀药，因为父母都误服了毒药，我所以先要外出，就是要为父母及亲属求这不死妙药去的。'父母及亲族等，皆大欢喜，立服妙药，吐出毒气，不但没有被毒死，且因而延年益寿。

"出家菩萨，就和这长者子外出求药一样。过去的父母，沉沦生死，现在的父母，不能出离，未来的生死，难得断尽，现在的烦恼，难以伏除，因为这些缘故，为了度父母及诸众生，激发同体大慈悲心，求大菩提，出家入道。善男子！这就名舍宅如杂毒药的甘美饮食。"

那时如来以偈重述说：

> 世间所有诸舍宅，说名杂毒甘美食；
> 譬如长者有一子，聪明利智复多才，
> 善迦楼罗秘密门，能辩毒药巧方便。
> 子有事缘往廛肆，暂时货易未还家，
> 父母宴乐会诸亲，百味珍羞皆具足。
> 有一恶人持毒药，密来致之于饮食，
> 其子是时不在家，父母为儿留一分。
> 举家误服杂毒药，子念观门知有毒，
> 即便奔驰到医所，求得伽陀不死药，
> 三味和煎药已成，遂白诸亲速令服。
> 如是所服如甘露，差诸杂毒皆安乐，
> 一切信心善男子，出家修道亦如是。
> 为济父母及众生，所服烦恼诸毒药，
> 狂心颠倒造诸罪，永沉生死忧悲海。
> 割爱辞亲入佛道，得近调御大医王；
> 所修无漏阿伽陀，还生父母三界宅；

令服法药断三障，当证无上菩提果。
尽未来际常不灭，能度众生作归依，
毕竟处于大涅槃，及佛菩提圆镜智。

"复次，善男子！出家的菩萨，常观世间一切舍宅，犹如大风，一刻也不能停留。为什么呢？善男子！在家人的心，常起妄想，执着虚幻的外境，不能彻底了解世间的真相，愚痴昏醉，在感触的境界中，颠倒一生。且又不常住一境，恶觉易起，善心难生，由于妄想的缘故，所以产生各种烦恼。因为有许多的烦恼，又造善恶诸业，依善恶业，自然就会招感五趣的果报，就这样的生死不断。唯具有正见的人，能使心不颠倒而作诸善业，因三种善根及信力等，增长法尔如是的无漏种子，便能起无漏种子三昧神通，如是如是的证圣相续。若能降伏妄想，修习正观，一切烦恼，自会完全永尽无余。"

当时智光长者向佛祈请说："世尊！修习正观，有无尽法门，到底应该以哪种正观，才能克服妄想？"

世尊告长者说："善男子！应当修习无相正观，就能降伏妄想，唯观实性，不见实相，因为一切诸法的体性，本来空寂，无见无知，这才名为正观。若有佛子，安住于正念，这样地去观察，长时间地修习无为，妄想的猛风，自会寂然不动，自然圣智现前，证理圆成。善男子！这就名为贤圣，名菩萨，名为如来阿耨多罗三藐三菩提。因为这个缘故，一切菩萨，所以要降伏妄心，使永不再起，为了要报四恩，而成就四德，出家学道，息妄想心，经过无量劫，然后成佛道。"

那时如来并再以偈说：

> 出家菩萨观在家，犹如暴风不暂住；
> 亦如妄执水中月，分别计度以为实。
> 水中本来月影无，净水为缘见本月；
> 诸法缘生皆是假，凡愚妄计以为我。
> 即此从缘法非真，妄想分别计为有；
> 若能断除于二执，当证无上大菩提。
> 凡情妄想如黑风，吹生死林念念起，
> 四颠倒鬼常随逐，令造五种无间因，
> 三不善根现为缠，生死轮回镇相续。
> 若人闻经深信解，正见能除颠倒心，
> 菩提种子念念生，大智神通三昧起。
> 若能修习深妙观，惑业苦果无由起，
> 唯观实相真性如，能所俱亡离诸见。
> 男女性相本来空，妄执随缘生二相，
> 如来永断妄想因，真性本无男女相。
> 菩提妙果证皆同，妄计凡夫生异相，

三十二相本非相,了相非相为实相。
若人出家修梵行,摄心寂静处空闲,
是为菩萨真净心,不久当证菩提果。

"复次,善男子!出家的菩萨,日夜常视世间舍宅,一切都是烦恼的产生处。为什么呢?如有一人,造立舍宅,以各种宝物加以装饰,造好之后,念念执着这舍宅是我所有,不属他人,我这舍宅,最为吉祥,是别人的舍宅所不能比的,这样的执着,就能产生烦恼。这自我意识和我所执着的一切,就是产生烦恼的根本,以致八万四千诸尘劳门,交相竞起,充满舍宅中。为什么会这样呢?因为在家凡夫,深深地贪着五欲之乐,妻子眷属、奴婢仆从,统皆具足。由于这些因缘,如是生老病死、忧悲苦恼、怨憎会合、恩爱别离、贫穷诸衰以及求之而不得等苦,如影随形,如响应声,世世相续,永不断绝。如是众苦,非无所因,都是以大小烦恼而为根本。一切财宝,固然可由追求而得,若是因缘不足,就不可强求,若要强求,也得不到。基于这个道理,一切烦恼的产生,是因追求而来。若没有追求的心,无量烦恼,都会断尽。然而现在这个身体,是众苦的依附之所,凡是有智慧的人,都应当厌离,如过去迦叶如来,为诸禽兽开示的偈语说:

> 是身为苦本，余苦为枝叶；
> 若能断苦本，众苦悉皆除。
> 汝等先世业，造罪心不悔；
> 感得不可爱，杂类受苦身。
> 若起殷重心，一念求忏悔，
> 如火焚山泽，众罪皆消灭。
> 是身苦不净，无我及无常；
> 汝等咸应当，深生厌离心。

"当时无量禽兽等，听了这偈语之后，因一念至诚忏悔，便舍恶道，转生第四天，觐见了一生补处的大菩萨，亲闻直趋究竟涅槃的不退大法。以是因缘，现在这个多苦的色身，犹如舍宅，一切烦恼，就是宅主。是故净信男子等，若发菩提心，出家入道，必得解脱众苦，都会成就阿耨多罗三藐三菩提。"

当时如来并再以偈说：

> 出家菩萨恒观察，舍宅所生诸烦恼。
> 如有一人造舍宅，种种珍宝以严饰，
> 自念壮丽无能比，不属他人唯我有，
> 工巧所修最殊妙，世间舍宅无能及。
> 如是分别生执着，以我我所为根本，
> 八万四千诸烦恼，充满舍宅以为灾。

世间一切诸男女，六亲眷属皆圆满，
以是因缘生众苦，所谓生老及病死，
忧悲苦恼常随逐，如影随形不暂离。
诸苦所因贪欲生，若断追求尽诸苦。
是身能为诸苦本，勤修厌离趣菩提。
三界身心如舍宅，烦恼宅主居其中；
汝等应发菩提心，舍离凡夫出三界。

"复次，善男子！出家菩萨，对于在家，当常作如下的观想。好像某大国中，有一大长者，家业豪富，财宝无量，由于多劫中的父子因缘，相续不断地修诸善行，声名远播。这位大长者，把所有的财宝，分作四份。以一份生息，维持家业不衰；以一份作为寻常日用所需；以一份惠施贫穷孤独；以一份救济宗亲以及往来客旅。这样四分做法，从未改变，也无间断，父子相承，以成定制。

"后来有一子，愚痴顽劣，深深贪恋五欲之乐，任意胡为，大背父母教诫，不依四业旧规，大兴土木，亭台楼阁，倍于常制，众宝严饰，极尽侈华，以琉璃布地，宝窗交映，龙首鱼形，各尽奇巧，微妙音乐，昼夜不绝，享受五欲之乐，如同天宫，因此鬼神憎嫌，人天唾弃。有一天邻家忽然起火，火势凶猛，随风蔓延，烧及库藏及诸楼阁,时长者子,见猛火起,极为愤怒,立即命妻子眷属并诸奴仆,进入楼阁,紧闭门窗;因为这愚蠢的处置,所有的人,全被烧死。

"在家凡夫,也和这情形一样,这世间的愚人像长者子,诸佛如来就像长者。世间凡夫,不遵从佛的教诫,造诸恶业,致坠三恶道,受大苦恼。因为这个缘故,出家菩萨,当观在家如长者子,不顺父母,致遭火灾,妻子俱死。善男子等,对人类世俗之乐,应生厌离之心,应当修清净行,求证菩提道果。"

那时如来又以偈说:

> 出家菩萨观在家,犹如长者生愚子,
> 其家富有诸财宝,久远相承无阙乏。
> 先世家业传子孙,一切资产为四分,
> 常修胜行无过恶,名称遍满诸国土。
> 金银珍宝数无边,出入息利遍他国,
> 慈悲喜舍心无倦,惠施孤贫常不绝。
> 长者最后生一子,愚痴不孝无智慧,
> 年齿已迈筋力衰,家财内外皆付子。
> 子违父命行放逸,四业不绍堕于家,
> 造立七层珍宝楼,用绀琉璃作窗牖。
> 歌吹管弦曾不歇,常以不善师于心,

受五欲乐如天宫，一切龙神皆远离。
邻家欻然灾火起，猛焰随风难可禁，
库藏珍财及妻子，层楼舍宅悉焚烧。
积恶招殃遂灭身，妻子眷属同殒殁，
三世诸佛如长者，一切凡夫是愚子。
不修正道起邪心，命终堕在诸恶趣，
长劫独受焚烧苦，如是展转无尽期。
在家佛子汝当知，不贪世乐勤修证，
厌世出家修梵行，山林寂静离诸缘。
为报四恩修胜德，当于三界为法王，
尽未来际度众生，作不请友常说法，
永截爱流超彼岸，住于清净涅槃城。

"复次，善男子！出家菩萨，应当把世间一切舍宅，看作一场大梦。譬如长者，有一童女，年方十五岁，端正秀美，时与父母共住于三层楼上，使爱女享受人间的欢乐，晚间与母同宿在宝床上，安然熟睡。不想这童女，梦见父母将她嫁与夫家，过了好几年，才生一子，五官端正，有聪慧相，全心抚养，日渐长大，已能学步。一日陪他在楼上玩，不慎从楼上跌下去，尚未坠地，就被一饿虎接着吞吃了。这时童女更加惊怖，大声哭叫，因而吓醒了。父母当即百般抚爱慰问，为何惊叫，童女羞涩地不肯说，她的母亲一再悄悄询问，童女才告诉她梦中的情形。善男子！世间生死的有为舍宅，长处在轮回之中，未得真正的觉悟以前，你所经历的离合名位，常如梦中。生老病死三界舍宅，也和那童女在梦中的虚妄分别一样。琰魔鬼使，忽然而至，也如饿虎于虚空中，接住婴孩而吞食之。一切众生，念念无常，老病死苦，也是如此。哪有智者会爱乐这假合之身？以是因缘，在生死的长夜梦中，应该发菩提心，厌离世间，当得如来的常住妙果。"

那时如来又以偈重述说：

> 佛子至求无上道，当观舍宅如梦中。
> 譬如富贵大长者，有一童女妙端严，
> 随其父母上高楼，观视游从甚欢乐。
> 女向楼中作是梦，分明梦见适他人，
> 后于夫家诞一子，其母爱念心怜悯。
> 子上楼台耽喜乐，因危坠堕于虎口，
> 遂乃失声从梦觉，方知梦想本非真。
> 无明暗障如长夜，未成正觉如梦中，
> 生死世间常不实，妄想分别亦如是。
> 唯有四智大圆明，破暗称为真妙觉。
> 无常念念如饿虎，有为虚假难久停，

宿鸟平旦各分飞，命尽别离亦如是。
往来任业受诸报，父母恩情不相识，
哀哉凡夫生死身，轮转三涂长受苦。
若知善恶随业感，应当忏悔令消灭，
一切人天妙乐果，惭愧正见为所因，
应发坚固菩提心，被精进甲勤修学。

"复次，善男子！出家菩萨，当观想这世间舍宅，如牝马口海一样，喷出烈焰，吞纳四河，百川众流，无不烧尽。譬如从前罗陀国中，有一位菩萨，名妙得彼岸，这位菩萨，有慈悲襟怀，常存利世之心。有一群商人，入海采宝，欲请这位菩萨同舟而行，使能顺利到达宝洲，即使遇到险难，也能安然渡过，不会发生阻碍。但这位菩萨年纪衰老，已到了百岁的高龄，起坐都要人扶持，行动已经无力。有一商主，亲至菩萨的住所，礼拜供养之后，向菩萨启请说：'我们欲入海采取珍宝，使永离贫穷，得大富贵，现在请菩萨和我一同前往。'

"菩萨告诉商主说：'我现在已经衰老，体力微弱，四肢乏力，行动不便，不能入海了。'

"商主恳求说：'唯愿大士，秉着慈悲心，哀悯我，接受我的请求，你只要安坐在船中，我就心满意足了。'

"菩萨见他这样恳求，只好满足他的愿望，一同乘船入海，直向东南方向驶去。不想遇到了北风，把他们吹向了南海。风猛浪急，经过了七日七夜，发现海水都成金黄色，好像熔化的金水一般。当时众商人问菩萨说：'这海水为什么都是黄金色呢？'

"菩萨告诉他们：'你们应当知道，我们现在已经到了黄金大海，无量无边的紫磨真金充满了大海，因为金宝交映，所以水都变成了金色。你们既然错了方向，漂到这黄金海中，应该各自勤求，设法归还北方。'

"又经过了好几天，发现海水完全是白色，就如航行在雪地上一般。菩萨又告诉他们说：'我们现在已到了珍珠大海，白玉珍珠充满海中，珠映水色，所以纯白。你们应当努力同心，使船航向北方。'

"又经过几天的奋斗，海水都变成了青色，像青色的琉璃一般。菩萨又告诉他们说：'你们现在又到了青玻璃海，无量无边的青玻璃宝充满海中，水与玻璃之色交映，所以水成青色。'

"又航行了好几天，海水变成了红色，像在血海中航行。菩萨又告诉大家说：'我们现在已到了红玻璃海，无量无边的红玻璃宝充满海中，因宝色赤红，与水交映而成红色。'

"又经数日，见海水变黑，像墨汁一般，遥闻猛火爆裂之声，好似大火焚烧干燥的竹林，火猛声急，非常恐怖，这种情形，不但从来没有见过，也没有听说过。又见大火起自南方，火峰突起，高逾百丈，烈焰飞空，或合或散，火花四射，快如闪电，浓烟云涌，遮天蔽日，这样的惊险情状，也是从未曾见闻。船中商人，惊惶万状，以为身命难保。于是菩萨告众人说：'你们现在已陷于恐怖中，因为我们进入了牝马口海，都会被烧死。为什么呢？由诸众生的业增上力，自然天火能烧海水，若是天火不烧海水，在一日一夜之间，一切陆地，都要变成大海，所有众生，都会被洪水淹没。现在我们因遇着大暴风，漂流到了这里，我和你们都活不久了。'

"那时船中，有千多人，同时悲号哀叫，捶胸顿足，号叫着说：'我们现在为了求取珍宝，漂流在大海中，又遇着这等险难，有什么办法，可以脱离此难呢？'这时同船的千多人，都至诚恳切，或称悲母，或称慈父，或求梵天，或求摩醯首罗天王，或求大力那罗延天，有的皈依妙得彼岸菩萨，并祈求说：'唯愿菩萨，救济我们，得免此难。'

"当时妙得彼岸菩萨，为了使众人脱离恐怖，特以偈开示说：

> 世间最上大丈夫，虽入死门不生畏；
> 汝若忧悲失智慧，应当一心设方便。

若得善巧方便门,离诸八难超彼岸;

是故安心勿忧惧,应当恳念大慈尊。

"菩萨说偈后,就烧众名香,礼拜供养十万诸佛,发愿说:'南无十方诸佛,南无十方诸佛,诸大菩萨摩诃萨众,四向四果一切贤圣,有天眼的,有天耳的,知他心的,众自在的。我为众生,运大悲心,弃舍身命,济诸苦难。现在我身,有一善根,就是受持如来不妄语戒,无量生中,未曾缺犯。若我一生有过妄语,现在这种暴风,就更加强劲。若是戒德非虚妄者,愿以此善根回施一切,我与众生,当成佛道。若是真实不虚,愿此暴风,立刻停息,顺风随念而起,这些众生,就是我身,众生与我,等无差别。'

"妙得彼岸菩萨,发起这等同体大悲的无碍大愿之后,暴风果然应念停止,便得顺风,使众人脱离了危难,到达了宝所,终于获得了各种珍宝。

"那时菩萨告商人说:'这样的珍宝,是难逢难遇的,你们因先世广行布施,所以得遇这等众妙珍宝;但是从前布施时,心存吝惜,故遇暴风。你们这些商人,采取珍宝,应该知所限量,不要放纵贪心,过分多取,以免又招致大难,应知众宝之中,还是以命宝为最珍贵,能保持性命,就是无价的珍宝。'

"当时诸商人等,受了菩萨的教诲,都能知足,不敢多取。当时众生得免灾难,又获得了大珍宝,远离了贫穷,到达了彼岸。

"诸善男子!出家菩萨,也是这样亲近诸佛以及善友知识,如彼商人,得遇菩萨,永离生死,到达彼岸,一如商主获得大富贵。世间所有的有为舍宅,如牝马口海,能烧众流,出家菩萨,也是这样审察谛观在家的过失。汝善男子,不染世间五欲之乐,厌离三界的生死苦难,所以得入清凉安乐大城。"

那时如来又以偈重述说:

> 出家菩萨观舍宅,如牝马海烧众流,
> 譬如往昔罗陀国,有一菩萨名得岸。
> 具大富智巧方便,无缘慈悲摄有情,
> 得是菩萨乘舶船,商人获宝超彼岸。
> 然是大士年衰老,不乐利他好禅寂,
> 有一商主请菩萨,欲入大海求珍宝。
> 唯愿大士受我请,令我富饶无阙乏,
> 于是菩萨运大悲,即便受请乘舶船。
> 时张大帆遇顺风,直往东南诣宝所,
> 忽遇暴风吹舶船,漂堕南海迷所往。
> 经过七日大海水,悉皆变作黄金色,

紫磨黄金满海中，宝映光现真金色。
复经数日大海水，变为白色如珂雪，
真珠珍宝满海中，所以海水成白色。
又经数日大海水，变作绀青如琉璃，
青玻璃珠满大海，所以水作绀青色。
又经数日大海水，悉皆变作红赤色，
红玻璃珠满海中，故变水色同于彼。
复经数日大海水，变为黑水如墨汁，
如是天火所焚烧，海水尽皆如墨色。
此海名为牝马口，吞纳四海及众流，
一切船舶若经过，有人到此多皆死。
天火炽盛如山积，爆裂之声如雷震，
众人遥见心惊怖，号叫捶胸白大师。
于是菩萨起慈悲，不惜身命垂救护，
暴风寻止顺风起，渡于险难至宝所。
各获珍琦达彼岸，永离贫穷受安乐，
出家菩萨亦如是，亲近诸佛如商主。
永离火宅超真觉，犹如商人归本处，
世间所有诸宅舍，如彼牝马大口海。
出家常厌于在家，不染世间离五欲，
乐住空闲心不动，善达甚深真妙理。
或处人间聚落中，如蜂采华无所损，

四威仪中恒利物，不贪世乐及名闻。
口中常出柔软音，粗鄙恶言断相续，
知恩报恩修善业，自他俱得入真常。

"那时智光及诸长者一万人等，异口同声对佛说："善哉世尊！稀有善逝！世尊所说的这些微妙第一、善巧方便、饶益有情的大法，我们都如佛所说的，已了解世间舍宅，犹如牢狱，一切恶法，都是从舍宅产生。出家的人，实在有无量无边的殊胜利益，由是我等，都极喜欢出家，希望现在将来，都享受清净法乐。"

那时世尊告诸长者说："善哉！善哉！你们发心，乐欲出家。若善男子、善女人，发阿耨多罗三藐三菩提心，只要一日一夜出家修道，就能在二百万劫中，不会堕入恶趣，常生善处，享受殊胜妙乐，值遇善知识，永不再退转，并得值遇诸佛授菩提记，终会坐金刚座，成正觉道。不过出家者，持戒最难，要能够持戒，才是真正的出家。"

时诸长者回答说："世尊！我们愿持戒修诸梵行，愿我速出生死苦海，愿我速入常乐宝宫，愿我广度一切众生，愿我疾速证得无生智。"

世尊于是嘱咐弥勒菩萨及文殊师利说："这些长者，付托给你们，劝令出家，受持净戒。"

时九千人，于弥勒前出家修道，受持佛戒。七千人等于文殊前出家修道，受佛禁戒。这些人既得出家，立即成就法忍，于如来秘密境界，不再退转。无量等人发菩提心，至不退转位，无数的天人远离尘垢，证得法眼清净。

5　卷五

如何做一个清净比丘

当智光和诸长者出家以后,他们立刻整理法服,五体投地,向如来顶礼,然后合掌恭敬地说:"世尊!我们听了佛陀开示在家的种种过失,真是前所未闻,现在已发菩提心,舍弃尘俗,剃除须发而做比丘。唯愿如来应正等觉,为我们及诸众生,演说出家的殊胜功德,使听到的人,都能发清净心,舍俗出家,远离垢秽之业,乐修梵行,使佛种不断。世尊的大恩,以无缘的慈悲,怜悯众生,就如对罗睺罗一样。仰祈佛陀开示出家的菩萨,应该怎样使道心坚定不移?怎样修习无垢的净业?怎样调伏这烦恼不安的妄心?"

当时世尊赞许智光及诸比丘说:"很好!很好!是真

正的佛弟子，能为未来的一切众生，向如来请问这些事。是的，正如你所说，如来世尊，怜悯众生，犹如一子，平等无二。你现在仔细地听，好好地思量，我当为你分别演说。出家的菩萨，当如以下所说安住其心，以及修行无垢的净业，调伏烦恼的妄心。"

智光欢喜地说："是的，世尊！我们很乐意恭听。"

佛告智光比丘说："出家菩萨，应这样的安住其心，就是常作如下的观想：我现在已得人身，眼、耳、鼻、舌等诸根具足，到底是从哪里来，而在这里出生？我在三界中，将来又要生于何界？于四大洲中，又生于何处？六道之中，受生何道？是什么因缘，能够离开父母妻子以及眷属，出家修道，而后免受八难之身？

"庄严劫中，过去千佛，都已涅槃。未来的星宿劫中，千佛尚未出世。现在贤劫中的千佛，几佛如来，已经出世，化缘已尽又入涅槃？尚有几佛，未曾出世？

"现在这些众生，机缘尚未成熟，没有听闻过正法，要等到什么时候，弥勒菩萨才从兜率天下生人间，示现成佛？在我身中，有什么善业？戒、定、慧学，当有何德？过去诸佛出世，既然都不曾遇到，将来出世的佛陀，我可以见得到吗？我现在凡夫地，身、口、意三业烦恼，哪一种最重？一生以来，造了些什么罪业？在什么佛前，曾种善根？我这个身命，还能活多久？

5 卷五•如何做一个清净比丘 265

"今天已过去了，寿命也就随着减少一天，像羊被牵着往屠场去一样，渐向死亡接近，没有办法逃避，身坏命终，又生于何处？如何能免除三恶道苦？我希望延年益寿，但却念念衰老，无时暂停，哪有智者，会爱恋着这假合的身体？

"智光当知，出家的菩萨，不论昼夜，常是这样观察，所以不贪恋世间，享受五欲的乐趣，常精勤修习净业，一刻也不放松，像是要去掉压在头顶上的巨石，也好像救燃眉之急。心常忏悔过去所造成的罪业，安住如是四无垢性，一心修行十二种头陀行，调伏其心，如旃陀罗（印度阶级中的贱民）。这样的佛子，才叫作真正的出家。

"智光比丘，为什么说修行如旃陀罗，才是真实的修沙门行呢？由于旃陀罗于外出时，必须手执锡杖，不敢走路的正中，若有人接近他，就要振动锡杖，发出声音，使来人能听到，自己则背转身躯，避免与之照面，免损伤对方的尊贵。在大众中常怀着谦卑低贱的心，不敢轻慢任何人，被人呵责时，也不生怨恨心，从不想报复，受辱挨打，也默然接受，毫不嗔怒。是什么缘故呢？因他自知种姓低贱，不能够和其他三种阶级平等，所以认为挨打受骂，乃理所当然，所以不会发怒而想报复。智光你当知道，出家修菩萨行的人，也应具备这样的心态。

当知初出家的菩萨，剃除须发，如同初生的婴儿，好像另外换了一个人身；每天托钵乞食，依靠施主活命；身着袈裟，如披甲胄；持锡杖而行，就好像手持戈矛；执智慧剑，破烦恼贼；修婴儿一般的心行，以求利益一切众生，所以一切贪、嗔、痴的三毒利箭，不能射入真正沙门的身中。

"出家的菩萨，常以三种观想，修忍辱行，方名真正出家：一是观想一切众生，都是佛陀的化身，自己是实在的凡夫。二是观想一切有情众生，都是尊贵主人，将自己视作卑贱的僮仆。三是观想一切众生，皆如我的父母，我是他们的子女。出家菩萨，能常作这样观想，若是挨打受骂，自然就不会起报复的念头了，这就是善巧方便调伏其心。

"智光比丘！你们仔细地听着，什么是四无垢性呢？即对衣服、饮食、卧具、汤药等四事，不论精粗，无所拣择，皆能心满意足，不贪求美好，这就名四无垢性。比丘们！为什么说这样四行是无垢性？智光当知，诸佛如来所说的四念处、四正勤、四如意足、五根、五力、七觉支、八正道等三十七品菩提分法，皆是由这无垢性开展而来，有了三十七品菩提分法，才能使佛、法、僧三宝永不断绝，所以得名为无垢性。"

当时世尊并以偈说：

智光比丘汝谛听，出家菩萨所应作，
无缘大慈摄众生，犹如一子皆平等。
发菩提心求正觉，应作三种成佛法，
心常住四无垢性，当修十二头陀行。
下心犹如旃陀罗，四威仪中作是念：
十方无量诸菩萨，刹那刹那趣圣道。
彼既修证我亦尔，如何流转三界中？
恒居生死无量苦，我今是身住何界？
六道轮回处何道？胎卵湿化受何生？
身口意业于何修？所造罪中何者重？
三性之心何心多？如是微细观察已，
大慈大悲恒相续，大喜大舍为先心。
为有缘者说妙法，昼夜修心不暂停，
如去顶石救头燃，念三观门常不离。
观诸有情是佛身，唯我独处于凡类；
一切众生等尊贵，我为僮仆居卑贱；
世间众生同父母，我如男女行孝养。
被他打骂不嗔嫌，勤修忍辱无怨嫉；
四事供养心不着，是则名为无垢性。
三十七品菩提分，及以如来果报身，
如是殊胜无漏法，四无垢性为根本；
不放逸行常修习，是名出家真佛子。

菩萨智种念念增，无漏圣道皆成就，
速得超于无量劫，端坐华王法界中。
福智二严皆圆满，无边劫海利群生，
由无垢性皆成就，证获如来常住果。

"复次，智光比丘！出家的菩萨，对于衣服，不应贪求美好，当不论粗细，随其所得，欢喜接受，使施者也生欢喜心而种福田。不要嫌弃粗恶，不能以巧妙的说辞，诱使他人供施美衣华服，以符自己的贪心。世间的凡夫，为贪求美衣华服，致造恶业，终堕恶道，经无量劫，不遇诸佛，不闻正法。受苦报完毕，再生人间，仍会贫穷困苦，所求不得，昼夜受苦恼逼迫，衣不蔽体，食不能养命。这样的众苦交迫，都是由于过去世，为了求贪美好的衣服，多杀生命，致造种种罪业的缘故。出家菩萨，就不是这样的，随其所得，不嫌粗恶，都以惭愧心而接受，以充法衣，故能得十种优胜的利益：一、能遮蔽身体，远离羞耻，具足惭愧，修行善法。二、免受寒热，以及蚊蝇、恶兽、毒虫的侵害，能安然修道。三、以能显现沙门的出家相貌，使见者欢喜，远离邪心。四、袈裟就是人天宝幢之相，见者若尊重礼敬，得生梵天。五、身披袈裟的时候，观想自如宝幢，这样能使众罪消灭，福德增长。六、袈裟所以染成粗恶的颜色，可使不生贪爱，远离五欲火坑。七、袈裟是三世诸佛所着的净衣，象征烦恼永断，可作众生的福田。八、身着袈裟，罪业消除，十善业道，念念增长。九、袈裟好似肥沃的良田，能使菩萨增长道心。十、袈裟犹如甲胄，一切烦恼毒箭，不能伤害。

"智光！你应当知道，因为这个缘故，三世诸佛，以及缘觉、声闻，现清净的出家相，都是身着袈裟，三种圣者同坐解脱宝床，执持智慧剑，破烦恼魔，同证入一味诸法实相之理，同证入清净的涅槃境界。"

当时世尊又以偈说：

> 智光比丘应善听！大福田衣十胜利；
> 世间衣服增欲染，如来法服不如是。
> 法服能遮世羞耻，惭愧圆满生福田；
> 远离寒暑及毒虫，道心坚固得究竟；
> 示现出家离贪欲，断除五见正修持；
> 瞻礼袈裟宝幢相，恭敬生于梵王福；
> 佛子披衣生塔想，生福灭罪感人天；
> 肃容致敬真沙门，所为不染诸尘俗；
> 诸佛称赞为良田，利乐群生此为最；
> 袈裟神力不思议，能令修植菩提行；
> 道芽增长如春苗，菩提妙果类秋实；

坚固金刚真甲胄，烦恼毒箭不能害。
我今略赞十胜利，历劫广说无有边。
若有龙身披一缕，得脱金翅鸟王食。
若人渡海持此衣，不怖龙鱼诸鬼难；
雷电霹雳天之怒，披袈裟者无恐畏。
白衣若能亲捧持，一切恶鬼无能近；
若能发心求出家，厌离世间修佛道，
十方魔宫皆振动，是人速证法王身。

"复次，智光菩萨！出家的佛弟子，应当常以乞食自活，至死不改变这心志。什么缘故呢？一切有情，都须以食物而活命，是以乞食的利益无穷。你们应当知道，出家的菩萨，常行乞食，有十种殊胜的利益：第一，常行乞食以自活命，自然出入自由，无所牵挂，灭除贪心。第二，乞食的时候，先说妙法，使生善心，然后才自进食。第三，为不肯施舍的人，发大悲心，为说正法，使能起施舍心而生胜福。第四，依佛教示而行，提高持戒品行，使福德圆满，智慧无穷。第五，因常乞食，不论七种傲慢心或九种傲慢心，都会自然消失，由是众生恭敬是良福田。第六，当乞食的时候，修忍辱三昧，降伏憍慢心，当得如来无见顶相，应受世间广大供养。第七，你们佛子，随佛修学佛法，住持三宝，能广利有情。第八,当乞食的时候,不为求美好饮食,以希望心,故意赞扬一切男子女人,诱使布施。第九,当乞食时,须依次行乞,不应分别贫富贵贱的家庭。第十,常行乞食,诸佛欢喜,是获得一切智的最佳因缘。

"智光菩萨!我为你们略说乞食的殊胜利益,有如上十种,若详细地分别解说,是无量无边的。你们比丘等,以及将来凡发心求佛道的众生,都应该这样学习。"

随后又以偈说:

智光菩萨汝谛听!出家大士应离贪;
当发出世修行心,乞食头陀为根本。
凡夫住于有漏食,圣者悉依无漏食;
有漏无漏诸圣凡,一切无不依食住。
我为汝等诸佛子,开演出世二利行;
三世如来所称赞,乞食功德有十利:
偏称此行最为胜,出入自在无系缚;
先令施主发初心,令趣菩提然后食;
为除悭贪说妙法,能趣大舍无量心;
依大师教行乞食,增长无量诸梵行;
七九种慢自除灭,为诸人天所尊敬;
如来顶相不可见,转妙法轮化十方;
尽未来际传此法,使不断绝三宝种;

若为饮食起妄心，不应赞叹诸男女；
起大慈悲平等意，不生分别贫与富；
清净乞食佛所赞，一切种智从此生。
三世如来出于世，为诸众生说四食；
段触思识为其四，皆是有漏世间食。
唯有法喜禅悦食，乃是圣贤所食者；
汝等厌离世间味，当求出世无漏食。

"复次，智光菩萨！出家的佛弟子，对于医药，也不应贪求珍贵的药物，若是患了病，以别人煎过的弃药，或可治病的普通药物就可以了。或采用一般药用的野生果类，如诃梨、毗梨、阿摩勒等果。总之当以价钱低廉的为是，甚至终生只服弃药，不求珍贵，这样是名真实的沙门。出家佛弟子如果常服弃药，可获得十种殊胜利益。是哪十种呢？第一，不会为了药物而求人，永息贪心，安住正念。第二，修不净观容易成就，使能坚定出世的道心。第三，对于珍味不起贪着，能速证正智，餐禅悦法味。第四，对于世间一切财物，常能知足，可早日获得解脱。第五，不接近世间的一切凡夫，常亲近出世的清净善友。第六，对于他人煎服过的弃药，尚不嫌恶，对于饮食精粗，当更不会计较，而获得解脱自在了。第七，身有病时，尚不希望服用珍贵的药品，对其他一切，必然也看得很淡，能得一切世间的普遍尊敬。第八，能很快地调伏一切烦恼病，证得如来常住不变的清净法身。第九，永远断除欲、色、无色等三界的一切烦恼，能治疗众生身体上及心理上的重病。第十，能遵照佛陀的教示修菩萨行，使福德智慧两皆渐趋圆满，终能证得大菩提圣果。

"智光你应当知道，我现只为你略说服弃药的十种利益，这样的妙行，不论过去、现在、未来的出家菩萨，都要共同修学的。你们都应当为众生演说，广为弘扬，不要使这种妙法失传，就是为如来广设供养了；这是世间任何财物供养所不能及的。能这样，对于菩萨行，不会再生退堕心，将能很快地证得无上正等正觉的佛果。"

当时世尊并以偈说：

> 智光比丘汝善听！出家所服无垢药，
> 菩萨妙行此为先，众生有病如己病。
> 以大悲恩救众苦，复用慈心施安乐，
> 最上妙药与他人，前人所弃而自服。
> 菩萨不择贵贱药，但疗众病令安隐，
> 取他所弃之余药，饮服以充治所疾。
> 取他弃药有十利，三世如来共称赞。
> 虽求医药不近他，永息追求住正念；

不净观门易成熟，而能远作菩提因；
不着甘味离诸贪，当求法喜禅悦食；
于世财宝能知足，获得无漏七圣财；
舍彼凡愚不共住，亲近圣贤为良友；
由是不嫌众弃药，亦于饮食断贪求；
珍膳妙药不希望，世间所以咸尊重；
能疗身心烦恼病，悟得真如法性身；
永断三界诸习气，证得无上真解脱；
能顺佛教趣菩提，福智圆成报身果。
汝等佛子皆修学，当坐金刚真道场。

"再次，智光！出家的菩萨，当远离喧闹的环境，安住于清净幽寂的阿兰若，修摄身心，无量千岁，以求佛道。过去、现在、将来三世的如来，都要离开一切喧闹的环境，安居于寂静的处所，才能精勤用功，修习万行，得证菩提道果。缘觉、声闻及一切圣贤，能够证得圣果，也都是这样，要远避尘嚣的。寂静的阿兰若，有十种功德，能令人证得菩提道果。是哪十种殊胜功德呢？第一，住阿兰若，能得自由自在，不受干扰。行、住、坐、卧四威仪中，皆能如法，不至以他人当前，才刻意收摄身心，因道心已坚，一举一动，无一不合于规范。二、没有我所贪爱的东西，自然也没有自我的意念，这就名为阿兰若，因宿树下或岩洞之中，无所执着的缘故。三、对于衣服床座等，没有贪爱和分别，自然烦恼渐薄，于是当可卧四种无畏的床座；也就是佛陀登座说法的时候，具备的四种无畏心态，即（一）一切智无所畏。因佛陀具备了一切智，再没有能胜过他的，所以无所畏怯。（二）漏尽智无所畏。佛已断除一切烦恼，不再受一切世事所扰乱，所以无所畏。（三）说障道无所畏。佛在外道邪师众中，说正法道，不会为邪师外道所蒙蔽，所以无所畏。（四）尽苦道无所畏。佛为众生说苦谛法，令众生脱离苦海，所以无所畏。四、阿兰若处，远离尘嚣，贪、嗔、痴三毒，自然微薄，因为没有引发贪、嗔、痴的外境。五、因为住阿兰若，已舍弃追求人天的五欲乐趣，自能进修超欲界的禅定，甚至可得出世的闻、思、修慧。六、能舍弃城市尘嚣闹区，安住幽寂的林泉，为修习佛道，不顾虑自身的危险。七、能乐于安住幽寂的阿兰若，自因境静而心也易静，心与境都静了，当易得禅定，既得禅定，那么对世间一切事业，都易成就了；因为有了定力，自然可以克服一切艰难困苦。八、既能克服世间一切困难，能成就世间事业，以这一切世间事业为基础，进而修出世间事业，当然也易于成就，因禅定力能克服障碍，这都是由于住阿兰若的缘故。九、阿兰若处，好像虚空，虚空能包罗万物，阿兰若就似包罗三昧的虚空，百千种三昧,皆能于阿兰若中修得。十、住阿兰若,不但以阿兰若为舍宅,因心清净遍满虚空而无障碍,亦不异以虚空而为舍宅。

"智光!你当知道,阿兰若处,有这样的无量功德。由于这个因缘,所以出家的佛弟子,宁愿舍弃生命,也不要离开山林寂静之处。若是为听讲佛法,或者为了供养病患、师僧、父母等原因,离开阿兰若,进入城市村庄中,也应事毕就速回。如果有特别原因,不能立刻返归阿兰若处,也应当这样想:现在寄身市镇中,也像在山林中一样,所得财物,皆虚假如梦,不应贪爱执着。这样的佛弟子,才能名为出家的菩萨。"

当时世尊并以偈说:

> 智光汝等善谛听,无烦恼人所住处:
>
> 远离喧闹处寂静,此是神仙所居处;
>
> 三世菩萨求菩提,于兰若中成正觉。
>
> 缘觉声闻诸圣众,亦于此处证菩提;
>
> 住阿兰若获十利,能令证得三乘果。
>
> 自在游行如狮子,四威仪中无系缚;
>
> 山林树下圣所乐,无我我所名兰若;
>
> 衣服卧具无系着,坐四无畏师子座;
>
> 离诸烦恼名兰若,一切贪爱无所着;

常居物外厌尘劳，不乐世间五欲乐；
远离愦闹寂静者，弃身舍命求佛道；
能住寂静无人声，于诸散乱心不起；
世出世间诸善业，心无障碍皆成就；
由是兰若为根本，能生百千诸三昧；
以大空寂为虚空，行者身心无障碍；
具足如是十胜利，是故众圣常居止。
智光汝等诸佛子，若欲速成一切智，
乃至梦中莫舍离，阿兰若处菩提道。
我灭度后发心者，而能住于兰若处，
不久当坐宝华王，证得法身常乐果。

当时世尊说以上法要的时候，有无量百千初发心的人，于无上佛道，获得不退转的信心。智光等诸菩萨众，得陀罗尼，具大神通。百万人天发菩提意，悟三解脱。

这时候如来又告大众说："若有净信的善男子、善女人，听了以上所说四无垢性的甚深法门，而能够受持，或读习、解说、书写，这样的人，所生之处，必会遇到善知识，对于修菩萨行，永不会再退堕，也不会受诸业烦恼的扰乱，并且现世就可获得大福报、大智慧，能住持三宝，得自在力，承继佛种，使不断绝。命终之后，必生知足天宫，觐见弥勒菩萨，证不退转，将来在龙华初会中，就得闻正法，受菩提记，速成佛道。如果愿生十方佛土，随他自己的意愿而得往生，见佛闻法，于阿耨多罗三藐三菩提道，永不会再退转。"

幽栖山林好修行

佛陀说完阿兰若十利等大法后，当时会中有一位大菩萨名常精进，承佛的威神力，立刻从座位上站起来，偏袒着右肩，以右膝跪地，恭敬地合掌请问佛陀说："世尊！如佛所说的，阿兰若处是菩提道场，若是有发心求菩提道的，就不应该舍离阿兰若处。可是在阿兰若中，本来就有很多众生，如虎、豹、豺、狼、毒虫、恶兽，以至飞鸟、猎人等，这些众生，既不认识如来，不曾听闻正法，又不尊敬僧宝，这些众生是没有善根的，只互相残害，离解脱道实在很遥远。为何不能速成佛道？佛陀为什么令修学人住阿兰若，说是能速得成佛呢？唯愿世尊为诸众生，分别解说，使断疑生信，令生欢喜，而发菩提心，依法修行，永不退转。"

当时佛告常精进菩萨："很好！很好！善男子！你以大慈心，请问如来清净解脱之道，利益将来诸修行人，实在功德无量。你仔细听着，并好好地思维分析，我现在为你分别演说阿兰若处种种功德。"

常精进菩萨恭顺地答:"是的,世尊!我们都会欢喜地恭听。"

随后佛开导常精进菩萨说:"如你所问,住阿兰若处,如果能够得成圣果,那么山林之中,很多的众生,又是什么缘故,不能够成佛?当知这两者是不可以相提并论的。是何道理呢?因为那些众生,不认识佛、法、僧三宝,不知厌足,又不能分别善恶,在山林中,虽然蕴藏着各种世间珍宝,也是不识不知。菩萨就不是这样的,善男子!菩萨能知道佛、法、僧是出世的三宝,对于山林中蕴藏的世间七珍宝物,都能辨别各自的颜色形状,虽知蕴藏处所,但不会贪求,甚至不愿见到,何况求取据为己有?

"因菩萨出家修行,愿心坚定,不惜身家性命,舍离父母等六亲眷属,乐于安住山林。并常这样观察:'假使这三千大千世界,将要毁灭的时候,会同时出现七个太阳,高温笼罩之下,必普遍发生火灾,焚毁万物,日月星辰、妙高山王以及七大金山和铁围山等,都会同时散灭;纵居三界顶端的非非想天,到八万劫的最后,仍然会堕落下界;转轮圣王,虽然有千子围绕,七宝眷属随侍,四洲归服,但福报享尽,大限到来时,也不能多留片刻。

"'我现在也是这样,纵然能保持寿命百岁,七宝具足，享受人间各种快乐，一旦死神降临，终逃不出无常的定律。'也常作这样思维：'我现在不如代父母及愚痴众生，修超出三界的菩萨行，将来证得金刚不坏的身体，再来三界之内，精进不息，救度父母。'因发了这样的菩萨大心，所以安住阿兰若。

"既发大愿，又立誓以自励，以求圆满愿行，于是上根的菩萨自誓说：'愿我在未成佛以前，不居屋舍，露天席地，刻苦精进，常坐不卧。'中根的菩萨自誓说：'愿我未成佛以前，于树林中，专心修道，常坐不卧。'下根的菩萨自誓说：'愿我在未成佛以前，只居石室，常坐不卧。'

"上、中、下三等根机的出家菩萨，各坐本座，作如是念：'过去菩萨坐于此座，而能证得陀罗尼门，功德自在。过去、现在、未来诸菩萨等，都于此座得陀罗尼门，修证自在；我现在住此阿兰若，也是这样，必将成就陀罗尼而得自在，若是不能成就而得自在，就决不舍离阿兰若处。'

"由于菩萨的根机不同，誓愿求证的道果也就不一样。有等菩萨没有圆满证得慈、悲、喜、舍等四无量心以前，决不离开阿兰若处。有等菩萨，在没有圆满证得天眼、天耳、神足、他心、宿命等五种神通力以前，决不离开阿兰若处。有等菩萨，在没有圆满成就布施、持戒、忍辱、精进、禅定、智慧六波罗蜜以前,是决不会离开阿兰若处。有等菩萨,在没有圆满成就各种善巧方便以前,是决不会离开阿兰若处。

"有等菩萨,若不能调和一切众生的身、口、意等三业,制止他们的各种恶行,就决不会离开阿兰若处。有等菩萨,若不能圆满修习布施、爱语、利行、同事等四种摄受众生的法,就决不会离开阿兰若处。有等菩萨,在没有修习念佛、念法、念僧、念戒、念施、念天六念方法以前,是决不会离开阿兰若处。有等菩萨,在没有成就博学多闻及证得智慧以前,决不离开阿兰若处。有等菩萨,在坚贞不移的信力没有建立以前,决不会舍离阿兰若处。有等菩萨,在没有断除六十二种邪见以前,决不会离开阿兰若处。

"有等菩萨,在没有修习正见、正思维、正语、正业、正命、正精进、正念、正定八正道以前,是不会离开阿兰若处。有等菩萨,在没有永远断绝烦恼、所知二障的习气以前,是决不会离开阿兰若处。有等菩萨,在没有圆满证得应病与药的微妙智慧以前,就决不会离开阿兰若处。有等菩萨,在没有圆满成就大菩提心以前,决不会离开阿兰若处。有等菩萨,在没有圆满证得恒河沙数三昧以前,决不会离开阿兰若处。有等菩萨,在没有成就无量的神通以前,永远不会离开阿兰若处。

"有等菩萨，以禅定中的神通力，见内空、外空、内外空、空空、大空、第一义空、有为空、无为空、毕竟空、无始空、散空、性空、自性空、诸法空、不可得空、无法空、有法空、无法有法空十八种空，但心不惊疑，这等大事若没有成就以前，永远不会离开阿兰若处。有等菩萨，在没有圆满证得一切智慧以前，决不会离开阿兰若处。有等菩萨，在没有圆满证得一切种智以前，永不会离开阿兰若处。有等菩萨，在尚没有修习四念处、四正勤、四如意足、五根、五力、七觉支、八正道等三十七种菩提分法以前，永不会离开阿兰若处。有等菩萨，在没有圆满六度万行，位登十地圣位以前，永远不会离开阿兰若处。有等菩萨，于百劫之中，若不能修行相好善业以前，决不会离开阿兰若处。

"有等菩萨，在没有圆满证得如来的平等性智、妙观察智、成所作智、大圆镜智四智，永不会离开阿兰若处。有等菩萨，在没有圆满证得大涅槃以前，永不会离开阿兰若处。有等菩萨，坐金刚座上，在没有证得阿耨多罗三藐三菩提佛果以前，就永不起座，这就名为菩萨的阿兰若行。这是以大誓愿为根本，趋向解脱为目的，自与原住于山林的禽兽及猎人、隐士之类不同。

"善男子！出家的菩萨，因发菩提心，入住于山林中，以上说的三种座，旨在磨炼身心，经三大劫，修习六度万行的法门，最后必得无上正等菩提佛果。"

当时，世尊又以偈说：

昔诸如来因地时，住阿兰若离尘处，
伏断烦恼所知障，超过三界证菩提。
过去菩萨修行愿，以阿兰若为舍宅，
阿僧祇劫修福智，十地究竟证三身。
未来菩萨求佛果，入于深山修妙行，
断除二障生死因，当证三空真解脱。
现在十方诸菩萨，修持万行住空闲，
不惜身命求菩提，念念证得无生智。
若欲速证深三昧，因修妙定超神通，
阿兰若处心无诤，能变大地为七宝。
若欲游戏十方国，往来自在运神通，
供养诸佛利群生，住阿兰若无畏处。
欲证有无如幻智，了达诸法本来空，
住阿兰若菩提场，令众亦入真解脱。
若欲速得如如智，证会诸法如如性，
尽大劫海利群生，当住兰若空寂处。
若人欲得难思智，妙高山王纳芥子，
山王芥子不坏相，入于兰若神通室。
若人欲得无碍智，以一妙音演说法，

随类众生各得解，当住兰若修妙观。
若欲无生及无灭，应现十方诸国土，
放光说法利群生，莫离兰若空寂室。
若以足趾按大地，令十方界皆振动，
睹相发心除邪见，当住兰若观自心。
若欲诸佛出现时，最初献于微妙供，
檀波罗蜜皆圆满，住阿兰若修妙行。
若人于佛涅槃时，最后供养成檀义，
永断贫穷及八难，誓愿住于兰若中。
若欲福智皆圆满，未来诸佛临涅槃，
受佛付嘱广弘愿，住阿兰若修六念。
若于诸佛涅槃后，结集遗法度众生，
助于诸佛赞真乘，住阿兰若空寂舍。
人天大师薄伽梵，难见难遇过优昙，
若欲奉觐修供养，当住兰若弘悲愿。
众宝之尊法为最，成佛化利皆由此，
如人欲得常听法，住阿兰若修梵行。
始从今身至佛身，常愿发心弘正教，
乃至未得大菩提，念念不舍阿兰若。
若人欲报父母恩，代于父母发誓愿，
入阿兰若菩提场，昼夜常修于妙道。
若欲现世修福智，当来不堕八难中，

如是有情发善心，住阿兰若修悲愿。
三世菩萨求真觉，得道涅槃兰若中，
是故名为大道场，三乘圣众皆同处。
菩萨厌苦入山林，为度群生求圣道，
自未成佛先度他，六道四生皆悲悯。
上根菩萨居露地，中根菩萨居叶中，
下根菩萨居石室，未成佛道常不卧。
三世菩萨住兰若，得陀罗尼自在力，
今我誓同菩萨心，未得总持恒止此。
得大菩提在兰若，入大圆寂由住处，
菩萨起于金刚智，断惑证真成妙觉。
广化众生游聚落，为求寂灭乐山林，
万行因满果亦圆，尽未来时度群品。

世尊演说这些出家菩萨的阿兰若行以后，当时有无量的菩萨，证入极喜地。有恒河沙数的菩萨，永远舍离了相用微细烦恼，得证不动地。有不可以言语说明的无数菩萨摩诃萨，断除了一切障碍，证登妙觉地。有无量无边的众生，发无等等阿耨多罗三藐三菩提心，有九万七千众生，远离尘垢，得法眼清净。

6 卷六

离世修行的因缘

世尊演说菩萨的阿兰若行以后，会中有位大菩萨名叫乐远离行，唯恐佛陀所说，会中的大众，尚有不完全明白的，当即秉承佛陀的威神力，从座位上起立，为诸菩萨，对阿兰若行，作补充演绎，于是普告一切菩萨说："凡出家的菩萨，安住于阿兰若中，应当这样想：'我是什么因缘，远离世间一切，安住于阿兰若处，修清净妙行？'各位佛子，一心谛听，我现在承佛力的加持，为你们分别演说阿兰若行。"

诸菩萨同声说："太好了，大士！你能为我们及将来求菩萨道的人，说菩萨法，我们是很乐意听的。"

乐远离行菩萨继续对大家说："一切世间，都有许多令人恐怖的事，出家的菩萨，厌恶世间种种恐怖，所以舍离父母及诸眷属，住于阿兰若处，修远离行。

"到底有哪些恐怖呢？由于观念的各自不同，所见也并不一样，有等菩萨以执着有一真实的自我，最为恐怖。因为一切烦恼，皆由这我而产生，若没有我，自然也就没有一切烦恼了。有等菩萨，以执着我的所有，最为恐怖。因有这一占有欲，故起种种恶念，造种种恶业，乃产生种种烦恼。有等菩萨，却说七种我慢心，为产生烦恼的主因，是很恐怖的。我慢的本质，是恃己凌人，既有此心，就对一切善法，不能虚心接受；对一切善人，不能诚心恭敬尊重；于是产生种种烦恼，甚而导致相残相杀，而使自己身败名裂，人格堕落，所以我慢心是很恐怖的。有等菩萨，认为贪、嗔、痴三毒是产生烦恼的根源，最为恐怖。因为这三毒能使人造种种恶业，以致轮回于三恶道中，受无量苦报，所以三毒是最令人恐怖的。有等菩萨，以财、色、名、食、睡等五欲之乐，最为可怕。因为世人贪恋于五欲之乐，难免沦堕三恶道，或生没有佛法的世界，或生长寿天，或生而盲聋喑哑，或为世智辩聪之士，或生于佛前佛后等八难处，不见佛，不闻法，永不得真正解脱。譬如世间有种七步蛇，毒性剧烈，若人被咬，走不出七步，必然毒发身死。一蛇的毒液，尚能置人于死地，何况五条蛇共同咬伤，中毒必更强烈，岂能保全性命？世间的五欲，就像五条毒蛇，每种欲乐，都能引起八万四千微细尘劳，迷惑愚人，使堕地狱、饿鬼、畜生等恶道，或使生于其他五种难处，受各种大苦恼。贪求五欲之乐，已经这样可怕，何况普遍贪恋世间一切尘境。虽然过去有如恒河沙数的佛陀，出现于世，说法教化，但都如白驹过隙，瞬息即逝，这些贪恋五欲之乐的愚痴众生，始终没有机缘见佛闻法。他们常以恶道为家，长住八难之处，以难处为乐园，永远舍不得离开。过去有佛，欲使众生厌弃五欲之乐，特以偈语教化说：

譬如飞蛾见火光，以爱火故而竞入；
不知焰性烧燃力，委命火中甘自焚。
世间凡夫亦如是，贪爱好色而追求；
不知色欲染着人，还被火烧众来苦。
譬如群鹿居林薮，贪于丰草而自养；
猎师假作母鹿声，群鹿中箭皆致死。
世间凡夫亦如是，贪着种种可意声；
不知声能染着人，还受三涂诸苦报。
譬如蜜蜂能飞远，游于春林采众花；
为爱醉象频上香，象耳因之而掩死。
世间凡夫亦如是，爱着一切受用香；

不知香能染着心,生死轮回长夜苦。
譬如龙鱼处于水,游泳沉浮而自乐;
为贪芳饵遂吞钩,爱味忘生皆致死。
世间凡夫亦如是,舌根耽味以资身;
杀他自活心不平,感得三涂极重苦。
譬如白象居山泽,自在犹如师子王;
欲心醉乱处昏迷,追寻母象生贪染。
一切凡夫亦如是,趣彼妙触同狂象;
恩爱缠缚不休息,死入地狱苦难量。
世间男女互贪求,皆由乐着诸色欲;
人天由此故缠缚,堕坠三涂黑暗中。
若能舍离贪欲心,住阿兰若修梵行;
必得超于生死苦,速入无为常乐宫。

"有等菩萨,以贪求很多的财宝为恐怖。对自己的财宝,积聚唯恐不多,日夜不停地追求,且非常吝惜,自己也不肯享受,不要说施给贫穷的众生了。对于自己的财宝,百般保护,生怕有所损失;对于别人的财宝,却又希望使它遭受损毁而减少。以这样的因缘,身死之后,堕大地狱,受无量的苦报。这种苦报,名为第一正感苦果。

"这等众生,从地狱出来以后,又受畜生报,身常劳苦，水草都不易得饱食，这样也要经过很长的时间，以偿还损毁他人的财宝。这样所受的众苦，名为第二正感的苦果。

"畜生报后，再生于饿鬼道中，受饥渴苦，无量千劫中，听不到浆水饮食的名称，不要说是饥餐渴饮了。他的咽喉细如针尖，腹大有如山岳，纵然得到了饮食，立刻就会化为火焰。这样的苦痛，名为第三正感的苦果。

"在三恶道中受苦完毕，才能再生于人间，但仍是贫穷下贱之身，听受别人使唤，追求任何财宝，都不能如愿，任何时地，都不能自由自在。这样的余报，名为相似果。

"一切菩萨，分明知见这种因果关系，因此常怀恐怖之心，所以急求解脱。由于以上所说种种恐怖心理，所以远离眷属，住于阿兰若处，静修清净梵行。

"有等菩萨，以如饥如渴的贪爱心，是可怕的。因对于没有得到的一切财宝，日夜追求，贪而无厌，由是而起种种烦恼，造种种恶业，所以菩萨对渴爱心，心生恐怖。有等菩萨，以出主入奴的各种法见，是令人恐怖的。因为这是所知障的根源，有了所知障，对一切事理、境界，都不能如实观察，更不能如实明了或亲证，所以菩萨对法见，心生恐怖。

"有等菩萨，以六十二种外道见解，是令人恐怖的。

因为众生一旦入邪见林，就会被各种邪见所迷惑，很难舍邪归正，易入难出，故菩萨对邪见，心怀戒惧。有等菩萨，以疑心而为恐怖。因对真正的正法起疑惑，自不能信受奉行，所以菩萨对疑心，感到很可怕。有等菩萨，以断见是令人恐怖的。因为断见的人，一定执着没有后世，否定因果，毁谤三宝，造各种恶业，生大邪见，必堕地狱，所以菩萨对断见，心生恐怖。有等菩萨，以常见是令人恐怖的。凡具常见的人，认定人生生世世是人，畜生就生生世世都是畜生，其他各类众生，都是如此，不会因善恶业而有所变易，否定善恶因果变易，也会因此造恶，所以菩萨视断见为恐怖。

"有等菩萨，观察嫉妒心是可怕的。因不愿见他人荣显，常怀恶心，见他人功德，不肯随喜赞叹等等，必招无量苦报，故菩萨对嫉妒心，感到恐怖。有等菩萨，以掉举而为恐怖。因掉举而使心神散乱，致禅观不能成就，故菩萨对此，心怀恐怖。有等菩萨，以不信心而为恐怖。对三宝没有信心，如人没有手一样，虽身入宝山，终不会有所获得，没有信心的人，虽遇三宝，也会一无所得。

"有等菩萨，以没有惭心为恐怖。内无羞耻之念，瞒心昧己，广造恶业，而不重法，业障无明，难得见佛，所以菩萨视为恐怖。有等菩萨，以没有愧疚心而为恐怖。若没有愧疚心，不明是非善恶，忘恩背义，胡作非为，恬不知耻，造恶必然受报，轮回生死，出入三恶道，受无量苦，所以菩萨心生恐怖。

"有等菩萨，以愤恨心等为恐怖。愤恨心不但伤人，而且损己，互为仇怨，没有了时，多生多劫中，为进修佛道的障碍，所以菩萨以为恐怖。有等菩萨，以彼忘失而为恐怖。对于所闻的善法，不能记忆而受持，忘失文意义理，增长愚痴，所以菩萨对此生恐怖心。

"有等菩萨，甚至以一切不善的恶业而为恐怖。什么缘故呢？菩萨观一切恶业，为生死因，所以轮回三界，不得超脱，于是而生无量无边恐怖，这种种恐怖，皆能障碍出世胜法，所以菩萨心怀畏惧。

"有等菩萨，以贪欲、嗔恚、昏睡、掉举、疑惑等五盖为恐怖的。因这五种烦恼，都能盖覆菩提心，阻碍菩提进路。有等菩萨，以憎恶心是恐怖的。因憎恶众生，自然就对各种众生，没有怜悯心，既没有怜悯心，当然不会起大悲心，这样就不能普度众生，于菩提行必然退堕。

"有等菩萨，以破戒垢为恐怖的。因戒为定慧的根本，若破戒必难成定慧之果，所以菩萨视破戒而生恐怖。有等菩萨，以忧恼而为恐怖。因忧悲苦恼，必滋生诸多妄想，致心不能专一，妄想交织，一切善业，都难望有所成就，所以菩萨观忧恼而生恐怖。

"有等菩萨,以恶作心而为恐怖。因有这恶作心,每有善行,事后必然懊悔,作善而生追悔心,则善业难成,所以菩萨观恶作心而生恐怖。有等菩萨,认为狂醉是可怕的。因狂醉而失去常理知见,对于一切善恶是非,不能辨识,黑白不分,胡作非为,所以菩萨观此而生恐怖。有等菩萨,以非时死而为恐怖。因死于意外,很难保持正念,不能随念往生,或随业而入三恶道中,所以菩萨观非时死而生恐怖。

"有等菩萨,以妄语业而起恐怖。因为犯了妄语戒,将来生生世世,所有言说,一切众生,都不相信,即使到了果地,说真实语,众生也不信受,所以对妄语而生恐怖。有等菩萨,认定无常是永恒,以不净为净,以不乐为乐,无我认为是真实的我等四种颠倒妄执为恐怖。因这四种颠倒妄计,是众生轮回生死的主要原因,所以菩萨观此而生恐怖。

"有等菩萨,视恶友为恐怖。因结交不善的朋友,必为引诱而造恶业,退失善心,恶业增长,必然堕落,所以菩萨对恶友而生恐怖。有等菩萨,以色、受、想、行、识等五蕴魔为恐怖。因为由这五蕴假合而成的身心,是从烦恼而生,既成身心,自起无量无边的烦恼,由于这许多的烦恼,广造不善业,受这些恶业的牵引,堕大深坑,求出难期,以此因缘,菩萨乃生恐怖。

"有等菩萨，对烦恼感到恐怖。因为大小烦恼，能令生死相续，菩萨心退失，致堕恶道，所以菩萨心生恐怖。有等菩萨，厌患死魔，对死魔感到恐怖。因生死不能自由，虽发了菩提心，但尚未获得不退转的地步，一旦身坏命终，难免退堕，所以菩萨对死魔心生恐怖。有等菩萨，对诸天魔感到恐怖。因欲界之内，到处充满了天魔的眷属，阻碍行者修习圣道，诱使退失菩提心，故菩萨对天魔而生恐怖。

"有等菩萨，对无记心感到恐怖。因无记心是处于恍惚状态，善恶不分，是非不明，悠悠忽忽，对一切善法，不能精诚进修，空过时日，退失善业，到头来一无成就，所以菩萨视为恐怖。有等菩萨，对世间的八难，感到恐怖。因为一堕入八难之中，就辗转于黑暗境界，生死长夜，难遇光明，不易超脱，所以菩萨心生恐怖。

"有等菩萨，观地狱而生恐怖。一旦堕入地狱，就要经无量劫，受大苦恼，难得解脱，所以菩萨心生恐惧。有等菩萨，观察堕畜生道而生恐怖。因为堕入傍生道中，受愚痴报，没有智慧，经无量劫，难得脱离畜生身，所以菩萨视之而生恐怖。有等菩萨，见饿鬼道的惨状而生恐怖。因恒河沙数劫中，受饥渴之苦，不但听不到浆水的名称，且难得值遇佛、法、僧三宝，实在不易解脱饥渴之苦，所以菩萨心生恐怖。

"有等菩萨，观想欲界生而感到恐怖。以生于欲界，烦恼纷起，因而造各种恶业，易堕落三恶道中，所以菩萨观欲界而感到恐怖。有等菩萨，以彼色界而为恐怖。因生色界，虽能威仪具足，清净禁戒，但仍有潜伏的烦恼，能妨碍进入更深的禅定，所以菩萨观色界而感到恐怖。有等菩萨，对无色界感到恐怖。因三界之中，以无色界最寂静，好像涅槃境界，众生不知，妄执为究竟解脱的涅槃境界，一旦劫尽命终，仍难免随所造恶业，堕落地狱，遭受苦报，所以菩萨观无色界而生恐怖。

"有等菩萨，以数数生死而感到恐怖。因一旦生在邪见之家，就难得出离的缘故。有等菩萨，厌离生死，对生死感到恐怖。因生死中，常有生老病死之苦，此死彼生，轮转不息，常受各种苦恼，障碍菩萨求涅槃道的行持，所以菩萨视为恐怖。有等菩萨，对世间闲话，感到恐怖。因闲言闲语，常使心神散乱，荒废时日，妨碍善业的缘故。有等菩萨，观察心、意、识三者而生恐怖。因为心、意、识三，都是虚妄分别心，因有此心，才有妄境，妄境又成妄因，辗转循环，永无出期，而且妄心妄境，变化莫测，行相难知，所以菩萨对此感到恐怖。

"若是在家的俗人，常受世俗因缘的牵连，昼夜扰乱，不得安宁，终难逃出五欲的缠缚，不能证到没有恐怖的境地。

"过去的诸大菩萨,所以能断除种种恐怖,是因为能离开五欲交织的俗家,安住于清净的阿兰若中,故能证到无所恐怖,乃可收摄身心,求证无上菩提佛果。将来的诸大菩萨,欲求证无上菩提佛果,也当安住于清净阿兰若中,先证得无恐怖法。现在十方诸大菩萨,亦因安住于阿兰若中,摆脱一切障道因缘,得无恐怖法,方可求证无上菩提佛果。你们应当知道,不论过去、现在、未来三世菩萨,都须收摄身心,使万念归一,安住于阿兰若,调伏一切妄想,方能永离恐怖,得证究竟菩提圣果。

"其次,出家的菩萨,到底应该做什么?想什么?不论昼夜,应当常作这样的思维:世间所有恐怖的事,皆是由我而产生,由于执着有一实在的自我,才有种种恐怖。一切恐怖皆以我为根本,一切恐怖由我爱而生,一切恐怖由我想而生,一切恐怖由我见而生,一切恐怖有我才有着落。也就是以我为住处,一切恐怖因我而起,一切恐怖由分别心生,一切恐怖由烦恼生,而一切烦恼,由我爱而起。

若是我们住于阿兰若处,却不能舍弃自我以及我所执着的一切,就不应住于这样清净的阿兰若中,倒不如住于俗家。什么缘故呢?若有人执着五蕴假合的肉身,为自我的体相,不应安住于阿兰若。若人执有六道等补特伽罗相的，不应住于阿兰若。若人有自我的执着和我所执的，不应住于阿兰若。若人有法见存在，不应住于阿兰若。若人具有四种颠倒的执着，不应住于阿兰若。你们仔细地听着，若人修行，执着有一涅槃相可以依恃，并可证得涅槃，尚不应住于阿兰若，何况是执着自我，以及我所有一切相而生诸烦恼，当然是更不能住于阿兰若了。你们仔细地听着，若有人不着一切相，才应当住于阿兰若处，这就名坐无着道场，一切诸法，皆不可得。如果能调伏烦恼，心性柔和，与世无所争论，就应当住阿兰若处。对于一切世俗境界，都没有任何执着，应当住于阿兰若处。对色、声、香、味、触等尘境，都无所依恋，应当安住阿兰若处。对一切法，平等一视，没有差别，应当住于阿兰若处。于二六时中，不论行、住、坐、卧四威仪中，都能善自调心，应当住于阿兰若处。若能舍离前说一切恐怖，就应当安住阿兰若处。

各位佛子！扼要地说，于一切烦恼，都获得解脱的，应当安住阿兰若处。若已成就四谛、十二因缘、六度乃至三十七道品等涅槃因的，应当安住阿兰若处。若能善自修行四无垢性的，应当住于阿兰若处。若是有少欲而知足的人，应当安住阿兰若处。若是博学多闻，而又有智慧的人，应当安于阿兰若处。若能修行空、无愿、无相等三种解脱门的，应当安住阿兰若处。若能永远断除烦恼结,不再受烦恼束缚的人,应安住阿兰若处。若能谛审观察无明、行、识乃至老死等十二因缘的,应当住于阿兰若处。若是为了解脱生死所应做的,都已经做到了,不再流转生死苦海,应当住阿兰若处。凡已证悟见道位,通达诸法真实如如不动的深妙理体,应当安住阿兰若处。

"你们应当知道,阿兰若处的种种药草、大小树木等,自生于阿兰若,从不曾感到有什么恐怖,也不曾起任何分别。菩萨摩诃萨住阿兰若也是这样,常观自己身心,好像枯树、墙壁、瓦砾一般,对于一切万象,不起分别。自观身心,犹如幻梦,虚而不实,念念衰老,一息不来,便成隔世,由善恶因,随业受报。这无常的身体,生灭极为迅速,这身虚假,终不能久住世间。这个肉身中,并没有真正的自我主宰,也没有我所执着的什么,没有什么众生,没有什么生命,没有养育的,没有什么菩萨凡夫,没有什么数数受生,没有造业的,没有什么知见的。这样种种境相,本来空寂,好像泡沫一般,都是幻生幻灭。如果能念念不忘,常作这样的观察,就不会有任何恐怖感,像那些树木一样,没有恐怖。这时的诸菩萨,得大安乐的无畏生处,这就名为菩萨住阿兰若,求阿耨多罗三藐三菩提。

"再次,住阿兰若的出家菩萨,不论昼夜,应当常作这样的观想：这阿兰若，是最好修习四无垢性的安乐之处。这阿兰若，是最好修习少欲知足之处。这阿兰若，是对各种烦恼获得解脱之处。这阿兰若，是能令具足多闻智慧之处。这阿兰若，是伏断烦恼和所知障之处。这阿兰若，是能令人入三种解脱门之处。这阿兰若，是最好证得八种解脱之处。这阿兰若，是最好修习观察十二因缘之处。这阿兰若，是善能断除业障之处。这阿兰若，是证初果预流果之处。这阿兰若，是能证得第二一来果之处。这阿兰若，是能证得第三不还果之处。这阿兰若，是能证得第四阿罗汉果之处。这阿兰若，是能证得辟支佛果之处。这阿兰若，是所作已办而得自在之处。这阿兰若，是舍弃一切生死烦恼重担，证得轻安之处。这阿兰若，是证得空空真如之处。

"这阿兰若，是能够修习无量的大慈心之处。这阿兰若，是修习无量大悲心之处。这阿兰若，是最好修习喜无量之处。这阿兰若，是最好修习舍无量之处。这阿兰若，是能使人发菩提心之处。这阿兰若，是能令菩萨修持到十信之处。这阿兰若，是能令修持到十住之处。这阿兰若，是能令菩萨辗转增进修到十行之处。这阿兰若，是菩萨辗转增进修行到十回向处。这阿兰若，是菩萨最好修习四种善根之处。这阿兰若，是菩萨修行六度波罗蜜之处。这阿兰若，是菩萨由初地修行至十地之处。这阿兰若，是能证得六根清净之处。这阿兰若，是最好修证天眼通之处。这阿兰若，是证得天耳通、宿住智、生死智明，以及神境、他心等通之处。这阿兰若，是能令人生惭愧心之处。这阿兰若，是能使不会放纵身心之处。这阿兰若，是修习信、勤、念、定、慧等五根之处。这阿兰若，是能修证无量无边三昧之处。这阿兰若，是能修得恒河沙数的陀罗尼门而证到自在之处。这阿兰若，是能使悟无生忍之处。这阿兰若，是能使超出三界，永远断除生死之处。这阿兰若，是使勤修菩提圣道，永不会退堕之处。这阿兰若，是降伏一切魔外怨敌，消除业障，能令见佛闻法之处。这阿兰若，是能使证得佛不共最上法门之处。这阿兰若，是修习戒蕴清净之处。这阿兰若，是出生死无漏三摩地之处。这阿兰若，是能够生般若慧证解脱之处。这阿兰若，是能生解脱知见之处。这阿兰若，是修得三十七种菩提分法之处。这阿兰若，是能得解脱十二入之处。这阿兰若，是永离有漏的十八界之处。这阿兰若，是微妙观察十八空之处。这阿兰若，是容受一切诸法空之处。这阿兰若，是增长十善法生长之处。这阿兰若，是增长坚固菩提心之处。这阿兰若，是三世诸佛的赞叹之处。这阿兰若，是一切菩萨恭敬赞叹之处。

"这阿兰若处，毗婆尸佛曾于尼俱陀树下成道。这阿兰若处，尸弃如来曾于尸利沙树下成道。这阿兰若处，毗舍如来曾于阿尸婆多树下成道。这阿兰若处，俱留孙佛曾于无忧树下成等正觉。这阿兰若处，俱那含牟尼如来曾于优昙树下成等正觉。这阿兰若处，迦叶如来曾于娑陀树下成等正觉。这阿兰若处，释迦如来于毕钵罗树下成道。你们应当知道，阿兰若有如上所说种种无量无边功德殊胜利益。"

当时乐远离行菩萨，并为大众以偈说：

出家菩萨住兰若，当作何念及何业？
世间所有诸恐怖，皆从我见我所生。
若能断除我我所，一切恐怖无所依；
若有能执我见心，毕竟不成菩提道。
涅槃常住皆无相，何况烦恼非法相？
不着诸法及众生，心无诤论修正念。
四威仪中调伏心，应住兰若常寂静；
能断烦恼心知足，住于兰若空寂舍。
入三解脱无相门，住于兰若离尘垢；
能观十二因缘法，四谛二空真妙理，
世间八法不倾动，如是大士住兰若。
能观自身如枯木，亦如水沫及幻梦，
不着二边平等相，如是萨埵住兰若。

罪业缠缚无常身，本来虚假元无实；
我法二执及罪相，于三世中不可得。
自身他身无有二，一切诸法亦如是；
谛观法性无去来，如是菩萨住兰若。
栴檀涂身及赞叹，以刀屠割并骂辱，
于此二人无爱憎，如是菩萨住兰若。
出家乐住阿兰若，昼夜应作如是观：
阿兰若处真道场，一切如来成正觉；
阿兰若处妙法空，出世正法之所生；
阿兰若处圣所尊，能生三乘圣道故；
阿兰若处圣所宅，一切圣贤常住故；
阿兰若处如来宫，十方诸佛所依故；
阿兰若处金刚座，三世诸佛得道故；
阿兰若处涅槃宫，三世如来圆寂故；
阿兰若处大慈室，菩萨住此修慈故；
阿兰若处是悲田，三世诸佛修悲故；
阿兰若处六通室，菩萨于此游戏故；
阿兰若处大无畏，能断一切恐怖故；
阿兰若处三摩地，诸求道者得定故；
阿兰若处陀罗尼，诸持咒人神力故；
阿兰若处善法堂，增长一切善法故；
阿兰若处菩提室，菩萨修道得忍故。

若欲永超三界苦，菩萨涅槃当修证，
遍周法界利群生，应居兰若菩提室。
所修六度四摄法，回施三有及四恩，
自他俱入甘露城，同证一如真法界。

那时，乐远离行菩萨摩诃萨为大家说偈完毕，佛陀当即嘉许说："很好！很好！善男子！你为会中大众以及将来的求佛道者，分别演说阿兰若处的殊胜功德，利益安乐，使现在和将来的一切众生，都趣向菩提正直觉道。你所成就的无量功德，千佛共说，也说不完的。"

那时会中的智光菩萨，并无量阿僧祇菩萨大众，听了上说阿兰若处的最胜功德，当即得闻持陀罗尼门。有无量众生，发无等等阿耨多罗三藐三菩提心，得不退转。千亿众生，远离尘垢，得法眼清净。

观身法要

当佛陀嘉许乐远离行菩萨之后，弥勒菩萨摩诃萨接着从座位上站起来，偏袒右肩，跪着右膝，两手合掌，恭敬地对佛陀说："我们已经领悟出家的大菩萨厌离世俗环境，住阿兰若，能调伏自心，修无垢行；然而这些菩萨，安住清净的空闲处，对于自身，又应当怎么样观察呢？"

佛陀慈和地嘉许弥勒菩萨说："很好！很好！善男子！你为了众生，发大悲心，请问如来入于圣智的观察妙行法门。你仔细地听着，我现在就为你说。"

弥勒菩萨恭敬地说："是的，世尊！我非常乐意恭听。"

佛陀继续说："善男子！出家的菩萨住在阿兰若处，求阿耨多罗三藐三菩提时，于行、住、坐、卧四威仪，都要微细地观察，这个有漏的身体，有三十七种不净的秽恶之物，没有什么可爱的，是脆弱而不坚固的。当观想这个身体，犹如一件未经烧炼的坯器，外表以彩色、金银等七宝装饰，看起来非常美观，可是内面却以粪秽等种种不净之物，填得满满的，两肩担着，随这坯器而行。凡是见到的人，皆生爱乐之心，不知这坯器中，充满污秽之物，且有六条黑蛇，隐藏其中，只要有一蛇蠢动，坯器就会破坏，毒害恶臭，令人不堪忍受。世间的人，庄严其身，就好像彩色的坯容器一样，外表美观，内藏污秽。贪、嗔、痴三，名为心病，风黄痰癊，名为身病，这内外六种病，能为害身心，就如同六蛇，潜藏于坯器内一样，一一蛇动，坯器就会破坏，一一病发，身体就会无常。善男子！出家的菩萨处于空闲之处，这样观察自身，名为第一不净观相。

"出家的菩萨,不论日夜,又观自身,臭秽不净,犹如死狗。什么道理呢？因为狗身也是以父母的不净缘而出生。

"出家的菩萨,又观自身,如蚁子台,为群蚁集聚之处,时有白象来至台边,以身触台,台即崩碎。善男子！这台就是所谓五蕴之身,白象是为琰魔罗使。身归后世,即如白象毁台。

"出家的菩萨,又观自身而作是念：我现这个身体,从头到足,无非是皮肉骨髓等共相和合,以成身体,犹如芭蕉,层层剥去,最后成空,中间并没有不变的实体。我们若将皮肉骨髓分解,也就没有了身体的相状。

"出家的菩萨,又观察自身,这身体并非坚强有力,只是一层薄皮包裹着,如土墙涂上一层粉浆,亿万毛发,如草生于地面,微细风大,出入毛孔。这脆弱的身体,刹那不停地向衰老败坏转变,一个有智慧的人,哪里会贪恋这不坚实的身体？

"出家的菩萨,又观察自身,好像饲养一条毒蛇,终归自受其害。我现虽以饮食、衣服等,养护这身体,但不能知恩报恩,最后还是要使我堕落恶道。

"出家的菩萨,又观察自身,譬如冤家仇敌,伪装亲友,一旦得到机会,便暗下毒药,害他性命。我身也是如此,并非真实,终致无常,非圣爱故。

"出家的菩萨,又观想自身,犹如水上的泡沫,虽然五颜六色,像琉璃珠,美丽可爱,但是刹那不住,起灭无常。人身也是如此,念念变迁,不能长久的缘故。

"出家的菩萨,又观察自身,和化现的城市一样,虽显现城市相状,但到底不是实有。现在我身,也是这样,不过四大假合,暂时的幻现。

"出家的菩萨,又观想自身,犹如影像,似有而非真。

"出家的菩萨,又观察自身,譬如强大的敌国,侵略我领土。现在我身,也是这样,烦恼的怨敌,侵略我善根。

"出家的菩萨,又观想自身,犹如朽烂的舍宅,虽加修补,仍当崩塌。我身也是这样,虽百般爱惜保护,终难免死亡。

"出家的菩萨,又观想自身,好像邻近怨敌强国,城邑人民,常怀着恐怖心理。现在我身,也是这样,时刻畏惧死神的降临。

"出家的菩萨,又观自身,犹如无量的干柴,猛火燃烧,越烧越盛。我身也是如此,以贪爱火,烧五欲干柴,贪心增长,没有了时。

"出家的菩萨,又观自身,如新生的婴儿,慈母怜爱,常加守护。我身也是这样,若不能好好守护这带病的身心，就不能有所修证。

"出家的菩萨，又观自身，本性不净，譬如有人厌恶煤炭的黑色，用各种方法，以水去洗涤，不管怎样洗涤，黑色仍旧，甚至把炭洗完了，也是徒然。我身也是这样，诸多烦恼，身心不净，假使用大海水，尽未来际，洗之无益，亦如洗炭。

"出家的菩萨，又观察自身，如以油浇于柴草上，引火焚烧，又遇大风，自是势不可止。这身体也是如此，名为五蕴薪，浇以贪爱油，纵嗔恚火，加以愚痴风，永没有熄灭的时候。

"出家的菩萨，又观察自身，犹如恶疾，是四百四十种病的寄托之处。也好像大肠，是八万四千虫所寄生之所，是无常之处，一息不来，便成隔世。也像非情，神识易于脱离，即同瓦石的缘故。也像河中流水，刹那前后各异，不得暂住。也如压油，这身常受劳苦的压榨。也如失去父母的婴儿，无所依靠。也如被蛇所吞的虾蟆，没有救护者。心及心所法，皆不可知，如无底洞，深不可测。观人对于五欲之乐，贪求无厌，常不知足。因观人受断见与常见的系缚，常常不得自在。观人不知惭愧，虽蒙眷属养育恩爱，一旦死神到来，就撒手随死神而去。观这身如死尸，现虽未死，但日夜不停，刹那刹那步向衰老接近死亡。观这身唯受各种苦恼，没有真正快乐。

观这身乃苦的依托处,一切苦痛,都是因身而起,若没有这身体,众苦皆无所寄托。观身如空寂的村落,中无主宰,身中也没有一真正的自我以为主宰。观身毕竟是空幻的,因愚痴众生,遍计所执,妄自构画而成形影。如空谷传声,都是虚妄的显现,并非真实。观身也如船舶,若没有船师操纵,就会漂流而沉没。也如大车,能运载财宝,什么道理呢?乘于大乘,可到达菩提彼岸。

"善男子!出家的菩萨,这样的日夜观察,并不是教人不爱惜这个身体,而是教人珍惜这身体,用这五蕴假合的幻身,修出世的菩提圣道,将来广度众生,出生死苦海,便是自度度他的大乘身了。"

世尊演说以上法要之后,又再叮嘱弥勒菩萨说:"善男子!照以上所说修行,这就名为出家佛弟子所观法要。若是有佛弟子,发菩提心,为了求证阿耨多罗三藐三菩提,安住于阿兰若处,修习上说三十七种观法,也教他人依这法要修习,或是解说、书写、受持、读诵,舍弃自我意识及我所执着一切,永远断绝对世间五欲之乐的贪着心,就能成熟坚定不移的信心;为求菩提大道,不惜身家性命,何况世间所有珍宝,更不会去重视了。这样必然能现身究竟圆满成就一切如来金刚智印,于无上圣道,将永不会再退转,六度万行,速得圆满,迅速成就阿耨多罗三藐三菩提道果。"

佛陀说法完毕，当时会中就有八万四千新发意的菩萨深厌世间，得大忍力，于菩提道上，不再退转。百千婆罗门发了菩提道心，且信根成熟，得不退转。三万六千善男子、善女人远离尘垢，得法眼净。

7 卷七

超越生死苦海的三大法门

弥勒菩萨,听了佛陀赞叹阿兰若行后,又进一步地请示说:"世尊!您由于什么因缘,这样殷勤称赞住阿兰若中,修菩萨行,而不鼓励安住他处修菩萨行?记得有一次,如来在灵鹫山上,为诸菩萨广说法要时,曾经这样说过:'菩萨有时止于淫女之家,或亲近屠夫,示教利喜,以无数方便,饶益众生,为他们演说妙法,令入佛道。'世尊!您现在为初发心的菩萨所说的妙法却不是这样。我们虽在佛前,亲自恭聆深法,对这样说法,不会有所疑惑,但后世众生,就难免生疑,唯愿如来,为未来世的求佛道者,演说甚深的微妙真理,令菩萨行者,不再退转。"

佛陀当即为弥勒菩萨解释说："善男子！发阿耨多罗三藐三菩提心，求菩提道的，有二种菩萨，一是在家，一是出家。在家的菩萨，为了化导众生，不论是淫室、屠肆等处，都可以亲近、同事或同居。出家的菩萨就不然，不过无论在家菩萨或出家菩萨，各自都分上、中、下三等九品。上根的三品，不论在家、出家，都住阿兰若处，从无休歇地精进，利益众生。中、下二根的诸菩萨等，就随遇而安，没有一定的处所，或住阿兰若处，或住村落城市，随缘利益安稳众生。这样行门，你应当观察明白。

"其次，善男子！出家的菩萨，修习佛道，已得无漏的法体，亲证诸法实相，具备无漏大智，道心坚贞，能化烦恼为菩提，不受一切烦恼所左右，可以随缘利乐一切众生，不必定要住于阿兰若处。若有佛子，在没有得真实智慧以前，未曾亲证诸法实相之理，便应当住于阿兰若处，常亲近诸佛、菩萨。若是值遇真正的善知识，对于菩萨的行持，就必然不会退转；因为这个缘故，所以诸佛子等，应当以至诚心，求见一佛及一菩萨。善男子！这就名为出世法要，你们都应当一心修学，依教奉持。

"再次，善男子！出家的菩萨，厌离世间，住于阿兰若处，可省用功力，而得圆满八万四千波罗蜜行，速证阿耨多罗三藐三菩提。为什么呢？若是能舍弃名利，住于山林者，对于生命财物，必然不再吝惜，永远没有什么可以束缚他，自然就易于圆满三种波罗蜜多。"

弥勒菩萨又问："世尊！住阿兰若的出家菩萨，既不积聚金银财宝，怎么能够圆满布施波罗蜜呢？"

佛告弥勒菩萨摩诃萨说："善男子！住阿兰若的出家菩萨，虽无财物可以布施，但到城市、村庄乞来的食物，先以少部分施给众生，又以余分施给所需要者，就可名为布施波罗蜜。以自己的身命，供养三宝，以头目脑髓，施与来求者，就可名亲近波罗蜜。为求法的众生，说出世的妙法，能令发无上菩提心的缘故，即得名为真实波罗蜜。善男子！是名出家的菩萨，成就布施波罗蜜多。

"再其次，善男子！出家的菩萨，以住阿兰若的缘故，修十二种头陀苦行，若步行的时候，眼只看足前二肘地，举足下足，不伤害众生，即得名为持戒波罗蜜。坚持禁戒，不惜躯体性命，即得名为亲近波罗蜜。为求出世道的，说法教化，令发无上菩提道心，即得名为真实波罗蜜。善男子！是名出家菩萨，成就持戒波罗蜜多。

"复次，善男子！出家的菩萨住阿兰若处，能灭除嗔恚，得证慈心三昧，亦不毁辱一切众生，即得名为忍辱波罗蜜。（原文缺"亲近波罗蜜"一段）若为人说一句法，令发阿耨多罗三藐三菩提心，即得名为真实波罗蜜。

善男子！是名出家菩萨，成就忍辱波罗蜜多。

"复次，善男子！出家的菩萨，为了使众生皆得成佛，所以精进修行。自未成佛以前，福德智慧，两皆羸弱，然不贪求安乐，不造众罪，于昔菩萨行的苦行中，深生欢喜，倾诚尊敬，钦仰效法，常无休息，因此即得名为精进波罗蜜。弃舍身命，如弃涕唾，一切时中，从不懈怠，即得名为亲近波罗蜜。遇有缘者，为说最上道法，令趣向无上正等菩提，即得名为真实波罗蜜。由于精进心，遍通十波罗蜜，为成就十波罗蜜行的原动力，过去不曾退转，现在坚固不移，将来必速圆满波罗蜜行。善男子！是名出家菩萨摩诃萨，成就精进波罗蜜多。

"复次，善男子！出家的菩萨，住阿兰若处，修习三昧，使心念专注一境，不令散乱而乱攀缘，于是入诸解脱，永断邪见而生正见，证得六种神通，化导众生，使得正智，断烦恼业障根本，亲证一真法界的理体，彻悟真如实道，当趣向菩提，以是因缘即得名禅定波罗蜜。欲使众生和自己一般，也都能得禅波罗蜜，并皆得满足，不惜辛劳，调伏有情，使不舍离三昧，不惜身命，修此三昧，这样即得名亲近波罗蜜。为诸众生，说深妙法，皆令趣向于无上菩提圣道，即得名为真实波罗蜜。善男子！这就叫作出家菩萨成就禅定波罗蜜多。

"复次，善男子！出家的菩萨，安居于清幽之处，常亲近诸佛、菩萨或一切善知识，常常喜欢讲甚深妙法，渴望闻法的心，从不感到厌倦和满足；又善能观察真伪二谛的真理，断除烦恼、所知二障，通达了声明、医药、工巧、因明、内明五明，能为众生说诸法要，决疑解惑，这样即得名为般若波罗蜜。为求半偈，甘愿舍弃身命，不畏任何艰苦，只求达到大菩提道果，即得名为亲近波罗蜜。于大会中，为人说法，对于高深的义理，知无不言，无所隐秘，能令闻法的人，都发起大菩提心，在菩萨行持上，得不退转，常能观察自身、兰若、菩提、真实法身四法，平等不二，没有任何差别，因为能这样地观察妙理，即得名为真实波罗蜜。善男子！这就是出家的菩萨，成就般若波罗蜜多。

"再次，善男子！出家的菩萨，住于清幽之处，常能修习方便胜智波罗蜜多，以他心智，能了解众生的喜乐或烦恼，心理的动态差别，然后对症下药，皆令乐意信受；自由自在地游戏于神通三昧，发大悲愿，成熟众生，对诸佛所说法要，完全通达等等，这样即得名为方便善巧波罗蜜。为了要有益于一切众生，对于自己的生命、财物，一切都不顾惜，即得名为亲近波罗蜜。对一切众生，不分怨亲，平等一视，为说微妙大法，令入佛智，即得名为真实波罗蜜。善男子！是名出家菩萨成就方便善巧波罗蜜多。

"再次,善男子!出家的菩萨,入居山林之中,常能修习愿波罗蜜。以大悲心常观察诸法的真实性相,深深契合非空非有的中道妙理,于世间俗事,皆能分别通达,为了化导众生,常修慈悲观,以是因缘,即得名为愿波罗蜜。以四弘誓愿,摄受众生,乃至宁舍身命,也不放弃已立的悲愿,即得名为亲近波罗蜜。说微妙法,辩才无碍,若有听闻的,毕竟不会再退转,即得名为真实波罗蜜。善男子!是名出家菩萨成就愿波罗蜜多。

"再其次,善男子!出家的菩萨,住阿兰若处,由于正智的观照力用,最善于了解众生的心理状态、善恶行为,所以能随机说法,适宜引导,令领会大乘法的甚深微妙义理,也就能使安住究竟涅槃的妙果,这样即得名为力波罗蜜。以正智的慧眼,以根本的无分别智,照见色、受、想、行、识五蕴本来空寂、生佛平等、物我一如的至理,所以能发起大悲智力,不惜舍身亡命,但求有益于众生,这样即得名为亲近波罗蜜。若再以妙智方便之力,化导邪见众生,破除他们的迷惘,令生正见,断绝他们轮回生死的恶业,使迈向常乐究竟的涅槃圣境,即得名为真实波罗蜜。善男子!这就名为出家的菩萨成就力波罗蜜多。

"复次,善男子!出家的菩萨,住阿兰若,对于一切善恶诸法的真理,皆能通达,对于众生心性,无不明了,远离邪见，摄受正法，不厌生死，不乐涅槃，这样即得名为智波罗蜜。进而不惜牺牲性命，怀怜悯心，以求利益众生，对于自己的生命财产，都可毫无吝惜，大施大舍，即得名为亲近波罗蜜。复以微妙的智慧，为诸众生说一乘法，使入阿耨多罗三藐三菩提，以是因缘，即得名为真实波罗蜜。善男子！这就名为出家菩萨成就智波罗蜜多。

"善男子！以上所说各种波罗蜜多，是什么道理，说有八万四千种差别呢？你们应当知道，因众生的烦恼有八万四千之多，所以对治的方法也有八万四千之多。对贪心特别重一类的众生，分别演说二千一百种波罗蜜多。为嗔恨心特别重一类的众生，也分别演说二千一百种波罗蜜多。为愚痴特甚一类的众生，也分别演说二千一百种波罗蜜多。为贪、嗔、痴等，没有偏重的一类，也分别演说二千一百种波罗蜜多。善男子！以这样的各别二千一百种波罗蜜多为根本，辗转倍增，于是就成为八万四千波罗蜜多。如是等法，都是利他行。

"善男子！若有众生，心性顽劣，难于调顺，听了这样的波罗蜜法，仍不能调伏其心，任运自在而修行，就为他们说八万四千种三昧门，先使摄心入定。这等妙法，都是自利行。

"若有众生，其性难调，听了以上二种法门，仍不能安心修习,就为他宣说八万四千陀罗尼门。这样的妙法,都是利他行。

"善男子!我为了调伏一切众生,说这样教法,以各种方便善巧,用种种言辞、文句譬喻,教化众生。善男子!基于这个理由,所以一切人天,普遍尊称如来名为导师。

"善男子!未来以及现在的诸佛世尊,都曾修习八万四千波罗蜜门、八万四千种三昧门、八万四千陀罗尼门,永远断除八万四千微细烦恼、八万四千微细的知障,也都是在兰若处的菩提树下,坐金刚座上,入金刚定,降伏一切天魔怨敌后,才证得阿耨多罗三藐三菩提。"

当时世尊为了重申上说的义理,又以偈颂说:

> 超过三界大法王,出现世间化群品;
> 恒河沙等诸菩萨,入佛甘露智慧门。
> 历劫得道慈氏尊,以大悲心而启问;
> 善哉无垢法王子,智慧能开真佛乘。
> 我以师子无畏辩,说大乘中趣觉路;
> 汝等一心善谛听,转授未来所应授。
> 十方世界可使空,无令断尽出世道;
> 将求解脱出世道,不过三根九品类。

上根三品居兰若，中下随缘化世间，
所求道果等无差，同说真如佛性海。
已获无漏真大士，随宜应现济群生；
开示有空不二门，自利利他无间断。
未得无漏诸佛子，应正勤修三种学；
善根回向施众生，一心专念佛菩萨。
愿我常睹佛菩萨，无边庄严功德身；
若使恒闻法雨音，普得同沾心不退。
以身常处于地狱，非不亲近大慈尊；
以身常处于轮回，非不亲闻微妙法；
以是因缘诸佛子，系心常念天人师。
若有佛子修圣道，发起无上菩提心，
厌世住于兰若中，亦得名修三种度。
每日自食先布施，兼将法宝施众生，
三轮清净是檀那，以此修因德圆满。
当知证获波罗蜜，唯由心净不由财，
若有染心施珍财，不如净心施少分。
财施即得名檀度，此波罗蜜非二三；
能施身命及妻子，如是得名亲近度。
若有求法善男女，为说一切大乘经；
令发无上菩提心，乃名真实波罗蜜。
慈悲净信具惭愧，摄受众生离于贪，

愿成如来无上智，财法二施名初度。
坚持菩萨三聚戒，开发菩提离生死，
拥护佛法住世间，能悔误犯真持戒。
伏嗔恚心慈悲观，当念宿因对怨害，
不惜躯命救众生，是名忍辱波罗蜜。
能行难行不暂舍，三僧祇劫常增进，
不共染污恒炼心，为度有情求解脱。
出入三昧得自在，变化神通游十方，
为断众生烦恼因，三摩地门求解脱。
若欲成就真智慧，亲近菩萨及如来，
乐闻出世妙理门，修达三明断二障。
能知众生心差别，随病与药令服行，
慈悲善巧应根宜，方便利生度群有。
观一切法真句义，不着中边离有无，
净智无间会真如，二利均平周法界。
智力能了众生性，为说相应种种法；
智力能入众生心，令断轮回生死本；
智力能分黑白法，随应取舍各了知；
生死涅槃本平等，成就有情离分别。
如是十种殊胜行，摄入八万四千中，
随其品类胜法门，乃名菩萨波罗蜜。
八万四千三摩地，能灭众生散乱心；

八万四千总持门，能除惑障销魔众。
大圣法王方便力，三种法要化众生；
教网垂于生死海，置彼人天安乐处。

世尊说偈之后，当即有八万四千忉利天的天子，断除了三界的障碍，证入欢喜地。无数百千六欲天天子，悟无生忍，得陀罗尼。十六大国王，得闻持陀罗尼。无量四众，闻说这菩萨行，有得不退地的，有得三昧门的，有得陀罗尼的，有得大神通的，并有菩萨证得三地乃至十地不等，个个欢喜踊跃。还有无量百千诸人天等，发阿耨多罗三藐三菩提心，不复退转。另有八千人天，远离尘垢，得法眼清净。

住阿兰若的必具功德

佛陀说完前偈之后，弥勒菩萨再启请说："世尊！如佛所说，住阿兰若的功德成就，当得做佛。那么菩萨应当怎样修诸功德，才能住这样的阿兰若中？唯愿世尊为我解说。"

当时佛告弥勒菩萨摩诃萨说："你善男子！应当修学的，只要具备一德，此人就能安住阿兰若中，修诸功德而求无上菩提大道。是哪一德呢？就是观察一切烦恼的根源，只在自心。能够了解这观心之法，就可以安住于阿兰若处了。为什么呢？譬如有一只恶狗，被人追打，狗只狠狠地追咬掷击它的瓦石，却不知去咬掷瓦石的人，以为是瓦石打它，于是随瓦石打转。将来世中，住阿兰若的新发菩提心者也是如此。若见色、声、香、味、触、法等尘境，他的心就染着于尘境，致迷失本性，这种人就是不知烦恼的根本所在，不知五尘外境，从自心生，这样就名为未能善住阿兰若处。因为这样乐住寂静之处，是想逃避尘境的干扰，不明了外境乃从心现，避有逃空，皆是昧却自心，何能求无上佛道？

"一切菩萨摩诃萨，若五欲尘境现前的时候，当观察自心，应这样地思维：'我从无始以来，直到今日，总在六道轮回辗转，没有超越生死苦海的时限，这都是由于妄心作祟，迷失了本性，颠倒行事，对五欲尘境，贪爱执着。'这样的菩萨行者，名为堪住阿兰若处。假若有人问，什么样的人，于未来世，当得做佛？就应当告诉他，上说这样的人，于将来之世，当超越三界苦海，破烦恼魔、五阴魔、死魔、自在天魔四魔，速成菩提圣果，入佛智慧，一切世间天龙八部、阿修罗等，皆应恭敬供养。若有善男子及善女人，以清净心，供养这样住阿兰若的真佛子，所获得的福德，无量无边。若复有人，以各种珍宝，供养悲母，所获得的功德，亦无量无边，与前者所得功德，没有差别。为什么呢？因为这人当得证阿耨多罗三藐三菩提，演说正法，度人天众，绍三宝种，使不断绝，当为众生的皈依处。

"复次，善男子！有二种法系缚行者，使他不能安住于阿兰若。一是爱好断见邪法。二是贪恋世俗财宝玩乐之具。

"又善男子！有二种人，不能安住阿兰若。一是骄狂傲慢者，这种人自恃学问功德，不肯虚心谦下。二是厌恶大乘佛法者，这种人只求自利及自己解脱，不敬有德，不顾悲苦众生，与大乘法，背道而驰。

"又善男子！有二种人，不应居住阿兰若处。一是邪见而不相信佛语的人。二是自己破戒而不惭愧，反认为持戒的是浅薄凡夫，应该受他的役使驱策。像这样的人，就不应当住阿兰若，妄求无上佛道。

"复次，善男子！具四种德者，应当住阿兰若处。是哪四德呢？一、名闻：对于听受的教法，不会忘记。二、分明：能明了所闻的义理。三、正念：依理行持，从不放逸。四、随顺：如教奉行。善男子！若有佛子，成就了这四种胜德，就应当安住阿兰若处，修菩萨行，求证无上佛道。

"复次，善男子！出家的菩萨，复有四德以庄严自身，住阿兰若，以求证佛的智慧。是哪四种呢？就是大慈、大悲、大喜、大舍。善男子！这慈、悲、喜、舍的四无量心，能产生一切福德智慧，利益安乐无量众生，是速证无上大菩提法。

"再次，善男子！另有四德，持戒清净，能至菩提。是哪四种呢？第一是恒安住于前面曾说的四无垢性。第二是常行十二种头陀行。第三是远离俗家而出家。第四是永离谄、诳、嫉妒等心念。善男子！一切菩萨，能依四法，当能永离生死苦海，得证大菩提道。（原经本尚有'复次，善男子！出家菩萨复有四法，永离生死，得大菩提'一段，如非衍文，即有缺漏，仍附录以备参考。）

"复次，善男子！另有四法，能概括一切善。即一、净持禁戒，且又博学多闻。二、入诸三昧，能具备智慧。三、得六种神通，兼修种智。四、能善巧方便又不放逸。善男子！这样四法，是过去、现在、未来三世菩萨，共同所修学的，你们佛弟子，也应当修习，以求疾证广大无上菩提道果。

"复次，善男子！出家的菩萨，具备了四种行持方法，对于菩萨行，当得不退转。是哪四种呢？就是布施、爱语、利行、同事。善男子！这四种行持，是迈向菩提路和利益众生的根本，一切菩萨都应该修学。

"复次，善男子！出家的菩萨，复具备四种德，住于阿兰若处，持戒清净，庄严自身。是哪四种呢？一是因观察自身，没有真实的本性，所以伏断二种执着，得证无我。二是观察他身，也没有真实的本性，所以能怨亲一视，没有爱憎的差别。三是心与心所法，平等一如，没有分别，所以身心快乐。四是证得平等智，生死、涅槃，无二无别。善男子！这样四法，一切菩萨都应该修习的，你们佛子，也应当修习，以迈向无上正等菩提觉道。

"复次，善男子！一切菩萨，复有四大愿行，能够成熟众生，住持佛、法、僧三宝，经大劫海，终不会退转。是哪四大愿呢？即：一、誓度一切众生；二、誓断一切烦恼；三、誓学一切法门；四、誓证一切佛果。善男子！这四大愿，大小菩萨都应该修学，因为这是三世菩萨所学之处。

"复次，善男子！出家的菩萨，复有四法，故能安住阿兰若，持戒清净。这四法就是：一、爱乐空性。因依法空所显之理而修行的缘故。二、得无恐怖。因证诸法法性的正定，了知生佛平等的缘故。三、对一切众生，起大悲愿。因观自他平等，物我一体，所以发大悲愿，普度众生。四、于二无我，无厌背心。因空理所显，明了平等不二之理，通达缘生性空的缘故。善男子！这四法是一切菩萨入圣道的要门，因为依这四法而行，可以断除烦恼、所知二障的缘故。

"复次，善男子！出家的菩萨，另有四法，使能安住阿兰若，善持禁戒，庄严其身。这四法就是：一、永远舍弃我见，深知一切因缘所生，根本没有实在自主永存的自我。二、舍弃我所见的一切，我尚没有不变的实体，哪里会有我所见的一切，却是真实的呢？三、脱离了断见与常见的拘缚。四、深深地领悟了从无明起乃至老死的十二因缘法则，由惑、业、苦，与时间上过去、现在、未来三世相交织，构成三世两重因果，以至生死相续，永远无穷无尽。善男子！以上四法，能使人不至毁犯禁制，守护净戒以庄严自身。

"复次，善男子！出家的菩萨，住阿兰若中，又观察四法，也能护持禁戒，使增修妙行，趣向求证佛智。观察哪四法呢？即：一、观察色、受、想、行、识五蕴，都是刹那刹那的生灭变易，皆没有真实的体性可得。二、观察十二处，如空聚落。这眼、耳、鼻、舌、身、意的内六根，色、声、香、味、触、法外六尘，所合成的十二处，也都是从因缘所生，缘生就没有自性，实在是空无所有的。三、观察十八界，各皆互遍互融，体性等同法界。四、观察世俗法，如幻如化，似有实无，自是无所谓舍弃，也不会有所执着而刻意追求。善男子！这样的四法，一切菩萨都应该修学，所以佛子住阿兰若，都应一心修习以求无上佛道。

"复次，善男子！出家的菩萨，住阿兰若中，具备四观而持戒清净，庄严自身。是哪四观呢？即：一、成就了不见身观。也就是观身是幻，舍弃了身见的执着，通达平等真如的法性。二、成就了不见语观。观一切语言，本自性空，并没有实在的本质，由是不见有妄言、绮语、两舌、恶口四恶业及四善业等差别的执着。三、成就了不见意观。也就是观心及心所法，都是众缘和合而起，空无自性，没有可见可取的实在本质，故没有心及心所法的分别执着。四、远离六十二种邪见，善能成就一切智观。因舍弃了前说非正见的身、口、意三业，故能成就一切智观。善男子！若有佛子，能成就这样四种清净观，现身就可获证真如实性，远离生灭无常之相，乃至速证无上菩提道果。由于这种因缘，你们佛子，若能观这样的四种法门，就可断绝修罗、地狱、饿鬼、畜生四恶道，证自性、有余、无余、无住四涅槃，尽未来际，普度各类众生，令证阿耨多罗三藐三菩提。

"复次，善男子！出家的菩萨，住阿兰若，具备了八种三昧清净，庄严自身。是哪八种呢？一、独坐阿兰若三昧清净。因为独居静处，少有外境的干扰，身心易于清净，能专志修习三昧。二、远离绮语三昧清净。因为阿兰若处，没有闲谈、嬉笑等喧嚣。三、远离五欲三昧清净。因为阿兰若处，没有五欲乐境的诱惑。四、调伏身心三昧清净。既没有诸外缘的干扰，自然容易调伏身心。五、饮食知足三昧清净。六、远离恶求三昧清净。七、远离因声起爱三昧清净。八、为众说法不求利养三昧清净。善男子！以上八法，应当修习，以求速证无上正等菩提。

"复次，善男子！出家的菩萨，住阿兰若，还具有八种清净智慧。有哪八种呢？即：一、明察五蕴的善巧智慧清净。二、通达十二处的善巧智慧清净。三、明了十八界的善巧智慧清净。四、了达眼、意等六根，男根、女根、命根，苦、乐等五受根，信、勤等五善根，及三无漏根等二十二根的善巧方便智慧清净。五、明白三解脱门的善巧方便智慧清净。六、能灭一切烦恼的善巧方便智慧清净。七、能灭除随烦恼的善巧方便智慧清净。八、能灭除六十二种邪见的善巧方便智慧清净。善男子！这八种清净智慧，你们菩萨当勤加修习，以求速证无上正等菩提。

"复次，善男子！出家的菩萨，住阿兰若，还有八种神通清净，以庄严自身。即一、于一切色法，无所障碍，得天眼善巧方便神通清净。二、对一切音声，远近皆闻，无所障碍，得天耳善巧方便神通清净。三、对一切众生心及心所法，无所不知，得无碍他心智善巧方便神通清净。四、能记忆过去世生处死处，无所障碍，得宿命智善巧方便神通清净。五、能随意往来十方佛刹，无所障碍，得神境智善巧方便神通清净。六、能知众生漏尽或未漏尽，无所障碍，得漏尽智善巧方便神通清净。七、能灭除一切烦恼，无所障碍，得无漏智的善巧方便神通清净。八、现生即见自身一切善根，回向众生善巧方便神通清净。善男子！这样八种神通清净，是十方菩萨共同所修学的，你们菩萨，也应当修习，以求速证无上正等菩提。

"复次，善男子！出家的菩萨，住阿兰若中，当生就可获得八种清净。有哪八种清净呢？一是身业清净。二是语业清净。三是意业清净。四是正性清净。也就是能安住于真如法性，随顺法性而真实修行。五是正念清净。六是头陀行清净。七是离谄曲心清净。八是一念不忘菩提心清净。也就是念念以菩萨心为前导，利益一切众生，这是菩萨的根本所在。善男子！若有佛弟子，住阿兰若，具备了这八种清净，现身已成就无边的善根，于阿耨多罗三藐三菩提必一往直前不会再退转的。

"复次，善男子！出家的菩萨，还有八种多闻清净，庄严自身而修证佛果，也就是说，凡尚没有证得圣位的菩萨或初发心的菩萨，常依诸佛、菩萨清净无染心中流出的圣言教量，依文思义，依理起修。是哪八种多闻呢？即：一、尊敬亲教师，多闻清净。二、远离骄慢，以谦虚心，多闻清净。三、精进勇猛，多闻清净。四、安住于正念，多闻清净。五、为求法者，说甚深的义理，多闻清净。六、不爱自护己短而毁谤他人，多闻清净。七、常能观察一切善法，多闻清净。八、听闻正法，如说修行，多闻清净。善男子！这样八种多闻清净，你们菩萨，都应当修习，以求速证无上菩提佛果。"

当时佛陀说了以上的菩萨修行法以后，又再告诉弥勒菩萨说："善男子！我入涅槃以后，到末法时代的后五百年，佛法将灭之前，无量的众生，厌离这苦难的世间，渴仰如来，因而发菩提心，入阿兰若。为了求无上觉道，修习如上所说的菩萨愿行，于大菩提，得不退转，这样发心的无量众生，命终之后，必上生睹史天宫，得亲见你无边福智庄严的身相，超越生死苦海，证不退转，于将来世的大宝龙华菩提树下，得阿耨多罗三藐三菩提。"

当时世尊说这样法要的时候，有二万五千新发意的菩萨，对于菩提行，原已有退转之意，但听了佛陀这样的教示以后，当即发坚固心，立刻超越十信位，进而至十住的第六不退位。另有三万八千修净行的婆罗门，永远断除邪见，得大法忍及陀罗尼。还有七万六千人，都发了无等等阿耨多罗三藐三菩提心。

8　卷八

观心法要

当佛陀开示弥勒菩萨所问各节之后，文殊菩萨摩诃萨为使众生能进一步地了解，也接着从座位上站起来，整理法服，偏袒着右肩，右膝跪地，躬身合掌，向佛请求开示说："世尊！如佛告妙德等五百长者说：'我为你们演说心地微妙法门。'现在这道场中，无量无边的天人大众，都非常仰慕，渴望详知，所以我想请问如来：什么叫作心？什么又叫作地？唯愿世尊，秉着无缘的大慈心，无碍的大悲心，为一切众生，分别解说，使尚没有离苦的众生，能够排除苦恼，没有得到安乐的，获得安乐，没有发菩提心的，使发菩提心，没有证果的，使能证果，并同在这二空所显的妙理中，得证涅槃妙果。"

当时佛陀以无量劫中，修行一切福德智慧，所获清净决定胜法的大妙智慧，嘉许文殊师利说："很好！太好了！你真正是三世佛母，一切如来，在因地修行的时代，都曾是由你的引导，开始生起信心。因为这个缘故，十方国土，所有成等正觉的佛陀，都以文殊为母，若没有你文殊，就没有佛陀。你现在又依本愿力，示现菩萨身相，请问如来不可思议的法要，实在问得正是时候。你仔细地听着，好好地思维，我当普为众生，分别解说。"

文殊菩萨恭敬地说："是的，世尊！我们都很乐意地恭听！"

当时佛陀，特显现殊胜应身为说大乘大法，妙善成就一切如来的最胜住持平等性智，具种种稀有的微妙功德。已经善获一切诸佛的决定胜法大乘智印，已善证一切如来的金刚秘密殊胜妙智，已能安住于无碍大悲心境，自然救济，摄受十方众生，已善证圆满的妙观察，不观而自观，不说而常说。以这样的胜应身佛相，告佛母无垢大圣者文殊师利菩萨摩诃萨说："大善男子！这心地法门，名为十方如来最胜秘密心地法门；不是二乘及地前菩萨之所能知，只有功圆果满的佛陀才能说。这法门名为一切凡夫入如来地的顿悟法门；上根利智的凡夫，依此法门而修，可以顿超三界，直入如来性海。这法门名为一切菩萨进趣大菩提的真实正路，菩萨由此可证入大乘真实法性。这法门名为三世诸佛自受法乐的微妙宝宫;是三世如来的自受用净土,安住于这心地宝宫,就是如来的一真法界。这法门名为如来无尽宝藏,能饶益一切众生,能以出世的法宝,使一切众生脱离生死苦海。这法门能引导菩萨众,到达色究竟的自在智境。这法门能引导菩萨至菩提树下,坐金刚座,是为后身菩萨的真实导师。这法门能雨世间财宝及出世的法财,像如意宝珠一样,能满足众生一切愿求。这法门是十方三世诸佛功德的本源,能生十方三世一切诸佛无漏功德。这法门能消除一切众生各种恶业果报。这法门能满足一切众生各种愿望。这法门能使一切众生,渡过生死险难,平息众生苦海波浪,救助苦海众生急难。这法门能使众生老病死海枯竭,得佛果的常乐。这法门能产生诸佛无漏亲因缘的种子。这法门能作生死长夜的大智火炬,使众生心地光明。这法门能作破四魔军的铠甲,使能灭除烦恼魔怨,不为魔怨所伤害。这法门是真正勇猛军,战无不胜的旗帜。这法门就是击大法鼓,吹大法螺,如将在阵前,激励三军奋勇杀敌。这法门如大狮子王,百兽顺服;如大狮子吼,百兽闻声胆裂;这法门也是如此,能使一切天魔外道顺服,能摧破一切邪说。这法门犹如国家的大圣王,善于以正法治世,若顺从圣王教化,必获得大安乐,若违逆王化,立刻会遭受诛灭。

"善男子！在欲、色、无色等三界之中，以心为主，能观察自心的，会获得究竟解脱，不知观察自心的，将永远处在缠缚之中，不得自由。譬如万物，皆从地生，这心法也能产生世间及出世间，一切善恶五趣、有学、无学、缘觉、菩萨以至如来。由于这种因缘，故知三界唯心，也像大地能生万物，所以喻心为地而名心地。

"一切凡夫，若能亲近善友，听了这心地法门，如理观察，遵照善友教说修行，自己这样做，并教别人也这样做，相互欣庆慰勉。这样的人，便能断除二障，很快地圆满众行，疾得阿耨多罗三藐三菩提佛果。"

当时大圣文殊师利菩萨再请示说："世尊！如来所说，只有心法，是三界的主宰，然心法本来清净，不染尘秽，为何这心法又会染上贪、嗔、痴三毒呢？且于过去、现在、未来三世中，又指什么叫作心？若以过去心为心，过去心已消失了；若指未来心为心，未来心尚没有生；若指现在心为心，现在心刹那不停，才生即灭。一切法之内，求其性不可得；一切法以外，求其相不可得；诸法中间，都不可得。心本来是没有形相可见，没有住处可寻。一切如来，尚且不见心，何况其他人，能得见心法？一切诸法，都是由妄想产生。是什么缘故，现在世尊却为大众说三界唯心？愿佛怜悯大众，如实地解说。"

当时佛告文殊师利菩萨说:"是的,你的询问,是合理的。善男子!如你所问的,心及心所法,本性空寂,原没有形相,我只有以各种譬喻,来说明其中的义理。

"善男子!心如幻化,像变戏法一样,并没有真实不变的体性,由于我人的虚妄分别,才显现种种心相,又不能了解这是幻显,致执为实有,因此而有种种苦乐感受。心如流水,念念生灭,表面看似一致,实在前刹那的水,绝不是后刹那的水,这样前后相续,求暂住也不可得。心如大风,刹那之间吹遍各处,譬如耳识发生作用时,能听得到的音声,都能同时听到。心如灯焰,必得油、灯等条件的配合,才有灯火的现象。心如电光,一闪即逝,倾刻不住。心如虚空,本来清净明朗,但被客尘烦恼所障蔽,致失去原有面目。心像猿猴,常在财、色、名、食、睡的五欲树间,往来攀缘,跳跃不息。心如画师,依着虚妄的想象,描绘种种苦乐境界。心如僮仆,常受贪、嗔、痴等烦恼的驱使,忙碌不休,没有瞬息的自在。心如独行者,没有侣伴,故一心没有二用。心如国王,一切烦恼的所现起,都是由心王所统辖,一切事象,皆由心变现。心如冤家仇敌,能使自身堕诸恶道,受大苦逼。心如尘埃,能污染自身,使起种种烦恼,不得安乐。心如影像,本来是无常的,却颠倒执以为常。心如幻梦,对于各种幻化境界,执着以为自我。心若夜叉，使生种种不善行为，损毁种种善行功德。心如苍蝇，好腥逐秽。心如刽子手，能使堕落恶道，不管他人生死。心若敌人，常伺机进攻，以图伤害。心如盗贼，常劫取功德法财。心如大鼓，常激励众生战斗诤讼。心如飞蛾扑火，因贪爱灯火光色，不顾焚身之祸。心如野鹿，因追寻猎人假作鹿鸣声音，致被骗而丧身失命。心如猪群，喜欢在污泥脏水中嬉戏，而不知其臭秽。心如众蜂，群集采花酿蜜，不知为谁辛苦为谁忙。心如醉象，只痴痴地贪恋着牝象，遂其淫欲，致遭猎人活擒，或丧身命。

"善男子！这样所说的心及心所法，实在没有一定的相状可以指陈，也没有一定的处所可以寻觅，没有内外，也没有中间，于一切法中，求心的真实体性，了不可得，于过去、未来、现在三世中求，也不可得，就是超越三世以求，仍不可得，不能说有，也不能说无。这有漏心是染污的，由虚妄分别诸缘而显现，既是缘生，就没有不变的自性，所以心的体性本空。这个空性，不生不灭，无所从来，亦无所去，不一不异，非断非常。本来就没生起的处所，自然亦没有灭处；也非远离，非不远离。上说的心等，体性本空，而无为法，体性亦空，所以心法即是无为法，两者并没有差异。但无为法，并非即是心法，不过，心法既没有体性可说，无为法也没有体性可说而已。为什么不能说无为即心呢？若说心即无为，就名为断见，因心有生灭，但也不可说离开心法，别有无为法，如果心外另有无为法，就名常见了。若能永远脱离断常二相的束缚，不执着断常二种偏见，这样证悟的名见真理，能证悟这中道真理的，名为贤圣。这是就俗谛而言，说凡说圣。就真谛说，贤圣亦性本空寂。自无凡圣之名，所以无为法中，无所谓持戒犯戒，也没有所谓大乘戒、小乘戒，没有心王之名，也没有心所有法，无苦无乐等等的分别。这样离言说相的无为法界，自性本来净洁，没有任何垢秽的污染，自无上中下等差别，完全平等一相，就好像无数的大小河川，汇流入海，海水只是一样味道，并没有很多的差异。这无垢性，非实非空，是最胜义谛，没有穷尽，也无生灭，体本不生，常住不变，是最胜涅槃。超绝对待，没有我及我所相，因为一体平等，所以没有一切差别之相。若有善男子或善女人，欲求阿耨多罗三藐三菩提的，应当一心修习这样的心地观法。"

当时世尊为重复说明这些义理，又以偈颂说：

三世觉母妙吉祥，请问如来心地法；
我今于此大会众，开演成佛观行门。
此法难遇过优昙，一切世间应渴仰；
十方诸佛证大觉，无不从此法修成。

我是无上调御师，转正法轮周世界；
化度无量诸众生，当知由悟心地观。
一切有情闻此法，欣趣菩提得授记；
一切有缘得记人，修此观门当作佛。
诸佛自受大法乐，住心地观妙宝宫；
受职菩萨悟无生，观心地门遍法界。
后身菩萨坐觉树，入此观行证菩提；
此法能雨七圣财，满众生愿摩尼宝。
此法名为佛本母，出生三世三佛身；
此法名为金刚甲，能敌四众诸魔军。
此法能作大舟船，令渡中流至宝所；
此法最胜大法鼓，此法高显大法幢，
此法金刚大法螺，此法照世大法炬；
此法犹如大圣主，赏功罚过顺人心；
此法犹如沃润田，生成长养依时候；
我以众喻明空义，是知三界唯一心。
心有大力世界生，自在能为变化主；
恶想善心更造集，过现未来生死因。
依止妄业有世间，爱非爱果恒相续；
心如流水不暂住，心如飘风过国土。
亦如猿猴依树戏，亦如幻事依幻成，
如空飞鸟无所碍，如空聚落人奔走。

> 如是心法本非有，凡夫执迷谓非无，
> 若能观心体性空，惑障不生便解脱。

当时如来对诸众生，起大悲心，犹如父母爱护子女，为灭除世间的大力邪见，以利益一切众生，使能安乐，特又宣说观心神咒说：

唵一室佗二波罗二合底三吠悼四迦卢弭五

如来说了真言之后，并告诉文殊菩萨摩诃萨说："这神咒，具有大威力，若有善男子、善女人，当欲持念这神咒的时候，应先将手洗洁净，然后左右十指交互相叉，以左手压右手，更相竖握，像缚在一起的形状，这叫作金刚缚印。结成这金刚缚印以后，修习前说真言，只要念满一遍，就胜过读诵十二部经，所得的功德，没有限量，乃至于直趋菩提，不再退转。"

发菩提心的教示

佛陀说完观心妙门之后，显现更殊胜的佛身，已能善获一切如来灌顶宝冠，超越三界，已得圆满陀罗尼自在，善圆证三摩地自在，妙善成熟一切智智、一切种智，能为众生做种种差别利益事业。当时佛陀告文殊师利菩萨摩诃萨说："大善男子！我已经为众生说了心地法门，也当再说发菩提心大陀罗尼,使一切众生,能够发阿耨多罗三藐三菩提心,从速圆证妙果。"

文殊菩萨于是再向佛启请说:"世尊!如佛所说,过去的已过去了,未来尚没有来,而所谓现在,又是刹那不住,三世所有一切心法,本性皆空,并没有真实存在不变的体性。现在世尊要令众生发菩提心,到底说什么是心?如何叫作发?又以什么为菩提心?善哉!世尊!愿您为我们解说,以断除众生的疑网,使能趣向菩提觉道。"

佛告文殊师利说:"善男子!因为一切虚妄想心中,起各种分别,致产生种种邪见,为了欲破除六十二见等的种种邪见,所以我说心及心所法皆空,使各种邪见,无所依附。譬如森林,树木茂盛,隐藏狮子、大象、虎、狼等恶兽,时出为害,使行人绝迹。当时有一智者,为除去这些凶恶野兽,乃放火焚烧森林,使诸恶兽,没有藏身之所,不再危害行人。心空而邪见自灭,也像林空而兽绝迹一样。

"还有,善男子!以什么因缘,建立空的义理呢?是为灭除烦恼啊!因一切烦恼,由妄心起,以妄心妄生执着,分别一切有无等法,是为烦恼的根本所在,为除烦恼,故说空义。善男子!若执着空为究竟实有,而不知空性也是空的;这执空为究竟实有,一样成病,也应该除遣。什么缘故呢？若执着空义以为究竟实有，就等于否定因果法则，世间一切事象，就无因无果，这与无因外道，有何分别呢？善男子！如阿伽陀药（万灵丹之意），能治百病，凡有病的人，服之必然痊愈，病愈当然不要再服药了。如果无病而服药，药是会使人致病的。

"善男子！设空药，本来是为了治执有的病，执有的病既除，空药亦应当舍弃，如舍有执空，空也是病。一个有智慧的人，哪里会去服药以求病呢？

"善男子！若起执有之见，比起执空来，还要好一点，因空药可以治有，但是无药可以治空病。

"善男子！因为这个缘故，既服了空药，治愈了对有的执着，邪见已除，这舍弃一切妄执所显的心，就是自觉悟心；这自觉悟心，能发菩提，这觉悟心实即菩提心，两者并无二相。

"善男子！自觉悟心，由于凡圣不同，共有四种含义。有哪四种含义呢？就是凡夫有二种心，诸佛菩萨有二种心。善男子！凡夫二心是何相状呢？第一，由眼识等前五识以至意识，同缘自境，名为自悟心。第二，离五根心及心所法，和合缘自性境，名自悟心。这二种自悟心，都能发菩提心。善男子！贤圣二心是什么相状呢？即：第一，舍离五根所对之境，以缘定中现量境，观真实理智，名自悟心。第二，观一切境智，即如量智，名自悟心。善男子！以上所说四种心，虽有凡圣的分别，但皆名自悟心。"

文殊菩萨再问："世尊！心既没有形象可见，又没有处所可寻，那么凡夫修行人，最初发心的时候，当依何等处所，观想什么相状以修呢？"

佛告文殊菩萨："凡夫可观想菩提心相，好像清净圆满的月亮一样，明明朗朗，悬于胸臆之间，寂然不动。若欲速得不退转的，就在阿兰若中及空寂的净室，端正身心，手结前面所说的金刚缚印，冥目观察胸臆中的明月，并这样想象：这圆满的明月，使周围五十由旬内，明净晶莹，内外澄澈，无限清凉。月就是自心，心就是月亮，心月一如，纤尘不染，妄念不生，能使众生，身心清净，大菩提心，坚定不移。结这印后，即持念观察大菩提心微妙章句，一切菩萨最初发心清净真言：

唵一菩地二室多三年致波四陀耶五弭六

"这神咒，具有很大的威德，能使行者，于菩提道，不再退转，过去、将来以及现在的一切菩萨，在因地初发心的时候，都是专心持这个神咒而入不退转地，速得圆满正觉的。善男子！时彼行者，端身正念，都不动摇，系心于胸臆间的月亮，成熟观察，这就名菩萨观菩提心成佛三昧。

"若是有凡夫修习这种观想，在没有修习以前，所有的五逆、十恶、四重及一阐提等罪，并一切邪魔境界，都会因修观而完全消灭；不但如此，且可当下获得五种三昧功德。是哪五种呢？第一，刹那三昧，第二，微尘三昧，第三，白缕三昧，第四，起伏三昧，第五，安住三昧。

"什么叫作刹那三昧？这是说因观想胸臆间的月亮，使心暂得安静，譬如猕猴，身被系着于一处，要远走不可能，但在系缚的本地，也不肯停止活动，总是蹦跳不歇，只有又饿又渴、疲劳不堪的时候，才得片刻的安静。凡夫观心，也是这样，才能暂得三昧，所以名为刹那三昧。

"什么是微尘三昧？这是对于修习三昧，有了少分的相应。因为世俗尘劳无数，以能专心一境，偶得极短暂的时间，与三昧相应，比喻如微尘数中之一，可知短暂到什么地步。虽然是这样短暂，但好像一个经常吃食苦味的人，从不知甜味，今忽然尝到一点蜜糖，自是欢喜得不得了，当然希望求得更多的甜蜜。这样的行者，长劫以来，吃尽各种苦头，今始得与甘味三昧少分相应，所以名为微尘三昧。

"什么叫作白缕三昧呢？这是指凡夫众生，自无始以来，以至尽未来际，今得此定，譬如染色的布，在全是黑色之中，得见一缕白色。这样的行者，于多生的长夜黑暗中，如今方得白净三昧之名，所以喻为白缕三昧。

"什么名为起伏三昧？这是说行者观心尚没有成熟，有时定胜烦恼，有时烦恼胜定，这样的三昧，好像天秤两端，互相高低不定，所以名为起伏三昧。

"什么叫作安住三昧呢？就是修前说四种定有了成就，心得安住，并善能守护，使不染诸尘。如人在暑热的夏天，远走沙漠之中，备受炎暑热毒的煎熬，身心疲劳，饥渴不堪，忽得雪山的甘美凉水、天酥陀等，顿除热恼，身心舒泰，所以名为安住三昧。入此定后，就远离惑障，发生无上菩提之芽，速登菩萨的十地功德。"

佛陀演说以上法要时，会中无量人天众，听了这甚深诸菩萨母不可思议大陀罗尼，九万八千菩萨等，证入欢喜地圣位，无量众生，都发了阿耨多罗三藐三菩提心。

即身成佛的大法

当时佛陀，三身齐显，善能安住清净法界，三世平等一如，没有过去、现在、未来等差别相，无始无终，彻今彻古，凝然不动，寂照常存，从没间歇的大智光明，普照无边世界。善巧方便，显现神通，化导十方国土，没有不周遍的。这样显现的佛陀，告文殊师利菩萨摩诃萨说:"一个修习密法的瑜伽行者,观想圆满清净的月轮成就以后,应进一步,观三种大秘密法,即:一、心秘密;二、语秘密;三、身秘密。

"何谓心秘密法呢?修瑜伽法的行者,观想自心如圆满的明月,由心月中金色的五钴金刚,光明焕然,好像熔金为液体一样,放射无数的大白光明,这样的观察,就名为心秘密。

"什么是语言秘密?这是说秘密涵容于下述真言中:

唵一地室多二合婆尔罗三合

"这神咒具有大威力,是一切菩萨成佛的真言,所以名为语言秘密。

"什么是身秘密法呢?就是于道场中,端身正念,手结无上菩提最第一印,安置于胸臆间的心月轮中。善男子!我现在说明这手印的相状,就是先以左右手的大拇指,各贴于左右掌心,然后其他四指,紧握拇指,成拳的形状,这就是坚牢金刚拳印。其次是不改变拳状,舒展右手食指,直竖虚空,以其左拳,贴着于心上,以右拳的小指,紧握左拳食指的一节,次以右拳头指的头,也就是左拳拇指一节,也贴着心前,这名引导无上菩提第一智印,也名为能灭无明黑暗大光明印。因为结此印的加持力,能得十方诸佛,摩行者头顶,授大菩提胜决定记，记其将来决定成佛，是大毗卢遮那如来无量福聚大妙智印。

"那时的行者，结上手印后，即作这样的观想：一切众生，共结这手印，持念真言，十方世界，没有地狱、饿鬼、畜生三恶道及八难的苦果，共同享受第一清净法乐。我现在头上有大宝冠，冠中有五如来，结跏趺坐。我是毗卢遮那如来，圆满具足三十二相、八十种好，放大光明，普照十方世界，利益安乐一切众生。这样的观想，名为入毗卢遮那如来最胜三昧。譬如有人，悟入迦卢微妙观门，自作这样观想：我身就是金翅鸟王，心、意、语言亦复如是。以这观想的力量，能消除毒药，一切恶毒，不能危害。凡夫行者，也是如此，作降魔坐，即以右足置左足上的跏趺坐，身不动摇，手结智印，密念真言，心作此观，就能灭贪、嗔、痴三毒，消除业障，增长福德智慧，不论世俗愿求，或求出世道果，都能速得圆满，八万四千诸烦恼障，不能现起，恒河沙数等的所知重障，都会渐渐消灭，无漏大智能断金刚般若波罗蜜，现前圆满，速得阿耨多罗三藐三菩提。"

当时文殊师利菩萨赞叹说："稀有世尊！稀有善逝！如来的出世，比值遇优昙华还难，即使如来出世，要说这样的大法，也是难上加难，这样的心地三种秘密无上法轮，实在能够利乐一切众生，是入如来地及菩萨地的真实正路。若是有众生不惜身命,修行此法,必得速证菩提。"

佛告文殊师利菩萨说:"若有善男子、善女人,欲想修习三种秘密的成佛妙门,早日获得如来的功德法身,应当穿着菩萨的三十二种大金刚甲,然后修此妙观,必定得证如来的清净法身。

"是哪三十二种大金刚甲呢?一、于无量劫中,菩萨为了广度众生,不畏生死大苦的受苦大甲。二、为了求证佛果,发誓要广度无量众生,就是蝼蚁一类微小众生,也不愿轻视而舍弃的不舍大甲。三、为觉悟众生的生死长梦,将之安置于三种秘密法门的大甲。四、为了拥护佛法,如响应声,时刻不忘的护法大甲。五、使永不起空有二见,灭除一切烦恼的金刚大甲。六、头目、髓脑、妻子、珍宝,只要有来求取的,难舍能舍的金刚大甲。七、家中所享受的一切乐具,永不贪恋的能施大甲。八、能严持菩萨的三聚净戒,终不舍弃头陀苦行的金刚大甲。九、着忍辱衣,凡遇一切违逆、毁谤、辱骂、鞭打等,不思报复的忍辱大甲。十、教化所有的一切缘觉、声闻,使他们趣向一乘菩提大道的回心大甲。十一、譬如大风昼夜不歇,菩萨普度众生,也昼夜不歇的精进大甲。十二、使身心寂静,口无过犯,修行解脱三昧大甲。十三、为度众生,不厌生死,不贪着涅槃,对生死涅槃,没有二见，普遍饶益众生的平等大甲。十四、以无缘大慈，普利群品，永远如是，从不厌弃的与乐大甲。十五、以无碍大悲，救护一切众生，无有限量的拔苦大甲。十六、对一切众生，没有怨结，常欢喜饶益的大喜大甲。十七、虽行苦行，但不惜劳苦，从没有退转的大舍大甲。十八、有苦众生来菩萨所，愿常代众生受苦的不厌大甲。十九、观大千世界，如观掌中阿摩勒果一样清楚，这样能见的解脱大甲。二十、见五蕴假合的身体，如旃陀罗（屠者），损害善业，亦如屠者的杀害生命，不贪着色身的无着大甲。二十一、见十二处，如空荡的聚落，常怀恐怖的厌舍大甲。二十二、见十八界犹如幻化，虚妄不实的大智大甲。二十三、见一切法，皆是清净真如法界，没有二相的证真大甲。二十四、对他人隐恶扬善，不掩饰己过，厌离三界的出世大甲。二十五、如大医王，对症下药，菩萨随宜的演化大甲。二十六、见三乘菩提，同体无异，究竟回心的归一大甲。二十七、常说法度生，使三宝种子不断，转妙法轮的度人大甲。二十八、佛对众生，有大恩德，为报佛恩的修道大甲。二十九、观一切法，本性空寂，不生不灭的无垢大甲。三十、悟无生忍，得陀罗尼，乐说辩才的无碍大甲。三十一、广化有情，坐菩提树，令证佛果的一味大甲。三十二、于刹那间，一念与般若相应，悟三世法的无余大甲。以上所举，是名菩萨摩诃萨三十二种金刚大甲。文殊师利菩萨！若有善男子、善女人，身披这样的金刚甲胄，当精勤修习三种秘密法门，这样当生就可获得大福德、大智慧，速证无上正等菩提。"

当时大圣文殊师利菩萨摩诃萨以及法会大众，听了佛陀所说的三种秘密心地妙法及三十二种金刚甲胄，一切菩萨所应学处，各脱无价的璎珞宝衣，供养毗卢遮那如来及十方尊而赞佛说："善哉！善哉！薄伽梵演说无边菩萨的行愿，利益安乐一切众生，使舍凡夫身而入佛地，现在我们海会大众，为了报答佛恩，将不惜身家性命，遍至一切佛土，为一切众生，分别演说这微妙法门，使受持、读诵、书写、流传，令不断绝，唯愿我佛，遥垂护念。"

当时大会法众，听了这样的妙法，都得到很大的利益，不可计算的无数菩萨，各得证悟不退转位，一切人天，也都获殊胜的利益，乃至五趣中一切有情，断诸重障，得无量乐，将来都会证得阿耨多罗三藐三菩提。

咐嘱弘扬

佛陀演说以上妙法之后，告诉文殊师利菩萨及阿僧祇海会大众说："我于无量那庾多百千大劫中，不惜身命，身上的头目、手足、血肉、骨髓，身外的妻子、国城、一切珍宝，只要有人来取，都用布施，决不吝惜，曾修习百千难行的苦行，才得以亲自证到这大乘心地观法门。现在我将这大法，咐嘱于你们，当知这甚深的经法，是十方三世无上十力之所宣说。

"这样的经宝，是最极微妙的，能使有情的众生，得到一切利益和快乐。对于这三千大千世界内，十方诸佛国土之中，所有无量无边的有情类，不论畜生、饿鬼、地狱的众生，都可由这《大乘心地观经》的殊胜功德威神之力，使脱离各种痛苦，得以享受安乐。这经的力量所生的福德，实在难以思议，能令这经所在的国土，丰富而安乐，没有任何怨敌的侵扰。譬如有人，获得如意宝珠，将它置于家中，能产生一切殊胜美妙的乐具。这微妙的经宝，也是如此，能给国界以内，无尽的安和乐利。

"也像三十三天的末尼天鼓，能发出百千种声音，使各天人听了，感到非常快乐。这经法鼓，也是如此，能使国界以内人民，获得最殊胜的安乐。因为这个缘故，你们大众，应以最大的忍力，弘扬此经。"

当时文殊师利菩萨赞颂佛陀说："世尊！稀有难遇的如来，稀有难见的善逝！只有您能说这样甚深的大乘微妙《心地观经》，能广为利益大乘行者。是的，世尊！此经实在深妙，请问世尊，若有善男子或善女人，能受持此经，乃至一四句偈，这样的人，能得到些什么福报呢？"

佛陀告诉文殊师利菩萨说："若有善男子、善女人，于恒河沙数那样多的三千大千世界，把所有的世界，都以七宝堆满，并用以供养十方诸佛以及菩萨，满恒河沙数劫那样长的时间，从不间断，对于诸佛所有的无量声闻弟子，亦同时供养一切所需，和供养佛陀一样，没有任何差别，等到诸佛及声闻涅槃后，又建宝塔供养舍利。若是有善男子、善女人，得闻此《心地观经》一四句偈，能暂时信解，并发菩提心，受持、读念、解说书写，甚至最低只为一人说，以前说的种种功德，比这样说经所获得的功德，不及十六分之一，乃至算数譬喻所不能及，何况能完全受持、读习、广为人说，这样所得的福利，更是不可限量。

若有女人，发菩提心，能受持、读习、书写、解说这《心地观经》，这样的女人，就是最后一次受女身，以后将不再受女人身，也不会堕入恶道及八难之处，且于当生就可感得十种很好的福报：一是增添寿命，二是没有一切病痛，三是能灭业障，四是福德智慧倍增，五是不缺资财，六是皮肤润泽，七是受人敬爱，八是得孝顺的儿女，九是眷属和睦，十是善心坚固。

"文殊师利！在在处处，或读或讽诵，或讲解，或书写，只要有这经所在之处，就是佛塔所在之处，一切天人及非人等，都应当以人间天上上等的奇妙珍宝而供养之。为什么呢？这经典所在之处，即为有佛和诸菩萨，以及缘觉、声闻等圣者。什么缘故？因为一切如来，都是依此经修行，才舍弃凡夫身，证得阿耨多罗三藐三菩提。一切贤圣，皆依此经修行，才获得解脱。

"文殊师利！我涅槃之后，最后的五百年，佛法将灭时，若是有法师，能够受持、读习、解说、书写这经中之王的《心地观经》，这样的法师，就和我住世一样。若有善男子、善女人，供养尊重这样的法师，就与供养十方三世一切诸佛所得福德，同等不二，是名真法供养如来，这样名为正行供养。这是什么道理呢？因为这大法师，能在没有佛住世的时代，为浊恶世界的邪见众生，演说这甚深的《心地观经》王，使舍离恶见，趣向菩提觉道，广为弘扬，令正法久住世间，这是名为无相好佛，一切人天，所应供养的。

"若有善男子、善女人，能合掌恭敬这样的法师，我就为他授无上大菩提记，这人当得阿耨多罗三藐三菩提。若有人听了这《心地观经》，为了要报四恩，乃发菩提心，若自己书写此经，或使人书写，若读念通利，这样的人，所获得的福德，以佛陀的智力，筹量计算，不得其边，这人名为诸佛真子。一切诸天梵王、帝释、四大天王、诃利底母五百眷属，以及儞罗跋多大鬼神王、龙神八部、一切听法诸鬼神等，昼夜不离，常当拥护。这样的佛子，增长念慧与无碍辩才，教化众生，使种成佛正因。

"文殊师利！如是善男子、善女人，当临命终之时，现前就得见十方诸佛，身、口、意等三业不乱，先获十种身业清净：一、身体没有苦痛的感受；二、目睛不露；三、手不掉动；四、足无伸缩；五、便溺不遗；六、体不流汗；七、不外扣摸；八、手拳舒展；九、颜容不改；十、转侧自如。由于这经力的加持，有这样的十种良好相状。

"其次是可获十种语业清净。是哪十种呢？即：一、说微妙语；二、说柔软语；三、说吉祥话；四、说别人乐意听的话；五、出随顺语；六、说于人有益的话；七、出威德语；八、不背眷属；九、人天敬爱；十、赞叹佛法。如是善言美语，都是因此经加持之力。

"再次可获十种意业清净。有哪十种呢？就是：一、不生嗔恚；二、不记仇恨；三、不生悭吝心；四、不起嫉妒心；五、不说别人的过恶；六、不生怨憎心；七、无颠倒心；八、不贪众物；九、远离七种傲慢心；十、希望很快地证得一切佛法，圆满三昧。

"文殊师利！这些功德，都是由于受持、读习、通利解说、书写这深妙经典，所产生难以思议的力量。这《心地观经》，于无量的处所、无量长的时间中，不可得闻，何况是亲得见闻，又完全照着修习，你们大会众，今得见闻，实在太难得了，应当珍惜这难得的机缘，一心奉持，速舍凡夫，当成佛道。"

佛陀咐嘱之后，当时文殊师利法王子等无量大菩萨、智光菩萨等新发意的菩萨、阿若憍陈如等诸大声闻，以及天龙八部、人非人众，各各一心受持佛的教诲，皆大欢喜，信受奉行。

出版后记

星云大师说:"我童年出家的栖霞寺里面,有一座庄严的藏经楼,楼上收藏佛经,楼下是法堂,平常如同圣地一般,戒备森严,不准亲近一步。后来好不容易有机缘进到藏经楼,见到那些经书,大都是木刻本,既没有分段也没有标点,有如天书,当然我是看不懂的。"大师忧心《大藏经》卷帙浩繁,又藏于深山宝刹,平常百姓只能望藏兴叹;藏海无边,文辞古朴,亦让人望文却步。在大师倡导主持下,集合两岸近百位学者,经五年之努力,终于编修了这部多层次、多角度、全面反映佛教文化的白话精华大藏经——《中国佛教经典宝藏》,将佛教深睿的奥义妙法通俗地再现今世,为现代人提供学佛求法的方便途径。

完整地引进《中国佛教经典宝藏》是我们的夙愿,

三年来，我们组织了简体字版的编审委员会，编订了详细精当的《编辑手册》，吸收了近二十年来佛学研究的新成果，对整套丛书重新编审编校。需要说明的是此次出版将丛书名更改为《中国佛学经典宝藏》。

佛曰：一旦起心动念，也就有了因果。三年的不懈努力，终于功德圆满。一百三十二册，精校精勘，美轮美奂。翰墨书香，融入经藏智慧；典雅庄严，裹沁着玄妙法门。我们相信，大师与经藏的智慧一定能普应于世，济助众生。

东方出版社

图书在版编目（CIP）数据

大乘本生心地观经／圆香 语译．—北京：东方出版社，2020.4
（中国佛学经典宝藏）
ISBN 978-7-5060-8546-5

Ⅰ.①大⋯　Ⅱ.①圆⋯　Ⅲ.①大乘—佛经②《大乘本生心地观经》—译文　Ⅳ.①B942.1

中国版本图书馆CIP数据核字（2015）第267860号

本书中文简体字版权由上海大觉文化传播有限公司独家授权出版
中文简体字版专有权属东方出版社

大乘本生心地观经
（DACHENG BENSHENG XINDIGUAN JING）

语 译 者：	圆　香
责任编辑：	王梦楠　杨　灿
出　　版：	东方出版社
发　　行：	人民东方出版传媒有限公司
地　　址：	北京市朝阳区西坝河北里51号
邮　　编：	100028
印　　刷：	北京市大兴县新魏印刷厂
版　　次：	2020年4月第1版
印　　次：	2020年4月第1次印刷
开　　本：	880毫米×1230毫米　1/32
印　　张：	12
字　　数：	184千字
书　　号：	ISBN 978-7-5060-8546-5
定　　价：	75.00元
发行电话：	（010）85924663　85924644　85924641

版权所有，违者必究
如有印装质量问题，我社负责调换，请拨打电话：（010）85924602　85924603